KB246330

四柱學 通辯術 (上)

第 五 卷

韓吉洙 四柱學 講義書

四柱學 通辯術 （上）

第 五 卷

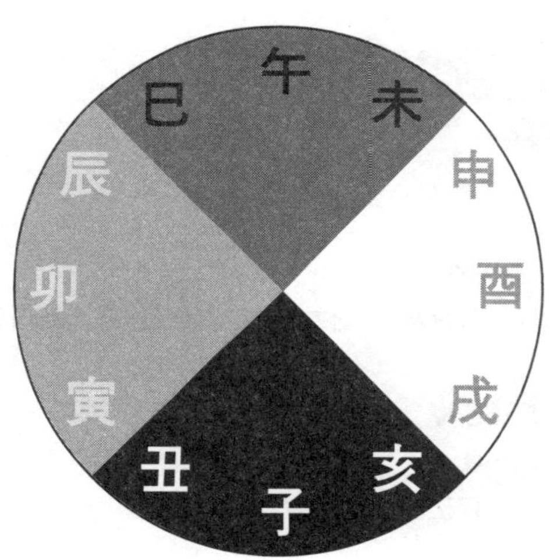

프로방스

제5권 사주학 통변술 (상)

초판 1쇄 인쇄 : 2009.6.30
초판 1쇄 발행 : 2009.7. 5

지 은 이 : 한 길 수
펴 낸 이 : 방 은 순
펴 낸 곳 : 도서출판 프로방스
주　　　소 : 경기도 고양시 일산서구 대화동 2239-1월드메르디앙 1006호

전　　　화 : 031-925-5366-7
팩　　　스 : 031-925-5350
등록번호 : 제313-제10-1975호
등 록 일 : 2008.05.30
ISBN : 978-89-89239-36-9(2권)
　　　　　978-89-89239-37-6

정가 : 35,000원

韓吉洙 四柱學 講義書
制 5 卷 四柱學 通辯術(上卷)을
펴 내면서

독자들께서는 그동안 本 著書인,

韓吉洙 四柱學 講義書 第 1 卷 四柱學 基本論(上),
韓吉洙 四柱學 講義書 第 2 卷 四柱學 基本論(下),
韓吉洙 四柱學 講義書 第 3 卷 四柱學 氣象論,
韓吉洙 四柱學 講義書 第 4 卷 四柱學 天干·地支와
日主論으로 이론적 갖추
었을 것이라고 자부한다.

筆者는 그동안 공부를 해오면서 늘 아쉬움에 젖어있었다.
왜냐하면, 어떤 책이든지 著者 자신은 열심히 최선을
다해서 썼다 하더라도 공부하는 입장에서는 항상 부족함
이 있기 때문이다.

그래서, 이번에 출간한 韓吉洙 四柱學 講義書 第 5 卷
四柱學 通辯術(上卷)에서는 甲 乙 丙 丁 戊 일주까지,
韓吉洙 四柱學 講義書 第 6卷 四柱學 通辯術(下卷)에서
는 己 庚 辛 壬 癸 일주의 사주에 대하여 각 요점별로
설명하였다.

이를테면, 四柱의 旺衰, 格局과 用神, 主要 殺, 또는,
각 宮의 해설과 大運 및 歲運을 대입하여 논함으로써
命理學을 공부하는 後學들의 입장에서 이해가 가기 쉽게
최선을 다했다.
그러나, 筆著도 실력에 한계가 있음으로 앞으로도 더욱
업그레이드 시킬 것을 약속하는 바이다.

특히, 이 책에서는 한밝 신사주학의 저자 김용길 선생님
의 이론인 合神, 表出神, 透出神 등 이른 바, 3대 비법을
적용함과 아울러 소용돌이 이론도 도입하였고,
또한, 한밝 선생님만의 독특한 이론인 日干代行格도 이
책에 수록하였다.

아울러, 이 책을 감수해 주신 한밝 김용길 선생님께 큰
감사를 드리고, 교정을 봐 주신 심경선생님께도 감사의
인사를 드립니다.

독자들의 앞날에 무궁한 발전이 함께하길 기원한다.

2009. 5. 5.

韓吉洙 四柱學 研究院
曉檀 韓 吉 洙

차   례

제 1 장 甲木論

제 2 장 乙木論

제 3 장　丙火論

제 4 장　丁火論

제 5 장 戊土論

제 1 장 甲木論

제 1장 甲木日干 寅月

<pre>
癸   甲   庚   丙   남
酉   子   寅   申   자
72 62 52 42 32 22 12 2   대
戊 丁 丙 乙 甲 癸 壬 辛   운
戌 酉 申 未 午 巳 辰 卯
</pre>

☯ 四柱의 旺衰

甲木 日干이 建祿인 寅木 뿌리를 가졌고, 時上의 癸水와
日支에 子水가 生助하고 있어 身旺하다.

☯ 格局과 用神

甲木이 寅月에 태어나 建祿格으로 뿌리가 튼튼하다.
계절이 寅月인데다가 金으로부터 木을 보호해야 하므로
시급히 불이 필요하다.
火 藥用神, 木 吉神, 金 病神, 土 吉神, 天干 水는 凶神,
地支 水는 通關 吉神이다.
그런데, 용신은 바로 日主 옆에 있어야 좋은데, 年上에 있고,
月上에 庚金이 있어 金克木하니 나쁘다.
그러나, 다행히, 丙火 用神이 火克金하므로 庚金이 날뛰지를
못한다.

☯ 命主의 性格

사람의 성격을 논할 때는, 本 著者의 경험으로는 우선 日干의
특성을 가장 중요하게 보고, 그 다음으로, 사주를 구성하고
있는 다른 글자들의 특성에 따라서 성격이 달라지는데,
이 사람은, 우선, 甲木의 성격이라서 사람이 묵직하고,
정직하다.
또, 偏官이 옆에 있어서 고약한 성격이 나올 듯 하나, 다행히,
食神인 丙火가 컨트롤하고 있어 젊잖고, 食神이 用神이라
인정도 많으며, 성실한 사람이다.

☯ 六親 關係

부부 사이는 좋으나, 사주에 官이 病이고, 病이 時柱에 있어
자식과의 관계가 나쁘거나 덕이 없다는 것을 확실하게
나타내고 있다.
그래서, 남매 모두 공부를 잘못하고, 특히, 아들이 속을 많이
썩히고 있다.

☯ 四柱의 特徵

이 命主는 경기도 화성 태생으로, 甲木과 丙火가 있어
正用神을 썼으므로 언뜻 보기에 굉장히 좋은 사주로 보인다.
그러나, 찬찬히 들여다보면, 官殺인 庚, 申, 酉金이 있어
病神이고, 더군다나, 용신이 들어있는 寅木을 申金이 자르고
있어 좋지 못하다.
또, 사주에 甲, 丙을 보면, 그 집안의 장남 역할을 하고,
사회에서도 그룹의 長이라고 했는데, 本名이 장사하는
상가에서 가장 인기 있는 사람이다.

☯ 殺星의 應用

寅申沖이 있어 흉한데, 조상이 생명을 자르니 가난한 집안에서
성장하였고, 刑殺을 가지고 있어, 刑은 자르고 꿰맞추고 하는

것과 인연이므로 정육점을 경영하고 있는 사람이다.
日支와 時支가 子酉破인데, 日支 子水가 寅木을 生해 주는
역할을 하므로 破의 작용은 크지 않아서 부부관계가 원만하다.
또한, 甲木에서 子水는 12運星으로 沐浴地인데, 子水가 金과
木 사이를 통관시켜줄 뿐만 아니라 용신이 들어있는 寅木을
생해 주고 있어 나쁘지 않다.

☯ 大運

- 초년 辛卯大運에 태양을 丙辛合으로 가리고, 卯木이 濕木이라서
  흉하여 가난한 집안에서 태어났으며,
- 壬辰大運이 濕해서 火氣를 흡수해버리니 공부를 많이 못하였고,
  20세에 식당 종업원으로 생활을 하다가,
- 癸巳大運부터 운이 좋으니, 27세 壬戌(82년)에 결혼하고, 자기
  가게도 마련하여 돈을 벌기 시작하여,
- 甲午大運이 가장 전성기라 富가 따라서 지방과 서울에 많은
  땅을 갖고 있었다. 소위 말하는 땅 부자다.
- 乙未大運은 甲木의 가지인 乙木이 생기므로 부자연스럽고
  태양빛을 가리므로 좋지 않아서 동생이 자기 몰래 부동산을
  잡히고 돈을 빌려 쓴 관계로 송사가 생기는 등 어려움을 겪고
  있으며, 未土는 여름 土라서 나쁘지 않게 보이나 甲寅木이
  入墓하므로 흉하여 수백억 원 대의 부동산을 날리게 되었다.
- 丙申, 丁酉대운은 원국에 子水가 있어 일부 통관시켜 주긴 하나
  申, 酉金이 寅木을 자르니 큰 액운이 따를 것이므로 빼앗긴
  부동산을 되찾지 못할 것이고, 특히, 申대운에 큰 액운이
  기다리고 있다.
- 戊戌대운은 용신인 丙火가 入墓하나 木이 뿌리내릴 토양이
  생기고, 癸水 습기를 제거해 주므로 좋을 것이나 나이가 너무
  많다.
※ 사주를 감명할 때, 그 사람의 평생에 대한 歲運을 일일이
  알 수는 없는 것이기 때문에 운이 가장 좋을 때와 가장 나쁠
  때를 중점적적으로 살펴야 한다.
  즉, 이 사주가 운이 가장 좋을 때인 甲午대운에는 주로 재산
  증식이 많았으므로 그 당시의 歲運을 살피고, 또한, 운이 가장
  나쁘게 전개될 申, 酉대운의 歲運을 살펴야 한다.

乙　甲　壬　丁　여

亥　寅　寅　酉　자
　　　　　　　　대

73 63 53 43 33 23 13 3

庚 己 戊 丁 丙 乙 甲 癸
戌 酉 申 未 午 巳 辰 卯　운

☯ 四柱의 旺衰

이 사주는 甲木이 寅月에 태어났고, 年干과 月干이
丁壬合木하였으며, 日支와 時支가 寅亥合木하여 온통
木뿐이므로 太旺하다.

☯ 格局과 用神

이 사주는 온통 木으로 구성되어 있으므로 木体局인데,
木이 자라기 위해서는 丙火가 가장 필요하고, 그 다음에
丁火도 필요한데, 이 사주에 있는 丁火는 丁壬合으로 묶여
있어 旺한 木氣의 기운을 왕성하게 배출하지 못하고 있다.
火가 가장 필요하고 土도 좋으며, 金 病神이고, 더 이상의
木과 水는 필요하지 않다.

☯ 命主의 性格

이 여인은 日主 甲木의 성격이라 얌전하며, 丁火 傷官이
丁壬合으로 묶여있어 말 수가 적다.
본성이 착하고, 사주에 合이 많으니 다정다감하며, 한편,
正官 酉金을 갖고 있어서 정확한 것을 좋아하는 성격이다.

☯ 六親 關係

이 命主는 경기도 가평태생으로, 日支 배우자궁에 용신의
뿌리가 있어 火運에는 부부사이가 원만하였으나, 甲申년부터
寅申沖으로 旺神이며, 배우자궁인 日支를 沖하므로 자신이
바람이 났다.
또한, 丁火가 자신의 활동능력이고, 육친상으로는 자식인데,
丁壬合되어 자기의 활동성이 기능을 못하고 있고, 土가 없어
丁火 자식입장에서는 洩氣가 되지 않으므로 배는 부른데
활동은 하지 않은 형국이므로 자식들의 능력도 떨어 질
것이다.

☯ 四柱의 特徵 및 合 沖 刑 등 殺星의 應用

사주에 甲 乙木이 혼잡하여 雜木이고, 꽃이 피었으나
묶여있어서 인물이 못났으며, 大運이 좋아 남편이 건설업을
하여 사업이 잘되니 본 命主는 골프나 치고 놀러만 다니는
사람이다.
또, 天干에 丁壬合이 있고, 地支에 寅亥合이 있어 情에 약한
사람이라 다정다감하여 情에 헤퍼 남자관계가 복잡하다.
이어, 남편 글자인 官인 酉金이 病이나 酉金은 年支로 멀리
있고, 旺木에 대적을 못하며, 배우자궁인 日支에 용신의
뿌리가 있어 부부관계는 원만하나 大運 및 歲運에서 官運이
오면, 부부관계가 나빠질 것이다.
또, 年 月上의 丁壬合은 조상이 女難이 많았을 것이고,
寅酉가 怨嗔인데, 年 月 日에 있어 남편과의 갈등으로 본다.
또한, 寅木과 亥水는 驛馬이고, 亥水는 天文이라서 역학에도
관심이 많은데, 이 사주는 寅亥合破가 되나 水生木하므로 破로
보지 않는다.

☯ 大運

- 초년대운이 癸卯, 甲辰으로 용신 운이므로 유복하게
  성장하였으며,

- 乙巳대운부터 좋은 운이니 훌륭한 남편을 만나 남편의 사업이
  번창하였고,
- 丙午대운이 이 사주의 전성기라서 많은 돈을 모았으며,
- 丁未대운 초에는 전원주택을 지어 행복한 삶을 살았고,
  壬午(2002)년 食傷운에 남자친구가 생겨 즐겁게 지냈다.
- 戊申, 己酉대운부터는 申, 酉金이 旺神인 寅木을 건드려 從格을
  깨면 큰 변란이 일어날 것인데,
  특히, 이 사주에서 申, 酉金은 官으로 남자이니 官災 또는
  남편과의 문제가 생길 것이다.
- 庚戌대운도 좋지 않다.
※ 이 사주에서 歲運은 주로 金운을 살펴야 한다.
  이를 테면, 丁未대운 甲申, 乙酉年에 格을 깨므로 나빴을
  것인데, 연락이 두절되어 확인치 못하여 아쉽다.
  또한, 앞으로 오게 될 己酉, 戊申대운에 歲運에서 金을 또
  만나면, 그 때 큰 액운이 따른다.

丁 甲 壬 丁　여

卯 寅 寅 酉　자

78 68 58 48 38 28 18 8　대

庚 己 戊 丁 丙 乙 甲 癸　운
戌 酉 申 未 午 巳 辰 卯

☯ 四柱의 旺衰

寅月에 甲木으로 태어나 比劫이 生助하니 太旺한데, 天干 壬水
와 丁火가 丁壬合木하니 더욱 太旺해졌다.

☯ 格局과 用神

이 사주는 甲木이 寅月에 태어났으므로 建祿格이며, 太旺하기 때문에 洩氣를 해줘야 할 뿐만 아니라 寅月의 木은 자라나고 꽃이 피어야 하므로 丙火가 가장 필요하다.
따라서, 火 용신이고, 木은 더 이상 필요치 않으며, 水도 흉신이고, 金 병신이며, 土도 길신이다.

☯ 命主의 性格

이 여인은 日主 甲木의 툭성대로 얌전하고 착한 성품이며, 또한, 傷官 丁火가 卯木 桃花 위에 앉아 있어 유머감각이 뛰어난 사람이다.

☯ 六親 關係

이 사주는 남편인 官星 酉金이 病인데, 傷官대운인 丁 대운 甲申年에 日支에 있는 旺神인 寅木을 자르니 이혼을 하고, 하나 있는 아들은 전 남편이 기르고 있으나, 자식글자인 食傷이 길신이라서 가끔씩 만나서 자식을 돌봐주고 있다.

☯ 四柱의 特徵

사주가 木体로 되어 순수한 면이 있으나 남편 글자가 病인데, 年支에 病이 자리 잡고 있어, 언제고 金運이 오면 자기의 본성을 드러낼 준비를 하고 있다.
또, 이 사주에서 金은 旺神인 木을 자르기 때문에 旺神沖發 하면, 큰 액운이 따르게 되어있는데, 대운이 火運으로 흐르므로 자신의 하는 일은 괜찮으나 官星인 金이 녹으니 남편이 직장을 잃고 놀고 있어 생활이 어려웠다.
또, 이 여인은 나무에 傷官 꽃이 피어 인물이 잘생겼다.

☯ 合沖刑破 및 殺星의 應用

寅酉가 怨嗔인데, 年 日에 있어 부부관계가 나쁘다.
또한, 寅木과 亥水는 驛馬이므로 돌아다니며 식품유통업을
하고 있다.
月上의 壬水가 年上의 丁火와 丁壬合木이 되어 있고, 또
時上의 丁火와도 丁壬合하므로 印綬인 엄마가 두 번 결혼했을
가능성이 많거나 배 다른 형제가 있을 수 있다.
日支를 기준하여 寅午戌에 卯가 桃花殺이라 동생 또는 자식이
바람둥이다.

☯ 大運

- 초년 癸卯대운은 癸水가 丁火를 손상시키므로 좋지 못하고,
  卯 대운에는 卯木과 酉金이 沖을 하여 病을 없애니 좋고,

- 甲辰대운은 무난한 운으로 辰土가 辰酉로 酉金을 묶어주고,
  寅卯辰木局을 이루므로 길한 운이라 시골에서 서울로 유학을
  와서 고등학교를 졸업하고, 명문대학을 나온 남편과 결혼하여,

- 乙巳대운에 大運 支 巳火가 酉金을 묶어주고 丁火가 旺地를
  만나 吉하므로 많은 돈을 벌어 호텔을 경영하면서 잘 살다가,

- 丙午대운 97 丁丑年에 외환위기를 맞아 망한 후, 남편과 갈등을
  겪다가 집을 나와 혼자 생활하던 중, 2000 庚辰年에 남편이
  자신의 위치를 알아내어 다시 재회하였으나, 남편이 백수건달
  이라 남남처럼 살다가, 결국, 04 甲申年에 旺神이며 日支
  배우자 궁을 沖하므로 이혼을 하고, 乙酉年에 새로운 남자를
  만났다.

- 丁未대운까지가 좋고,

- 戊申대운은 大運 支 申金이 旺木인 寅木을 치므로 旺神大怒
  하여 파란이 예상된다.
- 己酉대운도 안좋다.

제 1장 甲木日干 卯月

戊　甲　辛　丙　　여

辰　戌　卯　申　　자

71 61 51 41 31 21 11　1　대

癸 甲 乙 丙 丁 戊 己 庚
未 申 酉 戌 亥 子 丑 寅　　운

☯ 四柱의 旺衰

羊刃月인 卯月에 甲木이 태어났으나 조력해 주는 比劫과
印星이 더 이상 없어 太弱하다.
그러나, 甲木에 卯木이 羊刃이라서 약해도 힘을 쓸 수 있다.
또, 辰土에도 근기를 가졌으나 辰戌沖으로 깨졌다.

☯ 格局과 用神

이 사주는 內格인 抑扶로 도움이 필요한 羊刃格이다.
그래서, 우선 자기가 힘을 가져야 하므로 木 용신, 地支 水
길신이나 天干에 水가 오면 丙火를 끄거나 가리므로 좋지
못하고, 金은 木의 生長을 방해하므로 病神이며, 土는 나무의
뿌리 내릴 토양이므로 吉神, 火는 金을 녹여주므로 藥神이다.

☯ 命主의 性格

이 여인은 마음이 착하고 어질다.
대게, 甲木일주는 선이 크고, 인자하며, 말수가 적고 인정도
많으며, 마음씨가 고우나 다소 무뚝뚝한데가 있다.
月上의 辛金이 甲木에게 겁을 주려하나 丙火와 合을 하여
연애하느라고 피해를 안주기 때문에 원만한 성격이다.

☯ 四柱의 特徵 및 六親 關係

이 命主는 강원도 원주태생으로,
干上의 辛金이 丙火와 丙辛合이 된 것은 丙火가 食神으로
자식으로 딸에 해당하는데, 辛金 거울에 빛이 비추는 격이라
딸이 미인이다.
앞서도 설명했지만, 辰戌沖은 日支沖이므로 부부관계가 나쁨을
나타내고 있다.
그래서, 戌 대운부터 늘 아웅다웅하면서 살아가는데, 수차례
이혼을 결심했다가도 자신이 어려서 어머니를 일찍 여원
관계로 외롭게 자라온 과거를 생각해서 자식들 걱정에 어쩔 수
없이 살아가고 있다.

또, 羊刃月에 甲木의 뿌리가 金의 剋을 받아 약하고, 辰土에
뿌리를 박으려하나 辰戌沖하여 지진이 난 것과 같아서 불안
하므로 삶도 불안하니 남편과 멀리 떨어져 살아야 한다.
그래서, 항상, 남편에 대한 불만이 많다.
그러나, 木이 辰土를 보면, 먹을 복이 있는 법이고, 甲木
자신을 용신으로 쓰니 부지런하고 성실하여 먹고 살만하다.
또한, 남편 글자인 官星이 病神이라서 남편 덕이 없고, 辰戌沖
까지 있으니 남편의 건강이 많이 나쁘고 일찍 직장을 그만
두었다.

☯ 合 沖 刑 등 殺星의 應用

卯申暗合이고, 鬼門殺인데, 생명이고 용신인 卯木과의 鬼門
이므로 흉한 殺로 이런 鬼門이 사주에 있는 사람은 신경성
노이로제 또는 신경쇠약이 있다.
辰은 印綬 庫이고 戌은 財庫인데, 沖하여 깨졌으니 財 또는
印綬중에 피해를 입었는데, 이 사주는 印綬인 어머니가 이
女命이 초등학생 시절에 사망하여 고아처럼 자랐다.

☯ 大運

- 초년 庚寅대운 庚金이 용신인 甲木을 치니 나쁘고, 地支 寅木이
申金과 沖하여 天沖支沖하니 어렵게 성장하였다.
- 己丑대운에 흉신인 己土가 용신인 甲木과 甲己合되고, 日支
戌土와 刑이 되어 日主가 흔들리는데다가, 13세 되던 68(戊申)
年에 申金과 卯木이 鬼門을 이루고 暗合하니, 卯戌合火로 묶여
있던 戌土가 풀리면서 辰土와 沖하여 辰중 癸水가 깨져서 일찍
모친을 잃어 초년이 불운했다.
- 戊子대운 水가 길신이라 유통회사에 근무하는 남편과 결혼하여,
- 丁亥대운까지는 문제없이 잘 살았다.
- 丙戌 대운 중 戌土운이 들어오면서 辰戌沖이 되어 日主가
흔들려 남편과 사이도 나빠지고, 남편의 건강도 나빠져 큰
고통을 겪었다.
- 51세 乙酉대운에 대운의 酉金이 용신의 뿌리인 卯木과 沖하여
남편과 의견충돌이 많아지면서 하루하루를 겨우겨우 살아
가는데, 甲申, 乙酉년 金이 旺해 지니 남편에 대한 불만이
가득했다.
그러나, 다행히도 乙酉년에 남편이 유통회사에 취업하여 지방에
내려가 있어 살맛이 난다고 한다.
- 甲申대운으로 乙酉대운부터 나무가 가을을 만난 격이니 운이
없다.
- 이 사주의 歲運은 주로 丑土운에 丑戌刑을 하므로 그 때를 잘
살펴야 하고, 申, 酉 대운에 용신의 뿌리인 卯木을 치는 歲運을
잘 살펴야 한다.

庚　甲　己　庚　남

午　子　卯　寅　자

72 62 52 42 32 22 12 2　대

丁 丙 乙 甲 癸 壬 辛 庚
亥 戌 酉 申 未 午 巳 辰　운

☯ 四柱의 旺衰

甲木이 羊刃月인 卯月에 태어나 年支에 寅木을 보고, 日支에
子水 印星을 보아 身旺하다.

☯ 格局과 用神

甲木이 卯月에 태어났으니 內格인 羊刃格에 해당한다.
대부분의 사주들은 內格이 가장 많은데, 우선, 어떤 格에
해당하는 가를 살펴야 한다.
格局이 內格으로 판단되면, 그 다음은 사주가 어떤 형태를
갖추고 있는가 또는 日主가 무슨 임무를 수행하고 있는가를
살펴야 한다.
卯月의 甲木은 태양을 보아 꽃을 피우고 열매를 맺는데 그
태어난 목적이 있는데, 이 사주에는 불인 午火가 地支에 있어
격이 떨어진다.
따라서, 火가 가장 필요하고, 木은 더 이상 필요 없으나
寅木은 괜찮으며, 水 凶神, 金 病神, 土 吉神이다.

☯ 命主의 性格

甲木이 원래 고집스러운데가 있는데다가 太旺하면 더욱 심하기
때문에 고집스런 성격이나, 기본적으로는 마음씨가 착하다.
또, 자기의 뚝심이 강해 밀어붙이는 힘이 강하며, 庚金 官의
冲을 바로 옆에서 받으므로 성격이 예민하다.

☯ 四柱의 特徵

木이 튼튼하고 火가 많으면 金을 열매로도 볼 수 있는데,
이 사주에서는 아직 열매 맺을 계절이 아닌데다가 불이 약해
열매로 보지 않고, 우박으로 보기 때문에 金이 病이다.
日干 甲木과 月上 己土가 甲己合을 하려하나 庚金이 金克木을
하므로 합이 성립이 안 된다.
大運에서 火運이 왔을 때인 초년이 가장 좋았다.
또, 甲庚沖하므로 예민하고 머리가 잘 돌아간다.

☯ 六親 關係

이 사주는 官이 病이기 때문에 조상과 직장복과 자식 덕이
없고, 日支 子水는 沐慾地인데 흉신이므로 부부관계가 좋지
못한데, 大運마저 나빠 필시 어려움이 있을 것인데, 子午沖
마저 있어 나쁜 것이 확실하다.
또, 日主기준 卯木이 眞 桃花에 해당하여 陽氣가 강하므로
마누라 하나로는 양이 안차므로 바람을 피울 것이다.

☯ 殺星의 應用

月支와 日支가 子卯刑이 되고, 日支와 時支가 子午沖이 되어
부부관계가 불안한데, 이런 사주들은 늘 바쁘고 분주하고
역동적인 삶을 산다.
그러나, 그 바쁜 삶이 소득과 연결되는지는 大運과 연결시켜
판단해야 한다.
또한, 봄에 나무가 자랄 계절이므로 이 사주에서의 子卯刑은
水生木해 주기 때문에 刑殺의 성립이 弱하긴 하나, 刑殺임에는
틀림없다.

☯ 大運

- 초년 庚辰대운에 庚金이 甲庚沖하고, 辰土가 火氣를 흡수하니 吉하지 못하다.

- 辛巳대운은 干上 辛金은 좋지 않으나, 地支 巳火가 불이라서 운이 들기 시작하니 공부를 잘 할 수 있다.

- 壬午대운이 이 사주의 가장 전성기라서 명문대학을 나와 대기업에 입사하여,

- 癸未대운까지 근무하였으나,

- 甲申대운 들어와 찬바람이 부니, 용신이 힘을 못 써 직장을 그만두고 나와 조그마한 회사로 옮겼으나, 04 甲申年이 오자 그 곳마저 힘들어 사직하고 말았다.

- 乙酉대운까지는 힘이 들 것이다.

- 丙戌대운은 다소 낳아 질 것이나, 그동안 힘을 모두 소진하여 좋을 것도 별로 없고,

- 丁亥대운은 노후로 쉬는 운이다.

※ 이 사주에서는 歲運을 주로 甲申대운의 甲申년부터 살펴야 한다.
사주 原局이 다소 나빠도 대운이 좋으면 그런대로 넘어갈 수 있는데, 대운이 나빠지면 흉함이 한꺼번에 닥쳐오므로 그 시기의 歲運을 잘 살펴야 하나 본 著者가 甲申년이후 만나보지 못하여 더 이상의 구체적인 가정사 등의 내용을 알 수 없어 아쉽다.

<table>
<tr><td>乙</td><td>甲</td><td>乙</td><td>戊</td><td>여</td></tr>
<tr><td>丑</td><td>午</td><td>卯</td><td>申</td><td>자</td></tr>
</table>

77 67 57 47 37 27 17 7

丁 戊 己 庚 辛 壬 癸 甲
未 申 酉 戌 亥 子 丑 寅　　운

☯ 四柱의 旺衰

甲木이 羊刃月인 卯月에 태어나 月과 時上에 乙木이 두 개나
있어 太旺하다.

☯ 格局과 用神

甲木이 卯月에 태어났으니 內格인 羊刃格으로, 卯月은 나무가
자라야하고, 꽃도 피워야 하므로 불이 필요하다.
따라서, 火가 가장 필요하고, 濕木은 더 이상 필요치 않으며,
水도 흉신인데, 특히, 子水는 午火를 沖하므로 나쁘고, 干上의
金은 藥神이나 地支의 金은 흉신이며, 土는 나무가 뿌리 내릴
장소이므로 吉神이다.

☯ 命主의 性格

卯月에 태어난 甲木이 劫財인 乙木을 2개씩이나 갖고 있어
太旺하니 사람이 착하긴 하나 아집이 너무 强하다.
또, 旺한 木에게서 빠져 나가는 火가 약하므로 말수가 적고
애교가 없어 남편입장에서 볼 때는 목석같은 여인이다.

☯ 四柱의 特徵

午火가 地支에 있어 木多火熄구조로 사주가 木多火熄이 되면,
삶이 답답하다.

그러나, 地支에 午火가 있어 그나마 다행이나, 大運에서 火를
만나지 못해서 나무에 꽃이 피지 않으니 큰 영화가 없다.
그래서, 이런 사주들은 열심히 노력을 해도 소득이 별로
없으니 富者는 아니라서 노력의 댓가로 밥 먹고 사는 사람
이다.

☯ 六親 關係

남편인 官星은 申金으로 年支에 너무 멀리있고, 凶神이므로
남편의 덕이 弱한데, 日支 배우자 궁에 용신인 食神 午火가
있어서, 비록, 官을 거부하긴 하나 용신이므로 그래도 남편
外助가 있는 사람이다.
그러나, 劫財인 乙木 가지가 많아 빛을 차단하니 형제 덕이
없고, 午火가 자식이나 자식 궁에 凶神이 앉아있어 자식 덕이
크지는 않으나, 天乙貴人이 있어 크게 나쁘지는 않다.

☯ 合 沖 刑 破 및 殺星의 應用

丑午가 怨嗔, 鬼門이고, 卯申이 귀문인데, 鬼門이 두 개씩이나
있어 雙鬼門으로, 노이로제, 신경성질환이 있을 것인데,
특히, 女命은 갱년기를 맞으면서 이러한 특징들이 두드러지게
나타날 것이다.
또한, 日主를 기준하여 卯木이 眞桃花이며, 日支에 紅艶殺을
갖고 있고, 에너지도 넘치므로 이 女命은 性生活을 좋아할
것이기 때문에, 만약, 이런 사람이 상대 배우자가 性慾을
채워주지 못한다면 바람나기 쉽다.
甲戊庚에 丑未가 天乙貴人인데, 자식 궁에 天乙貴人이 있어
자식중 하나는 덕을 볼 수 있다.
劫財인 형제로 인하여 큰 病을 안고 사는데, 더군다나, 地支
卯木이 용신을 卯午破로 불을 끄려하므로 局이 濁하다.

☯ 大運

- 甲寅 대운은 木이 더 등장하여 좋지는 못하나, 다행히, 濕木은
  아니므로, 부모의 보살핌이 있어 괜찮은 운이고,

- 癸丑 대운은 癸水가 水生木하고 丑土가 午火의 열기를 빼앗아
  가므로 운이 없어 공부를 많이 할 수 없거나, 그렇지 않으면,
  건성으로 학교를 다닌다.

- 壬子 대운에 壬水도 흉하고, 地支 子水가 子午沖하여 용신을
  沖하여 불을 끄므로 이런 때에 큰 액운이 따른다.
  이런 때에 歲運을 잘 살펴야 한다.
  29세 96년이 丙子년인데, 이런 歲運이 나쁘다.
  이 大運에 옷가게 점원으로 일하다가 육아문제로 그만두었다.

- 辛亥대운 天干 辛金이 乙辛沖하여 乙木 하나를 베어내므로
  괜찮은데, 地支 亥水가 亥未合木해서 木이 더 旺해지고,
  습해져서 卯午破로 다가가니 용신인 午火가 힘을 쓰지 못하여
  凶하다.

- 庚戌 대운 庚金이 乙木을 묶고, 戌土가 熱土라서 午戌火局이
  되니, 이런 大運에 좋은 歲運을 만나면 재물이 증가할 것이다.

- 己酉, 戊申대운도 큰 운이 없다.
  官星인 酉金이 와서 旺神인 卯木을 沖하면, 旺神大怒하여 官災
  또는 남편문제 등 큰 액운이 따를 것이다.

제 1장 甲木日干 辰月

<table>
<tr><td>癸</td><td>甲</td><td>戊</td><td>甲</td><td rowspan="2">남
자
대
운</td></tr>
<tr><td>酉</td><td>申</td><td>辰</td><td>子</td></tr>
</table>

75 65 55 45 35 25 15 5

丙 乙 甲 癸 壬 辛 庚 己
子 亥 戌 酉 申 未 午 巳

☯ 四柱의 旺衰

辰月에 甲木이 年上에 比肩과 時上에 印星을 보았고,
地支에 申子辰水局을 이루어 太旺사주다.

☯ 格局과 用神

甲木이 辰月에 태어나 辰중 癸水와 戊土가 透干하여 內格인
偏財格이다.
辰月은 나무가 자라나야 하므로 火를 봐야 하는데, 火가 없어
戊土로 除濕을 해야한다.
土 용신, 火 길신, 木 병신, 水 구신, 金 흉신이다.

☯ 四柱의 特徵

日主가 태왕하면, 食傷이 힘을 못 쓰므로 방향 감각이 없는데,
더군다나, 이 사주는 火가 없어서 열매가 없는 木이라서
貴格이 안 된다.
大運에서 火를 봐서 꽃이 핀다.
有名大 工大 다니면서 변리사시험 준비를 하다가 군대에 갔다.
이 사주는 印綬가 病이라서 절대로 자기가 채우고자 하는
문서를 채울 수 없기 때문에 변리사 자격을 얻기 어렵다.
財가 月上에 떠서 뿌리를 박으면, 공부는 적당 적당히 한다.
그런데, 초년 운이 좋아 공부를 잘했고, 또, 아버지가
자수성가했다.
火가 없고, 癸水가 있으면, 멀리 보는 안목이 없어서 시력이
일찍 가버린다.

☯ 命主의 性格

辰月에 甲木이라서 제 계절에 태어났는데, 食傷을 보지 못해
말이 없는 사람이다.
본성은 착하나 때로는 욱하는 기질이 있고, 장남의 기질을
가진 믿음직한 사람이다.

☯ 六親 關係

이 男命은 부인인 財星 戊土를 용신으로 삼기는 했으나, 戊土
용신이 甲木사이에 끼어 있어서 형제가 내 재산을 노려보고
있는 형국이다.
육친상 財星이 용신이나, 日支 妻宮이 凶神이라서 부부사이가
나쁠 것이다.
또, 이 사주는 印綬가 태왕하고, 辰土가 印綬 庫로 水多浮木
시키므로 어머니 아닌 어머니가 있거나 어머니한테 이복형제가
있을 것이다.

☯ 合 沖 刑 破 및 殺星의 應用

辰土 印綬 庫를 갖고 있어 어머니와 인연이 박하거나 혹은
두 어머니를 모실 수 있고,
申子辰에 酉가 桃花殺인데, 凶神이므로, 명예가 높지 않을
것이다.

☯ 大運

- 초년 己巳 대운에 巳火가 있어 좋고,

- 15세 庚午 대운이 일생 가장 좋은 大運이기 때문에 공부를
  계속해야 하는데, 군대에 간 것이 아쉽다.
  그러나, 군대에 가서 제대할 때까지 군인으로서는 큰 월급을
  받으면서 군대생활을 하고 있다.

- 辛未 대운도 좋아 공부를 잘 할 수 있다.

- 壬申, 癸酉 대운이 나쁜데, 대게, 印綬가 凶神인 사람은
  내 자신을 모르는 곳인 고향을 떠나 외국으로 갈 가능성이
  크다.

- 甲戌대운에 甲木이 내 돈 즉, 戊土를 나눠먹자고 들어오므로
  흉하고,
  戌 대운에 戊土용신의 뿌리인 辰土를 치면서 오기 때문에 돈이
  도망갈 것이고, 삶에 풍파도 있게 된다.

- 乙亥대운에 乙木이 戊土 용신을 극하고, 사주를 더욱 습하게
  하므로 나쁘고,

- 丙子대운도 나쁘다.

丙　甲　甲　壬　　남

寅　午　辰　子　　자

71 61 51 41 31 21 11 1　　대

壬辛庚己戊丁丙乙　　운
子亥戌酉申未午巳

☯ 四柱의 旺衰

辰月에 甲木이 年上에 印星 壬水, 月上에 比肩 甲木, 年支에
印星 子水, 月支에 辰土를 보아 辰子水局이 되어 水生木하니
身旺사주다.

☯ 格局과 用神

辰月에 甲木일주이니 偏財格이다.
봄에 나무는 태양을 보아 꽃이 피어야 값이 나간다.
身旺하면 洩氣하는 火를 봐야 하므로, 火가 필요하고,
土도 필요하며, 木은 흉신이고, 子水는 특히, 흉하다.
이 사주에서는 天干에 庚金이 나타나면, 藥神역할을 해 주긴
하는데, 水가 있어 金生水하므로 큰 작용을 못한다.

☯ 四柱의 特徵

이 사주는 陽八通四柱라 성격이 화끈하고 그릇이 크다.
日主도 旺하고 洩氣하는 食神도 旺해서 좋다.
이런 사주는 食傷이 旺하므로 언론 계통이나 교사직이 좋다.

☯ 命主의 性格

甲木일주는 별로 말이 없는 편이나, 이 命主는 食神인 丙火를
보아 말도 잘한다.
그러나, 甲日主가 太旺하므로 고집은 쎄나, 洩氣가 잘되어
합리적인 성격이다.

☯ 六親 關係

마누라이며 財星인 辰土가 比肩을 이고 있어 과거있는 부인을
만날 수 있다.
또, 財가 辰子로 合하여 水로 변하여 太旺한 木을 生하고
있으므로 좋은 작용이 아니다.
그러나, 日支 妻宮에 용신인 午火를 갖고 있어 마누라와
사이는 좋다.

☯ 合 沖 刑 破 및 殺星의 應用

12運星에서 甲木에 辰土는 衰地이나, 나무를 기르는 구조
에서는 衰地로 보지 않고, 沃土로 본다.
그래서, 무조건 12運星을 대입하면 안 되는 것이다.
또, 寅午火局으로 寅木이 탈 것 같으나, 이 사주에 水氣가
旺하여 타지 않는다.

☯ 大運

- 초년 乙巳대운에 劫財인 乙木이 등장하여 나쁘나, 地支에
  용신의 祿인 巳火를 달고 왔으므로 초년 운이 좋았다.
- 11세 丙午 大運이 用神운이므로 가장 좋았기 때문에 유복한
  환경에서 공부를 잘하게 된다.
- 丁未대운도 火運이라서 좋다.
- 戊申대운에 申子辰水局하여 午火 용신을 공격하고,
  寅申沖刑하므로 망했다.
  대학원 다니다가 다른 교수들과 벤처사업 하다가 실패한 후

집을 나가 연락이 두절됐다.
甲申年에 寅申沖하고, 申子辰水局해서 木을 도우므로 운이 없다.
좋은 대운은 巳 午 未 대운에서 모두 지나갔다.
- 己酉대운도 나쁘다.
- 庚戌대운에 庚金이 甲木 하나를 쳐주면 좋고, 地支 戌土가 원국의 辰土를 치면 나쁘다.
- 辛亥, 壬子대운은 나쁘다.

乙　甲　庚　乙　여

丑　申　辰　卯　자

80 70 60 50 40 30 20 10　대

戊 丁 丙 乙 甲 癸 壬 辛　운
子 亥 戌 酉 申 未 午 巳

☯ 四柱의 旺衰

甲木이 辰土에 뿌리를 박은 상태에서 干上에 劫財를 두 개 보고, 年支에 羊刃을 보아 身弱하게 보이나 身旺하다.

☯ 格局과 用神

이 사주의 格局을 논할 때, 甲木이 辰月에 태어났는데, 辰중에 乙木이 透出해 있어서 일반적인 格局論으로 명칭을 붙인다면 劫財格이다.
그러나, 格局 名稱에 劫財格이란 명칭은 없으므로 內格인

偏財格이라고 해야 맞다.
또한, 용신은 木旺節에 病인 金이 旺하여 火를 봐야 좋은데,
사주에 火가 없어 아쉽다.
그래서, 木 용신, 水 길신, 金 병신, 土 구신, 火 약신이다.

☯ 四柱의 특징

이 사주에서 乙庚合金은 乙木과 金의 세력이 서로 旺해서
合力이 약한데, 甲木에 옆 가지가 많은 格이라 이 사주의
乙庚合은 좋은 合이다.
또, 사주의 官星이 旺해서 직장을 다니면서도 불평을 하면서
다닌다.
食傷이 없고, 더군다나, 官星이 病이라서 아들을 못 둘 수
있다.

☯ 命主의 性格

이 女命은 食傷이 없어서 말 수가 적고, 본성이 착한 성격이나
官星인 金이 옆에서 자극을 하고 있고, 羊刃을 갖고 있어
때로는 예민함을 보인다.
甲木은 성질이 곧은데, 食傷이 없으면, 쎈스가 부족해서
써비스가 부족하다.

☯ 六親 關係

身弱한데 比劫인 乙卯가 조상궁에 뿌리를 내리고 있어 나를
도와주므로 조상 궁에서 힘이 되어 주어 큰 어려움이 없이
산다.
그러나, 病神인 申金이 日支 妻宮에 앉아 있어 결혼을 해도
申대운에 이혼하기 쉽다.

☯ 合 沖 刑 破 및 殺星의 應用

丑辰破가 되고, 卯申暗合이며, 鬼門이고, 두 개의 殺 모두

발동되었으므로 大運이나 歲運이 오면 작용을 한다.
또한, 辰月은 나무가 아직 어리고 나무가 불을 보지 못했기
때문에 庚金은 과일이 아니고 우박이다.

☯ 大運

- 辛巳대운은 辛金이 乙木 하나를 쳐주고 巳火 불을 달고와
  좋았고,

- 壬午대운은 불이 旺해서 金을 녹여 나무를 기르므로 좋으나
  원국에 불이 없어서 제대로 불의 화력을 받기가 어렵다.

- 癸未대운은 未중에 丁火가 있고, 卯未木局이 되어 용신의
  기운을 강화시켜주므로 好運으로 보이나,
  未 대운에 용신인 木이 墓宮에 들어가므로 정신이 흔들린다.

- 甲申대운은 病神인 申金이 申辰水局이 되어 습해지고, 나무가
  가을바람을 맞으니 勢가 위축되어 용기도 없고, 되는 것도
  없다.
  그래서, 이런 大運에 이혼하기 쉽다.
  또, 이 命主는 인테리어회사에 다니는데, 이런 운에 직장변동이
  오기 쉽다.

- 乙酉대운에 甲木의 뿌리인 卯木을 치므로 대란이 일어난다.

- 丙戌대운에 丙火가 등장하여 나무에 꽃을 피우니 호운이고,
  戌土가 辰土를 沖하면, 乙庚合이 일시적으로 떨어지기 때문에
  크게 좋을 것도 없다.

- 丁亥대운에 丁火가 庚金을 제어하고, 亥水가 亥未木局하여
  好運이라서 편안한 노후를 보낸다.

- 戊子대운에 申子辰水局되어 물에 뜬 나무가 되어 불리하다.

제 1장 甲木日干 巳月

甲　甲　己　己　　남

子　午　巳　亥　　자

72 62 52 42 32 22 12 2　대

辛 壬 癸 甲 乙 丙 丁 戊
酉 戌 亥 子 丑 寅 卯 辰　운

☯ 四柱의 旺衰

巳月에 甲木이 調喉用神인 亥水와 子水가 깨져 더욱 身弱하다.

☯ 格局과 用神

甲木이 巳月에 태어나 傷官格이다.
巳月은 여름이라 調喉하는 水가 필요한데, 年支 亥水와 月支
巳火가 沖하여 깨졌고, 日支 午火와 時支 子水가 子午沖하여
각각 깨져 쓸 수 없다.
水가 正用神이나 깨져서 甲木을 木 가용신으로 쓰고, 水는
길신, 火가 病神이고, 土도 凶神이며, 운에서 金이 오면
흉신이다.
이렇게, 正用神이 깨져서 못쓰니 假用神을 쓰는 수 밖에
없는데, 假用神을 쓰면 그 만큼 운이 없는 것이다.

☯ 命主의 性格

이 男命은 초목이 무성하게 자랄 계절인 초여름에 태어나

印星인 물을 봐야 좋은데, 印星이 모두 깨져 부모의 사랑을
못받아서 마음의 안정이 없다.
더구나, 이렇게, 沖이 많으면, 삶이 역동적이긴 하나 성격이
급한데가 있다.

☯ 四柱의 特性

干上에 甲己爭合이다.
合은 어느 한쪽의 힘이 매우 강하거나 매우 약할 때 잘된다.
또, 이 사주에서 正用神이 水인데, 正用神이 깨져있어 쓸 수
없으니 사주가 탁하다.

☯ 合 沖 刑 破 및 殺星과 六親關係

日干인 甲午를 기준하여 辰巳가 空亡이라서 月支 부모궁인
巳火가 空亡이다.
또, 巳亥沖으로 깨졌으니 부모덕이 없다고 본다.
이 사주에서는 水가 돈인데, 돈이 깨졌기 때문에 부모 대에
가세가 기울었다고 보는 것이다.
또, 水는 어머니로 어머니가 몸이 아프거나 변고가 있다고
본다.
이 사주는 마누라 글자인 財가 年 月上에 나란히 나타나있어
서로 자기하고 합하자고 하니 妻宮이 산란함을 나타내고 있고,
또한, 日支 배우자 자리에 調喉 正用神을 깨는 午火가 있어
子午沖하니 분명 부부관계에 이상이 있다.

☯ 大運

- 초년 戊辰대운의 戊土가 들어오면 더욱 건조해지므로 흉하고,
  辰土는 濕土라서 子水와 亥水가 入墓하므로 모친에 변고가
  있게 된다.
- 丁卯대운에 卯木이 水와 火를 通關시키고, 日干 甲木의 强한
  뿌리가 되므로 운이 좋아서 공부를 잘 할 수 있었고,
- 丙寅 대운에 사주가 燥熱해지긴 하나 寅亥合木되고, 木의
  기운을 크게 하므로 좋은 운이라서 안정된 직장인 통신회사에

入社하였다.
- 乙丑대운이 오자, 甲木에 乙木 곁가지가 생겨 불필요한 글자
이므로 凶하고, 丑土가 調喉를 시켜주어 좋은 점이 있으나,
巳丑合金이 되고, 戊寅年에 더욱 燥熱해져서 調喉가 깨지므로
운이 나빠져 자식 다섯 명을 둔 가장이 사직을 하였다.
- 甲子대운은 正用神이 등장하였으나, 부부궁에 있는 午火와
子午沖하니 부부관계가 불안하다.
- 癸亥대운이 정용신운이라 좋을 것 같으나, 巳亥沖이 되어
나쁘고,
- 뒤따라 들어오는 壬戌대운 중 戌대운은 나쁘다.
- 辛酉대운도 나쁘다.

乙　甲　辛　乙　　남

亥　午　巳　未　　자
대
운

79 69 59 49 39 29 19 9

癸 甲 乙 丙 丁 戊 己 庚
酉 戌 亥 子 丑 寅 卯 辰

☯ 四柱의 旺衰

巳月에 甲木이 地支에 巳午未火局을 이루어 洩氣가
심하고, 月上 辛金이 乙木을 치니 身弱하다.

☯ 格局과 用神

甲木이 巳月에 태어나 巳午未火局을 이루니 傷官格이다.
이 사주는 火局을 이루어 燥熱하므로 더위를 식혀주는
水가 가장 필요한데, 時支 亥水 하나로는 調喉가 弱하다.

水가 용신이고, 여기서는 地支 申金도 쓸 수 있으며, 火가
가장 나쁘고, 濕土도 필요하다.
이 사주는 身弱하나 더 이상의 木은 필요 없다.
水는 地支에는 있으면 되고, 天干에는 나무에 꽃을 피우기
위해 火가 필요하다.

☯ 命主의 性格

甲木의 성질은 다소 무뚝뚝하나, 食傷이 旺하여 인정이 많고,
개성이 강하다.
또, 甲木일간이 地支에 巳午未火局을 보았는데, 火는 食傷
이므로 食傷이 旺하니 행동이 앞서가는 사람이다.
무명 시인이다.

☯ 四柱의 特性

巨木에 乙木 가지가 많으면, 雜木이 되므로 품격이 떨어진다.
그래서, 身弱해지더라도 乙木 곁가지는 쳐주는 것이 좋다고
보므로 月上의 辛金은 吉한 작용한다.
또, 한 여름에 나무가 튼튼하고 불을 보면, 金은 열매로
보므로 이 男命은 먹을 복을 갖고 태어났다.
그런데, 용신인 亥水가 불이 旺해 調喉가 弱해서 아쉽다.

☯ 合 沖 刑 破 및 殺星의 應用

甲戊庚에 丑未는 天乙貴人인데, 未土가 年支에 있으나 火局을
이루어 변했고, 年上에 곁가지인 乙木이 있어 凶神작용을 하니
조상의 음덕이 크다고만 볼 수 없다.
또한, 月上 辛金은 地支에 火勢가 강해 힘이 없는데다가
乙辛沖 하더라도 日干인 甲木은 치지 못하므로 다행이다.

☯ 六親關係

男命에서 妻를 볼 때는 우선 妻 글자인 財의 힘을 보고,

두 번째로는 日支의 吉凶을 보고, 세 번째는 용신으로 보며,
한 가지 더해서 大運과 歲運을 참조해서 이 세 가지를
종합하여 판단해야 하는데, 이 사주는 財가 未土인데,
巳午未火局으로 흉신으로 변했고,
용신이 허약하며, 日支 妻宮에 흉신이 앉아있어 夫婦宮은
좋지 않다고 본다.
또한, 印綬가 약해서 공부를 크게 할 수 없다.

☯ 大運

- 초년 庚辰대운에 庚金이 乙木과 乙庚合이 되어 곁가지를
  쳐주고, 金生水로 조후를 도와주며, 辰土가 열기를 흡수해
  주므로 무난한 운세였으며,

- 己卯대운이 甲己合하여 용신인 甲木과 합하려 하나 乙木이 있어
  완전한 합이 되지 못하므로 괜찮고, 卯木이 濕木이며 길신
  이라서 吉한 운이라서 중소기업에 취업하였다.

- 戊寅대운은 좋은 대운이 아니다.
  왜냐하면, 이 사주가 건조한데 戊土가 더욱 건조하게 만드므로
  흉하고, 寅木은 身弱해서 쓰긴 쓰나 寅午火局을 이루어
  火多水渴되면 얻는 것 보다 잃는 게 더 많기 때문이다.

- 丁丑대운은 丑土가 調喉를 도와주므로 대체로 무난한
  운이었으나, 40세 甲戌년에 戌土가 亥水를 치고, 丑戌未三刑이
  성립하니 직장에서 구설이 있었으나 큰 탈없이 지나갔다.

- 丙子대운 大運 支 子水가 原局의 旺神인 午火를 沖하니
  旺神大怒한 상태에서 03 癸未년에 未土가 용신인 亥水를 묶으니
  근무 중 넘어져 다리가 부러지는 사고를 당했다.

- 乙亥대운은 좋으나,

- 甲戌대운은 戌土가 더욱 燥熱하게 만들므로 나쁘다.

丁　甲　乙　丁　　여
卯　午　巳　未　　자
　　　　　　　　　대
72 62 52 42 32 22 12 2　운

癸 壬 辛 庚 己 戊 丁 丙
丑 子 亥 戌 酉 申 未 午

☯ 四柱의 旺衰

巳月에 甲木이 月上에 劫財인 乙木과 時支에 羊刃인 卯木을
보았으나 身弱하다.
巳月 火氣가 旺한데, 水는 없으나 濕木인 卯木뿌리를 갖고 있어
다행이다.

☯ 格局과 用神

甲木이 巳月에 태어났고, 巳午未火局을 이루므로 傷官格이다.
地支에 巳午未火局을 가져 炎上으로 보이나 卯木을 가지면,
炎上이 안되기 때문에 木을 키워야 한다.
그래서, 水가 正用神이나 없기 때문에 木이 假用神이고,
水는 藥 吉神이며, 火는 病神이고, 金이 와도 凶神이나 地支로
오는 申, 酉金은 火局에 녹아 卯木을 자르지는 못하므로 크게
나쁘지 않으며, 土도 凶神이다.

☯ 命主의 性格

甲木이 丁火 傷官을 보아 감성이 풍부한데, 地支에 巳午未火局이
되어 감성이 풍부하다 못해 넘쳤다.
傷官은 자기주장대로 살므로 개성이 강한 사람이다.

☯ 四柱의 特性

어떤 사주든지 木이 등장하면, 특히, 日主가 木이 될 때는
木이 死木인가 生木인가를 먼저 봐야 한다.
그렇다면, 이 甲木일주는 죽었는가, 살았는가 ?
살아있는 生木이다.
왜냐하면, 濕木인 卯木이 있어 甲木의 뿌리가 튼튼하기 때문
이다.
그리고, 이 女命은 性을 나타내는 食傷이 旺한데다가, 卯가
午火를 보면, 陽氣가 강한데, 여자이므로 陰氣가 强하다.
그래서, 색꼴이라서 남편이 죽을 지경이다.

☯ 合 沖 刑 破 및 殺星의 應用

甲午는 紅艶殺이라서 색을 밝힌다.
午卯破라서 午火의 火氣運을 卯木에 빼앗기나 이 사주에서는
괜찮다.
오히려, 破의 凶보다는 火勢가 너무 강하여 卯木을 키우니
卯木이 잘 자라므로 陽氣가 강한 것이다.
甲午일주에 辰巳가 空亡인데, 巳火 空亡이 부모 궁에 있어
부모의 덕이 없다고 본다.

☯ 六親關係

이 四柱에서는 食傷이 태왕하여 病인데, 食傷은 자식이므로
자식 덕이 弱한데, 多子無子라고 했으니 자식이 귀하거나 덕이
없을 것이고, 혹은, 남의 자식을 기를 수도 있으며, 또,
食傷은 할머니에 해당하므로 할머니가 두 분 이거나 할머니와
인연도 박하다.
日支 남편宮에 病神이 앉아있어 부부궁도 나쁘다.
또, 女命에 食傷은 남편 글자인 官星인 金을 들어오지 못하게
하므로 남편이 들어올 공간이 없어서 왔다가도 금방 가버린다.

☯ 大運

- 丙午대운이 온통 불기운이라 불운한 어린 시절을 보냈다.
  대게, 食傷이 太旺하면 官을 거부하므로 가난한 집안 출신이다.

- 丁未대운도 火勢가 강해서 나쁘나, 다행히, 卯未木局이 되어
  용신에 힘을 보태주고 있다.

- 戊申대운에 申金에는 壬水가 들어있고, 巳申合, 巳酉合되어
  다소나마 寒氣를 품어 내므로 나쁘지 않으며, 貪合亡生이고,
  火勢가 너무 강해 감히 卯木을 자르지 못하기 때문에 나쁘지 않다.

- 己酉대운에 酉金은 巳酉合되어 다소 火勢를 누그러뜨리기는 하나
  酉金에는 물이 없기 때문에 크게 도움이 안 되며, 다행히, 卯木을
  자르지는 못한다.
  그러나, 酉대운에 卯木을 沖하고, 午火는 酉金을 극하니 온통
  地支가 흔들린다.

- 庚戌대운에 戌土가 사주를 더욱 燥熱하게 만들고 旺神入墓시키므로
  매우 나쁘다.

- 辛亥, 壬子대운이 좋다.

제 1장 甲木日干 午月

| 丙 | 甲 | 甲 | 辛 | 남 |
| 寅 | 申 | 午 | 卯 | 자 |

72 62 52 42 32 22 12 2

| 丙 | 丁 | 戊 | 己 | 庚 | 辛 | 壬 | 癸 | 대 |
| 戌 | 亥 | 子 | 丑 | 寅 | 卯 | 辰 | 巳 | 운 |

☯ 四柱의 旺衰

午月에 甲木이 月上에 比肩을 보고, 年支에 羊刃, 時支에
寅木을 보아 튼튼하나, 月令이 여름이라서 調喉를 해 주는
印綬가 없어 身弱하다.

☯ 格局과 用神

甲木이 여름인 午月에 태어났으므로 內格인 傷官格인데,
태어난 계절이 한 여름이라서 申中에 壬水를 調候用神으로
써야 하나 申金은 寅木을 자르는 성분이고, 寅申沖하여
申중 壬水를 쓰지 못한다.
水가 正用神이나 없으므로 木이 假用神이고, 金이 病神이며,
火는 藥神이고, 운에서 濕土가 오면 吉神이나 乾土는 凶神
이다.

☯ 四柱의 特徵

午月에 甲木이 비록 印星은 없어도 튼튼하고, 丙火를 보아
꽃이 활짝피었으며, 年上에 官星인 辛金을 보았는데, 비록,
金이 이 사주에서 病神이긴 하나 여름나무가 튼튼하므로
크게 나쁘지는 않으나, 生木에는 金이 거의 나쁜 작용을 한다.
日支 申金은 배우자 궁인데, 申중 壬水가 있어 絶處奉生으로
쓸 수는 있으나, 옆 時支에 있는 寅木을 沖하므로 부부 궁이
나쁨을 알 수 있다.
다행히도, 月支에 午火가 있어 申金을 다스리니, 申金이 크게
날뛰지는 못한다.

☯ 命主의 性格

이 사주는 여름에 잘 자라고 있는 巨木이라서 성격이 원만하고
인자스럽다.
또, 食傷이 旺하여 洩氣가 잘 되기 때문에 人情도 많으나
가끔은 金이 寅申沖하고 金克木하는 金의 성질도 나타낸다.

☯ 六親 關係

앞에서도 설명했지만, 日支 妻宮에 病神이 앉아 내 뿌리인
寅木을 치므로 부부관계가 나쁘나, 絶處奉生하므로
토닥거리면서 살고 있다.
또, 金이 官星이므로 官은 자식인데, 病神이므로 자식 덕이
약함을 나타내고 있다.
年支에 卯木, 月上에 甲木이 있어 用神이니, 이 집안은 祖父
때부터 잘 살았던 집안이다.

☯ 刑 沖 合 및 殺星의 應用

年上의 辛金과 時上의 丙火는 멀리 있어서 合은 안 되나
멀리서 合을 하려 하기 때문에 동경하는 形局이고, 이
사주에서는 寅申沖이 가장 나쁘다.

그러나, 申중에 壬水와 午중에 丁火가 暗合하고 있어 寅木을
치는 힘이 다소 약해졌다.
卯申鬼門이고, 暗合이나, 이것 역시, 한 칸 떨어져 있어
작용이 약하다.

☯ 大運

- 초년 癸巳대운 5살(65년) 乙巳年에 사주원국에 寅申沖이
  되어있는 상태에서 대운에서 巳火가 들어와 寅巳申三刑이
  성립하니, 전염병에 걸려 죽었다가 다시 살아났다고 한다.
- 壬辰대운에 調喉가 이루어지니 好運이라서 편하게 생활했다.

- 辛卯대운에 病神인 辛金이 등장했기 때문에 나쁜데,
  다행히, 卯木 용신의 뿌리를 갖고 있어 덜 나쁘나, 이렇게,
  原局에 鬼門이 이미 존재해 있는 상태에서 다시 들어오면,
  鬼門작용이 생긴다.
  군대제대 후 부모님이 후원을 해주어 5년간 사업을 하다가
  경험부족 등의 이유로 실패를 하고, 그 대운 말인 80(庚申)년
  나이 30세에 지방행정직 공무원으로 출발하였다.
- 庚寅대운이 사주원국에 寅申沖이 되어있는 상태에서 다시
  寅木이 들어오니 나쁘다.

- 42세 己丑대운도 己土가 日干인 甲木과 甲己合하는데, 이
  己土는 午火 紅艶에서 나왔고, 財星에 해당하므로 이런 운에
  바람을 피는 운이다.
- 52세 戊子대운 地支 子水가 등장하여 調喉를 해주므로 좋으나
  子卯刑을 이루고, 子午沖을 이루며, 申子合을 이루므로 이런
  운에는 대체로 역동적이고 분주하게 살게 된다.
  55세 되는 05(乙酉)年에는 卯酉沖되므로 지방에 있는 과수원을
  매입하면서 돈에 쪼들리고 있다.

- 丁亥대운이 좋은 운이라서 직장에서 퇴직 후 편하게 살 수 있을
  것이고,
- 丙戌대운은 調喉가 깨져 나쁘다.

壬　甲　丙　壬　　남

申　申　午　子　　자

75 65 55 45 35 25 15 5　대

甲 癸 壬 辛 庚 己 戊 丁　운
寅 丑 子 亥 戌 酉 申 未

☯ 四柱의 旺衰

甲木이 午月에 태어나 年上, 時上에 印星인 壬水를 보고,
年支에 子水, 日支와 時支에 申金을 보았는데, 年 月柱에서
丙壬沖, 子午沖으로 天沖地沖하여 火가 모두 깨져서 원래
身弱하나 身旺으로 변했다.

☯ 格局과 用神 및 四柱의 特徵

甲木이 午月에 태어나 午중 丙火가 透干되었으므로 食神格
이다.
사주가 水氣가 旺해서 身旺하므로 逆用神인 火를 用神하고,
木은 吉神이며, 水는 불을 끄므로 病神이고, 金은 仇神이며,
土를 藥神으로 쓰는데, 丙壬沖, 子午沖으로 用神이 깨졌다.
用神이 깨져 무력해져서 정신이 올바르지 않으므로 지방 도시의
건달이다.
月令이 旺神을 무력하게 만들었으므로 감옥간다.
天理를 거역했다. 조폭스타일이다.

☯ 命主의 性格

甲木이 午月에 태어나 火가 旺하므로 본성은 착한 듯 하나
고집이 쎄고, 食傷이 깨져서 변덕이 많다.
또, 행동이 죽 끓듯 한다.
사주에 沖이 많으면 성격도 충돌이 많다.

☯ 六親 關係

이 男命은 財가 午중 己土인데, 子午沖 맞아 깨져서 불안하고,
月支에 앉아있어 흉한데다가 성격과 행동이 변덕스러워 부부
궁이 나쁘다.
또, 印星이 病이라 공부를 할 수 없고, 初年 학운이 구신운
이라 더욱 확실하다.
그래서, 印星 어머니의 애를 태웠을 것이다.

☯ 刑 沖 合 및 殺星의 應用

月上의 용신인 丙火를 年上의 壬水가 때리고, 月支의 용신
午火를 年支 子水가 때리니 用神이 모두 깨져서 필시 정신이
깨진 것이나 마찬가지이므로 언행이 올바를리 없다.
甲申일주를 기준하여 午未가 空亡인데, 空亡인 午火가 沖을
맞아 空亡의 작용으로 보기 보다는 沖의 작용으로 해석해야
한다.

☯ 大運

- 초년 丁未대운에 丁火가 壬水 하나를 丁壬合으로 묶고,
  未土가 午未合하여 子午沖을 해소하므로 유복하게 자랐다.
- 戊申대운에 戊土가 壬水를 丙壬沖하지 못하게 막아주는 것은
  좋으나, 申金이 사주를 더욱 냉하게 만들므로 운이 없다.
- 己酉대운도 己土가 甲己合하나, 일부 壬水를 극해주고, 나무가
  뿌리내릴 땅이 생기므로 좋은데, 己土가 紅艶 午火에서 透出했고,
  日干과 甲己合하므로 이런 운에는 바람을 피게 된다.
- 庚戌 대운은 戊土가 子水를 막아주어 子午沖을 말려주어 좋고,
- 辛亥 대운부터는 辛金이 丙辛合시켜 丙火를 무력하게 만들고,
  地支에 亥水가 등장하여 사주가 더욱 病이 깊어지므로 대단히
  나쁘다.
- 55세 壬子대운은 天沖地沖하므로 구제불능이다.
  대란이 일어난다.
  이후의 대운분석은 무의미하다.
- 癸丑대운도 흉하다.

辛　甲　壬　乙　　남

未　申　午　卯　　자

71 61 51 41 31 21 11 1　　대

甲 乙 丙 丁 戊 己 庚 辛　　운
戌 亥 子 丑 寅 卯 辰 巳

☯ 四柱의 旺衰

午月에 甲木이 年上에 劫財를 보고, 月上에 印星, 年支에
羊刃을 보아 身弱사주 같으나, 金이 旺해서 水를 生하므로
오히려 旺해진 것과 같다.

☯ 格局과 用神 및 四柱의 特徵

이 사주는 甲木이 午月에 태어나 傷官格이다.
한 여름에 태어난 甲木이기 때문에 자라야 하는데, 金이 旺해
金生水하므로 결국 水氣가 旺해서 오히려 火가 필요하다.
火를 용신으로 하면, 나무가 熱을 흡수하므로 열이 부족해지기
때문에 木과 水가 病이다.
卯午破가 되어 火勢가 약하다.
火가 用神이고, 木이 凶神이며, 金도 凶神이고, 水도 凶神이며,
土는 喜神이다.
독자들은 이 사주의 용신법에서 많은 혼란스러워 할 것이다.
火가 用神인데, 왜, 木이 凶神이냐고 ?
그러나, 木을 기르는 生命論에서는 용신법이 일반론과는 차이가
있으니 착오없기 바란다.
또, 사주에서 財가 길신이면 장가를 빨리간다.

☯ 命主의 性格

이 命主는 午月의 巨木이기 때문에 성격이 곧고, 말이 없는

편이며, 正官인 辛金이 옆에서 자극을 주므로 항상 머리가
깨어있는 사람이라서 성실하다.

☯ 六親 關係

이 男命의 사주에서 妻를 나타내는 財星은 未土인데, 未土가
喜神이나, 日支 妻宮에 申金이 있어 한기를 내뿜고, 申중
壬水가 表出神으로 午火 食傷을 剋하므로 좋지 않을 듯하나
한편으로는 金과 木 사이를 通關시키니 부부관계는 무난하다고
본다.
또, 官星이 凶神이므로 자식 덕과 직장 복이 없고, 印星도
凶神이라 부모 덕과 공부운도 弱하다.

☯ 刑 沖 合 및 殺星의 應用

甲申일주를 기준하여 午未가 空亡인데, 用神이 空亡이고,
부모 궁이 空亡이라서 용신의 힘이 약하고, 부모의 덕도 적다.
또한, 用神인 午火 옆에 濕木인 卯木이 있어 卯午破로 午火의
熱氣를 흡수하므로 用神인 午火가 힘이 弱하다.
덧붙여서, 午火 옆에 있는 申중 壬水와 暗合이 되어 힘이
약하나, 다행히, 年支 未중에 丁火가 있어 용신에 힘을
보태주므로 좋다.

☯ 大運

- 초년 辛巳대운은 辛金이 乙木을 쳐주고 巳火가 巳申合을 하나
  巳午未火局을 형성하므로 유복하게 자랐다.

- 庚辰대운은 辰土가 午火의 열을 흡수하므로 운이 좋지 못하기
  때문에 만족할만한 공부를 할 수 없었을 것이다.

- 己卯대운은 甲己合되고 卯午破가 되어 운이 저조하다.

- 戊寅대운에 戊土가 凶神인 壬水를 극해주고, 寅木이 열을 보충해
  주므로 好運이라 토건회사에 입사하였으나, 寅申沖이 되어 변화의

대운이다.
歲運 乙酉年에 羊刃을 沖하므로 사장과 트러불이 생겨 퇴직하고,
자기사업하려고 한다.

- 41세 丁丑대운이 나쁘다.
  丑土가 丑未沖도 하지만 濕土가 午火의 熱氣를 흡수해버리면,
  용신이 무력해지므로 부도난다.
  이런 때에 歲運을 잘 살펴야 한다.

- 丙子대운에 丙辛合水되어 病神인 木을 도와주고, 子水가 用神인
  午火를 子午沖하여 끄므로 운이 없어 되는 게 없다.

- 乙亥대운에 劫財이며, 凶神인 乙木이 등장하고, 亥水가 亥卯未
  合木하여 凶神인 木勢를 旺하게 하면, 未중 丁火는 물론 午火도
  힘을 잃어 나쁘다.

제 1장 甲木日干 未月

甲　甲　癸　乙　여

戌　午　未　未　자대

78 68 58 48 38 28 18 8

辛 庚 己 戊 丁 丙 乙 甲
卯 寅 丑 子 亥 戌 酉 申　운

☯ 四柱의 旺衰

未月에 甲木이 時上에 比肩, 月上에 印星과 年上에 劫財를
보았고 年 月支의 未土속에 乙木을 갖고 있으나, 午未合土되어
약간 身弱하다.

☯ 格局과 用神

甲木이 正財月인 未月에 태어났으므로 內格인 正財格이다.
사주를 감명할 때, 일반적인 內格에서는 格局은 그리 중요하지
않다.
格局보다는 木이 살아있느냐 죽었느냐가 중요하고, 또, 木이
무엇을 하고 있는가를 살펴야 한다.
未月은 火旺節이라 나무를 키우거나 키우지 않거나 절대적으로
水가 필요한데, 이 사주는 月上에 癸水가 뿌리가 없이 나타나
안개와 같아서 用神으로 쓸 수 없다.
따라서, 水가 正用神인데, 弱하기 때문에 木을 假用神으로

쓰고, 水는 吉神이며, 火, 土는 凶病神이고, 金 凶神이나 地支
金은 쓸 수 있다.

☯ 命主의 性格

이 사주는 사람은 착하나, 곁가지인 乙木을 많이 갖고 있어
雜木인데, 傷官이 旺하여 개성이 강하고, 술을 마시면 장소를
불문하고 젓가락으로 상을 두드리며 노래를 부르는 사람이다.
그래서, 처음 본 사람은 황당하게 느껴진다.

☯ 四柱의 特性

이 命主는 경남 고성 태생으로, 正用神인 印星 癸水가 뿌리
없이 공중에 떠있어 안개와 같기 때문에 부모덕이 약함을
나타내고 있고, 地支가 너무 燥熱하여 갈증이 나니 地支는
가정을 뜻하므로 가정이 불안하다.
더군다나, 日支에 불을 깔고 官星을 거부하므로 앉아있어 더욱
나쁘다.
이렇게, 사주가 燥熱하면, 물이 필요하기 때문에 물을 찾아
헤메는 사람이라 쓸데없이 바쁘다.

☯ 合 沖 刑 破 및 殺星의 應用

甲木에 午火는 紅艷殺인데, 午火가 凶神이니 분명 자기 또는
남편이 紅艷의 작용을 하므로 바람을 피웠을 것이다.
未土는 자기의 庫이므로 죽은 형제가 있거나 배다른 형제가
있을 수 있고, 戌土는 財庫, 또는, 食傷庫이므로 두 아버지를
모시거나 배다른 자식을 기를 수 있으며,
대게, 財庫를 가진 사람은 좀처럼 지갑을 열지 않으므로 알뜰
하다는 소리를 듣는다.

☯ 六親關係

이 사주는 남편글자인 官星이 없어 無官사주이고,

배다른 자식과의 인연을 나타내는 食傷 庫가 있으며,
日支 남편 궁에 흉신이 않아있어 부부 궁이 아주 나쁨을
나타내고 있다.
02(壬午)년에 이혼하고 내연의 남자와 살고 있다.

☯ 大運

- 초년 甲申대운이 용신인 甲木이 있고, 地支에 壬水를 암장한
  申金이 있어 유복하게 자랐으며,

- 18세 乙酉대운은 乙木이 用神이긴 하나, 地支 酉金에 물이 없어
  좋은 운이라고 할 수는 없지만 무난했고,

- 28세 丙戌대운이 너무 건조하고, 戌未刑이 되어 운이 나쁘다.

- 丁亥대운은 正用神인 亥水가 등장하여 亥未合木으로 용신운이
  되므로 유정하여 유통업을 하여 한 때 돈을 많이 벌었다.

- 戊子대운이 오니 戊土가 한점 나타나있는 癸水와 合하였고,
  子水가 日支 旺神인 午火를 沖하니 旺神沖拔하여 공직에 근무
  하던 남편과 이혼하고, 내연의 남자를 만나 생활하는 사람이다.

- 己丑대운에 己土가 日干 甲木과 합하므로 돈이 들어올 운이고,
  丑土가 濕土라서 調喉에는 도움이 다소 되나 丑戌未三刑이 되어
  戌중, 未중 丁火가 튀어나와 건조하게 하면 흉하고,

- 庚寅대운에 庚金이 곁가지인 乙木을 묶어주어 좋으나, 寅木이
  寅午戌火局을 이루면, 사주가 불이 난 것과 같으니 흉하다.

甲　甲　癸　乙　　남

戌　午　未　未　　자

78 68 58 48 38 28 18 8　대

乙 丙 丁 戊 己 庚 辛 壬

亥 子 丑 寅 卯 辰 巳 午　운

☯ 四柱의 旺衰

甲木일간이 年上에 劫財인 乙木, 月上에 印星인 癸水, 時上에
比肩인 甲木을 보았으나, 未月에 태어나 身弱하다.

☯ 格局과 用神

未月에 태어난 甲木이라서 內格인 正財格이다.
月令이 未月이라 燥熱하고 身弱하므로 시급히 水가 調喉를 해
줘야 좋은데, 月上에 癸水가 있긴 하나 뿌리가 없으니 안개와
같아서 쓸 수가 없다.
따라서, 水가 가장 필요하나 약해서 木을 용신으로 쓰고,
水는 길신이며, 火와 土는 흉신이고, 生木이라서 金이 凶神
으로 보이나 干上에 比劫이 많고, 地支는 燥熱하기 때문에
金도 쓸 수 있다.

☯ 命主의 性格

未月에 甲木이 왕성하게 성장할 시기이므로 생각이 곧고
올바르기 때문에 근본은 착하다.
그러나, 干上에 比劫이 많아 경쟁심리가 강한데다가 印星인
癸水가 뿌리가 없어 미약하므로 인내심이 없고, 地支에
午戌火局을 이루어 洩氣가 旺하므로 성격이 굉장히 급해서
주변사람들과 갈등이 많다.
대게, 日干이 剋을 심하게 받거나, 사주가 火局을 이루어
燥熱하면, 성격이 급하게 나오는 것이 특성이다.

☯ 四柱의 特性

이 命主는 경북 울주 태생으로, 너무 燥熱하기 때문에 五行이
조화를 이루지 못해서, 성격이 너무 급하다.
甲木은 원래 두령급이나 이 사주처럼 比肩도 있고 劫財도
나타나 있어 雜木이 되었다.
그러나, 甲木의 특성은 그 집안의 장남역할이요, 그 그룹의
長이기 때문에, 항상, 남의 앞장을 서려는 특성이 있어서
노력을 많이 한다.
또한, 사주에 財星인 土를 많이 가지고 있으나, 가뭄에 찌든
땅이라서 큰 재물은 없다.

☯ 合 沖 刑 破 및 殺星의 應用

12運星에서 甲木이 未土를 보면 庫에 해당하는데, 자신이
庫에서 태어났기 때문에 건강이 나쁘다거나 그렇지 않으면
배다른 형제가 있을 수 있는데, 이 男命은 신체가 건강해서
운동을 즐기며, 배다른 형제도 없다.
그래서, 사주를 감명할 때는 항상 단도직입적으로 표현을
해서는 안 되고, 맞지 않을 수도 있다는 가능성을 열어놓고
감명을 해야 실수를 줄일 수 있다.

☯ 六親關係

日支 妻宮에 午火가 있어 凶神이기 때문에 妻와의 관계가
나쁠 것으로 보이나, 妻星이 未중 己土인데, 未土에 뿌리를
내리고 있으므로 부부관계가 원만하다.
이런 사주가 대운이 나쁘면, 부부사이도 크게 나빠질 수 있다.
財가 흉신이라 돈이 많지 않으며, 日支에 午火가 있어
戌未刑이 성립하지는 않지만, 大運 및 歲運에서 午火를 合
하거나 沖하는 운이 올 때 刑이 발생한다.
이 男命의 부친은 일찍 돌아가셨고, 모친은 사찰을 운영 중에
있다.

☯ 大運

- 초년 壬午대운이 火운이라서 불운이니 일찍 부친을 여의고,
  홀어머니 밑에서 자랐다.
  또한, 이런 운에는 공부를 제대로 할 수가 없다

- 辛巳대운에 辛金이 乙辛沖하는 것은 괜찮으나 地支가 巳午未
  火局이 되어 흉한데, 소방직으로 공직생활을 시작하였다.

- 庚辰대운에 乙庚金으로 乙木 곁가지를 묶고, 辰土가 辰戌沖하여
  凶神을 깨 주어 나쁘지 않고, 甲木이 沃土를 만나 생활은 다소
  분주하더라도 운은 좋다.

- 己卯대운에 甲木이 두 개이므로 爭合이 되나 재산이 늘게 되고,
  卯木이 卯戌合火 되긴 하나 卯未合木하여 甲일간의 뿌리가
  되므로 무난하게 지냈다.

- 戊寅대운에 길신인 癸水를 戊癸合시켜 調喉를 깨므로 좋지
  못하고, 地支 寅木이 寅午戌火局을 이루어 好運은 아니나
  영역 확대하기 위해서 노력하는 운이다.
  그래서, 癸未년은 진급시험에서 밀렸으나, 甲申년에 합격
  하였다.

- 58세 丁丑대운에 丑土가 調喉에 도움이 되나 丑戌未三刑이
  성립하므로 건강에 이상이 오거나 재산손실이 있을 것이다.

- 丙子대운에 子水가 子午沖하면 旺神을 沖하여 火局을 깨고,
  戌未刑殺이 작용하므로 건강문제나 재산 변동수가 있을 것이다.

丁　甲　癸　乙　　여

卯　午　未　未　　자
　　　　　　　　　대
72 62 52 42 32 22 12 2
　　　　　　　　　운
辛 庚 己 戊 丁 丙 乙 甲
卯 寅 丑 子 亥 戌 酉 申

☯ 四柱의 旺衰

未月에 甲木이 月上에 印星인 癸水를 보고, 年上에 劫財인
乙木, 時支에 羊刃인 卯木을 보았으며, 地支에 있는 두 개의
未中에 乙木이 각각 들어있어도 午未合되어 土가 되어
조열해져서 약간 身弱하다.

☯ 格局과 用神

甲木이 未月에 태어나 正財格이다.
그런데, 未月에 甲木이 時支에 丁火를 보고, 年, 月支에 각각
未土, 日支 妻宮에 午火를 보아 燥熱하기 때문에 물이 있어야
하는데, 月上의 癸水가 뿌리가 없어서 안개와 같은 물이라서
물의 역할을 하지 못한다.
따라서, 사주가 너무 건조하므로 水가 가장 필요하기 때문에
水가 正用神인데, 약해서 못쓰니, 木이 假用神이고, 水는
길신, 火, 土는 흉신, 운에서 金이 와도 흉신이다.

☯ 命主의 性格

사주가 비록 調喉는 부족하나, 여름에 잘 자라고 있는 巨木인
甲木이기 때문에 印星이 곧고, 얌전하며, 잘생긴 전형적인
주부다.
傷官을 갖고 있어 인정이 많으나 개성도 强하다.

☯ 四柱의 特性

이 命主는 강원도 삼척 태생으로, 원래, 甲木은 巨木으로
우두머리글자이며, 첫 번째 글자이기 때문에 집에서는 長女요,
사회에서는 長 자리를 차지해야한다.
그러나, 봄, 여름의 나무는 丙火로 길러야 좋은데, 丁火로
기르면 화상을 입은 나무라서 값어치가 그 만큼 낮다.
또, 어떤 사주든지 調喉가 안 되면 격이 떨어진다.

☯ 合 沖 刑 破 및 殺星의 應用

甲 일주를 기준하여 未土가 자기 庫인데, 자기 庫를 두
개씩이나 갖고 있어 배다른 형제가 있거나 일찍 죽은 형제가
있을 수 있다.
또, 午卯破인데, 日支 배우자궁에 있어 부부관계를 주로 보는
곳이라서 부부관계가 좋지 않다는 것을 나타내고 있다.

☯ 六親關係

女命에서 남편과의 有 無情 여부를 알기 위해서는 우선 官星을
봐야 하는데, 이 女命은 無官사주이므로 合神을 보고 남편을
찾아야 한다.
그래서, 未중 己土, 午중 己土가 甲木 日干과 甲己合하므로
남편인데, 이렇게 되면, 남자가 여러 명이다.
그런데, 未土와 午火에서 年上의 丁火가 表出했으므로 丁火가
남편의 나타난 모습인데, 나무는 丙, 丁火가 꽃이므로 좋으나
일면, 丁火가 조후를 깨므로 나쁜 점도 있다.
따라서, 이 女命의 남편은 나의 꽃이기 때문에 즐거움도 주나
다른 한편으로는 調喉를 깨므로 괴로움도 주는 남편이다.
또한, 丁火는 자식이기도 한데, 자식인 丁火의 입장에서는 甲,
乙木 印星도 旺하여 공부도 했고, 未土 食傷도 旺해서 洩氣도
잘 되므로 똑똑한 자식이다.

☯ 大運

- 초년 甲申대운에 申中 壬水가 있어 調喉에는 어느 정도 도움이
  되고 甲木의 뿌리인 卯木을 沖하지 않으므로 무난하다.

- 乙酉대운에 酉金이 卯木을 沖하나 午火가 지키고 있어 잘라
  내지는 못하므로 저조한 가운데 부모님 슬하에 있을 때이므로
  않으므로 무난히 넘어갔다.

- 丙戌대운에 사주를 더욱 燥熱하게 만드므로 어렵게 살았다.

- 丁亥대운에 地支 亥水가 亥卯未木局을 만들어 주므로 용신이
  힘을 받아 좋은 운이라서 남편의 직장생활이 순조로우므로
  편하게 살았다.

- 42세 戊子대운에 戊土가 戊癸合시켜 길신을 기반시켰고,
  大運 地支 子水가 日支 남편궁을 子午沖으로 치니 04 甲申년에
  유통업을 하던 남편이 사업을 접고 건축업으로 전환했는데,
  사업이 부진하여 어려움을 겪었고,
  06(丙戌)년에 남편과 갈등이 심하여 가끔 집을 나가는 일이
  벌어졌다.

- 己丑대운에 己土 財星이 들어와 甲己合시키므로 財運이 따를
  것이고, 丑대운에 丑土가 습기를 제공해 주는 것은 좋으나,
  丑未沖하여 財가 충돌을 일으키므로 손재수가 생길 수 있다.

- 庚寅 대운에 甲庚沖하고, 乙庚合하여 乙木을 묶어 변화가
  많으나, 地支에 寅木 뿌리가 등장하므로 편안한 노후가 될
  것이고,

- 辛卯대운에 乙辛沖하여 乙木을 쳐주어 괜찮고, 地支에 卯木
  뿌리가 있어 좋다.

제 1장 甲木日干 申月

壬　甲　甲　庚　남

申　申　申　寅　자

77 67 57 47 37 27 17 7　대

壬 辛 庚 己 戊 丁 丙 乙
辰 卯 寅 丑 子 亥 戌 酉　운

☯ 四柱의 旺衰

申月에 甲木이 月干에 比肩을 보고, 時上에 印星인 壬水를,
年支에 寅木 뿌리를 보았으나 身弱한데, 寅申沖을 당해 뿌리가
잘려 기를 수 없는 나무이므로 從할 수 밖에 없다.

☯ 格局과 用神

甲木이 偏官月인 申月에 태어나 寅申沖되어 뿌리가 잘려서 기를
수 없고, 사주에 金이 많은데, 日支 申중 庚金이 透干되었으므
로 從殺格이다.
그런데, 月令이 申月이므로 生木인가 死木인가를 먼저 봐야
하는데, 우선 地支를 보면 寅木이 있으나 寅申沖되어 뿌리가
잘렸기 때문에 死木이다.
따라서, 金으로 從을 했는데, 旺金은 洩氣해야 가장 좋아하므로
水가 用神이고, 金은 吉神이며, 木은 凶神이다.

☯ 四柱의 特徵

이 命主는 부산 태생으로, 偏官星이 너무 旺하여 金木相爭
구조다.
그런데, 官으로 從을 했으므로 명예를 추구하는 사람이다.
그러나, 이 男命은 직장인이 아니고, 寅申冲하므로 수술을
하는 대학병원의 외과 의사다.

☯ 命主의 性格

사주에서 偏官星은 무서운 성질을 갖고 있어서 가만히 있을
때는 괜찮다가도 한번 성질을 부리면 통제하기 어렵다.
그러나, 旺金이 洩氣가 잘되므로 성격이 합리적이고, 情이
많은 사람이고, 카리스마가 대단히 강하다.
官은 명예요, 희망인데, 官으로 從을 했으므로 명예욕도
강하다.

☯ 六親 關係

이 사주는 庚金을 体로 봐야하기 때문에 寅중 丙火가
官星이라서 아들 하나를 두었는데, 인물이 준수하고 공부도
잘한다.
甲寅木은 財星으로 부친과 妻가 되는데, 寅申冲되어 妻와
사이가 나쁠 것으로 보이나 이 命主는 妻와 사이가 좋다.

☯ 刑 沖 合 및 殺星의 應用

이 사주는 얼른 눈에 띠는 것이 寅申冲인데, 조상궁인 年支와
부모 궁이 月支에 있어 선친 代에서 변고가 있었다고 본다.
조부와 부모의 사이가 나빴거나 일찍 죽은 형제가 있을
것이다.

☯ 大運

- 초년 乙酉대운에 病神인 酉金이 등장하여 寅木을 冲하므로 운이
  저조하다.

- 丙戌대운은 火가 와서 官星인 金을 극하고 丙壬冲하므로
  좋지 않은 운이며,

- 丁亥대운에 亥水가 寅木과 申金사이를 통관시켜주고 旺金을
  洩氣해 주는 壬水의 뿌리가 되므로 好運이라서 외과 의사로서의
  출발이 순조로왔다.

- 戊子대운은 戊土가 壬水를 剋하는 것은 凶하나 子水가 金과
  木 사이를 통관시켜 주고, 역시, 旺金을 洩氣해 주는 壬水의
  뿌리가 되므로 好運이다.

- 己丑대운은 甲己合되어 丑土에 나무가 뿌리를 내리므로 재산은
  늘었으나, 己土濁壬이 되어 壬水가 剋을 받으므로 하고자 하는
  일은 방해를 받게 되는데, 02 壬午年에 부산에서 국회의원에
  출마하였으나 낙선하였다.
  官星인 火가 冲을 당해서 깨졌고, 凶神이므로 국회의원의 꿈은
  버리는 것이 좋을 것이다.

- 庚寅대운에 寅木이 들어와 旺神인 申金을 冲하면 旺神冲發이
  되므로 대 혼란이 일어날 것이다.
  더구나, 甲庚冲 寅申冲으로 天冲支冲이다.
  이렇게 되면, 官災 또는 妻한테 凶厄이 오거나 그렇지 않으면,
  돈을 버려야 한다.

- 辛卯대운도 金과 木이 싸우므로 나쁘다.

- 壬辰대운 吉神인 壬水가 入墓하면 金과 木의 전쟁이 발생하므로
  木이 다치게 되므로 좋지 못하다.

甲　甲　丙　辛　남

戌　戌　申　丑　자

71 61 51 41 31 21 11 1　대

戊 己 庚 辛 壬 癸 甲 乙
子 丑 寅 卯 辰 巳 午 未　운

☯ 四柱의 旺衰

申月에 甲木이 時上에 比肩 하나만을 보아 太弱사주다.

☯ 格局과 用神

甲木이 申月에 태어나 偏官格이다.
甲木이 申月에 태어나 뿌리가 없고 戌土위에 있어 죽은 나무로
생각하기 쉬우나, 申月인데도 불이 충분하므로 물기만 있으면
잘 자랄 수 있는 나무인데 申중에 壬水가 있고, 丑중 癸水가
있어서 絶處逢生으로 살아있는 나무다.
木이 用神이고, 水가 吉神이며, 金이 病神이고, 土는 吉神
이며, 火는 藥神이다.

☯ 四柱의 特徵

이 命主는 서울 태생으로, 사주에 甲丙을 가지면 그 가정이나
조직 또는 직장에서 리더 格인데, 아무리 甲과 丙火를 가지고
있더라도 대운이 좋지 않아 조건을 갖추지 못하면 리더가
되기가 어렵지만 리더로서의 자질은 갖고 있다.
地支에 戌土는 天門星으로 영감이 발달해 있다.

☯ 命主의 性格

甲일주라서 성격이 곧고 정직하며, 인정도 많고,

地支에 戌土 財庫를 가지고 있어 알뜰하고 낙천적인 기질
이다.

☯ 六親 關係

丙火는 사주 어디에 있든지 대게, 잘났다, 훤하다의 뜻을
갖고 있는데, 이 사주는 月上에 丙火가 있어 부친이나 조모가
잘났음을 뜻하는데, 年上의 辛金과 合하였으므로 丙辛合은
할아버지가 바람을 피워서 생긴 것이다.

☯ 刑 沖 合 및 殺星의 應用

年上 辛金과 月上 丙火가 丙辛合水되어 辛金 거울에 태양이
빛춰 자식이나 祖母가 잘났다.
또, 丙火는 이 사주의 病神인 辛金을 丙辛合으로 묶어주므로
辛金이 甲木을 치지않게 해주기 때문에 좋은 점도 있다.
甲戌일주를 기준하여 申酉가 空亡인데, 空亡이 부모궁에 있어
부모덕이 弱하다는 것을 알 수 있다.

☯ 大運

- 초년 乙未대운에 甲木이 入墓하고, 丑戌未三刑이 되어 부친에게
  문제가 있었거나 가난했을 것이다.
- 甲午대운에 身弱한데 比肩 甲木이 등장하여 싫지는 않지만
  午戌火局이 되어 調喉를 해 주므로 무난했다.
- 癸巳대운 군대 제대 직후인 25세 되던 85(乙丑)년에 결혼
  하였고, 90년 현재의 직장인 대형마트로 옮겨 근무해 오던 중,
- 壬辰대운 32세 91 辛未년에 原局과 大運 地支가 丑戌未三刑이
  작용하고, 辰戌沖이 겹쳐 이혼하였으며, 92 壬申년 재혼하였다.
- 辛卯대운이 용신운이니 괜찮아서 직장에 잘 다니고 있을 뿐만
  아니라 妻가 부업을 하여 생계를 돕고 있다.
- 庚寅대운에 甲庚沖하고 午戌火局이 되어 다소 불안한 면을
  보이고 직장변동이 생길 운이다.
- 己丑대운중 丑 대운부터는 나빠진다.

甲　甲　壬　甲　　남
子　辰　申　午　　자
78 68 58 48 38 28 18 8　　대
庚 己 戊 丁 丙 乙 甲 癸　　운
辰 卯 寅 丑 子 亥 戌 酉

☯ 四柱의 旺衰

申月에 甲木이 干上에 2개의 比肩을 보고, 月上에 壬水,
地支에 申子辰水局을 이루니 太旺하여 浮木과 같다.

☯ 格局과 用神

申月에 甲木이 太旺하고, 地支에 申子辰水局이 되어 있는데,
月上에 壬水가 透出되어 있어 水多木浮와 같다.
火가 用神이고, 水가 太旺하여 病神이며, 金도 凶神이고,
辰土는 吉神이나 申子辰水局으로 변하여 배반했으므로 용신이
무력하다.
다행히, 年支에 午火가 있긴 하나 너무 멀리있고, 水局에 치어
힘이 없는 불이다.

☯ 四柱의 特徵

이렇게, 물이 많아 浮木이 되면, 물에 떠다니는 사람과 같은
부평초 같은 인생이라 정착할 곳이나 머무를 곳이 없이 떠도는
사람이다.
印綬가 病이라 공부는 많이 하지 못하고, 당구를 배웠다.
가을 巨木이라서 남 보기에는 큰 나무처럼 보이나 속을 들여다
보면 열매가 부실한 雜木과 같다.

☯ 命主의 性格

甲木일주로 태어나 근본은 착하나, 日主가 太旺하므로
게으르고 자기 아집이 지나치게 강한 사람이다.
대게, 이런 사람들은 밤늦도록 잠을 자지 않고, 시간을
보내다가 아침에는 늦잠을 자는 사람이 많다.

☯ 六親 關係와 刑 沖 合 및 殺星의 應用

원래, 甲辰일주는 甲木이 沃土인 辰土에 뿌리를 내려 좋은
日主이나 주변여건이 나빠 辰土가 물로 변하였으니 沃土가
아니므로 妻德이 弱하고, 申子辰水局이 되어 多印綬太旺이라서
母親 아닌 母親이 있거나 母親에 이복형제가 있을 수 있으며,
나무에 꽃이 적어 열매와 소득이 적다.
또, 午중 己土가 妻인데, 干上에 比肩을 이고 있어 과거 있는
여자거나 남의 여인이 내 妻다.
年柱 조상궁이 좋아 祖父 때는 잘살았으며, 아버지는 辰중
戊土인데, 우리나라 당구계의 원로로 祖父한테 遺産을 많이
받아 경제적인 어려움 없이 자랐으나, 부모 代에서 浮木시켰
으므로 부모 代에서 망했는데, 父親인 戊土 입장에서 볼 때
財星인 水가 많아서 아버지는 여자관계가 복잡했다.

☯ 大運

- 초년 癸酉대운이 나빠서 印星인 病이 더 旺해지니 어려서
  生母와 이별하고, 홀아버지 밑에서 여동생과 함께 살았다.

- 甲戌대운 25세에 부친의 반대를 무시하고 결혼하였는데,
  특별한 기술도 없고, 운이 나빠 직업이 없어 지내다가 사우디에
  2년간 갔다 와서,

- 乙亥, 丙子대운에 운이 없으니, 부인과 길거리에서 군고구마
  장사, 냉차장사 등을 하면서 근근이 생활을 하다가,

- 丁丑대운에 형편이 다소 나아져 쌀집을 운영하면서 두 남매와
  다복하게 살았는데, 2003(癸未)년 父가 사망한 후 돈 문제로
  여동생과도 멀어졌으며, 甲申, 乙酉년 歲運이 나빠 고생이
  심한데, 丙戌년은 용신인 午火가 힘을 받으니 좋아 보이나
  妻宮의 辰土와 冲하면 申子辰三合을 깨고, 白虎殺인 財를
  건드리므로 부부문제와 돈 문제로 혼란이 생기는데, 辛卯月에
  이혼했다.

- 이 사주는 戊寅대운이 가장 좋은 대운이다.

- 己卯대운도 卯木이 卯午破로 午火의 힘을 빼앗으므로 나쁘다.

제 1 장 甲木日干 酉月

丁　甲　癸　甲　남

卯　午　酉　午　자
　　　　　　　　대
71 61 51 41 31 21 11 1

辛 庚 己 戊 丁 丙 乙 甲
巳 辰 卯 寅 丑 子 亥 戌　운

☯ 四柱의 旺衰

酉月에 甲木이 年上에 比肩을 보고, 月上에 印星 癸水, 時支에
羊刃을 보아 月令이 酉月이고, 傷官이 旺하여 身弱하다.

☯ 格局과 用神

酉月에 甲木이 태어났으니 內格인 正官格이다.
한 가을에 태어난 甲木이나 干上에 印星이 있어 生을 받고,
火가 충분하여 生木이다.
그러나, 가을이기 때문에 生木이라도 癸水와 濕木인 卯木이
있어 물은 더 이상 필요없다.
身弱하나 水와 木은 더 이상 필요하지 않고, 金이 나쁘고,
火 藥神이다.

☯ 四柱의 特徵

어떤 日干이든지 天干에 하나만 나타나 있어야 좋은데,

年上에도 日干과 똑 같은 甲木이 있어 格이 떨어진다.
이 사주에서는 金이 病이라곤 하지만 午火가 양 옆에서
녹이므로 病이 깊지않다.

☯ 命主의 性格

甲午일주인 이 男命은 본성이 점잖고, 착하다.
의지가 굳고 정직하며, 인정도 많은데, 개성이 강하고 정확한
것을 좋아하는 성격이다.

☯ 六親 關係

이 사주의 財가 午중 己土인데, 日支 妻宮에 암장해 있으며,
午火가 藥神역할을 하고, 午중 丁火가 表出하여 마누라의
表出神이므로 妻宮이 좋아서 부인이 내조를 잘 해준다.
부모 궁에 있는 酉金이 病이라서 부모의 덕은 크지 않고,
酉金은 官星이므로 자식인데, 자식 덕은 크지 않다.

☯ 刑 沖 合 및 殺星의 應用

寅午戌에 卯가 桃花인데, 日干이 桃花에서 나왔고, 午火는
紅艶으로 紅艶에서 表出한 食傷이 旺하여 여자를 좋아하게
된다.
卯午破인데, 이 구조에서는 卯木은 일간의 뿌리가 되고,
午火는 藥神이므로 큰 문제가 없다.
또한, 이런 구조에서는 酉와 卯의 가운데 午火가 있는데,
午火를 沖하거나 合하거나 卯木이 오거나 酉金이 오면,
그때 卯酉沖이 성립한다.

☯ 大運

- 초년 甲戌대운이 좋아 유복하게 성장하였다.
- 乙亥대운에 甲木의 곁가지가 나타나므로 운이 좋지는 않아도
  亥卯木局이 되어 木이 튼튼해지므로 무난했다.

- 丙子대운 干上의 丙火는 좋으나 地支 子水가 午火를 沖하므로
  좋지 못하여 지방대학을 나와 소규모 무역회사에 취업하였다.
- 丁丑대운에 丑土가 午火의 열기를 흡수하니 운이 나빠져
  흉한데, 歲運인 88 戊辰년에 또 다시 濕土인 辰土가 들어와
  午火의 열기를 흡수하고, 辰酉金되어 病을 도우니 회사의
  운영이 어려워져 퇴사한 후, 己巳년에 다른 회사로 옮겼다.
- 己卯대운은 크게 좋지는 않아도 무난하게 지내고 있으며,
- 庚辰대운부터 庚金이 甲木 하나를 破木生火하면 좋으나
  濕土인 辰土가 가세하여 午火의 열기를 흡수하면 이제 운이
  끝나간다.
- 辛巳대운도 흉하다.

丙　甲　己　壬　　남

寅　寅　酉　子　　자

76　66　56　46　36　26　16　6　대

丁　丙　乙　甲　癸　壬　辛　庚

巳　辰　卯　寅　丑　子　亥　戌　　운

☯ 四柱의 旺衰

酉月에 甲木이 年上에 印星인 壬水를 보고, 年支에 子水,
日支와 時支에 寅木뿌리를 보아 身旺하다.

☯ 格局과 用神

甲木 일주가 酉月에 태어났으니 內格인 正官格이다.
甲일주가 한 가을인 酉月에 태어나 身旺한데, 年柱에 水가
旺하고 날이 차고, 身旺하면 洩氣를 해줘야하므로 調喉를

해주는 火가 조후용신이고, 木이 길신이며, 水는 불을 끄므로
病神, 金도 木의 성장을 방해하므로 나쁘고, 土가 藥神이다.

☯ 四柱의 特徵

酉月은 火多益善이라 했는데, 酉金이 寅木을 극하고, 年柱에
水氣가 旺하여 凶하나 地支에 寅木이 있어 調喉가 충분하다.
酉月에 巨木이 丙火를 보아 꽃이 피었으니 미남이다.
甲과 丙을 보면 가정에서는 장남이요, 사회에서는 리더이며,
직장에서는 장이라 했다.
그러나, 그것은 어디까지나 대운에서 받쳐 줘야 그렇게 될 수
있다.

☯ 命主의 性格

甲일주가 正官月에 태어나 성품이 곧고 정직하며, 인정이 있는
사람이다.
또, 正官인 酉金을 보아 철저한 데가 있고, 정확한 사람이다.

☯ 六親 關係와 刑 沖 合 및 殺星의 應用

자기 부모는 요식업을 해서 성공하여 많은 돈을 벌었으나
정작 이 命主는 초년 운이 나빠 헤메고 있다.
寅중 戊土가 부친인데, 寅중에서 丙火가 나와 吉神이므로
부친이 돈도 많다.
財星인 己土와 甲己合했고, 日支 妻宮에 寅木이 있어 용신인
丙火의 뿌리가 되어 주므로 妻와는 유정하다.
月上의 己土와 甲木이 합하였는데, 財星인 己土와
합하였으므로 사업과 인연이다.
寅酉가 怨嗔이라서 妻와 부모사이가 원만하지 않을 수 있다.
年柱를 기준하여 酉金이 桃花殺인데, 酉金이 凶神이므로
凶 작용이 심하다.

☯ 大運

- 초년 庚戌대운이 호운이라 부잣집 외아들로 태어나 귀염받고
  성장하였다.

- 辛亥대운에 나쁘니 좋은 학교를 못 갔고, 장가도 가지 못해
  부모의 애를 태웠다.

- 壬子 대운도 흉신이 나타나 태왕하게 만들므로 무위도식하며
  지냈다.

- 癸丑대운에 癸水가 태양을 가리고 酉丑金局이 되어 흉한데,
  마침 丙戌년에 歲運에서 財星인 戌土가 들어와 寅戌合하니
  장가를 갔다.

- 甲寅대운에 甲己爭合이 되므로 돈 문제가 따를 것이나,
  寅중에는 丙火가 들어있기 때문에 괜찮다.

- 乙卯대운은 濕木이라 丙火가 힘을 빼앗기므로 나쁘고,

- 丙辰대운도 좋지 않다.

- 丁巳대운이나 가야 좋은데, 그때는 이미 나이가 많다.

丙　甲　乙　庚　　여

寅　辰　酉　子　　자

72 62 52 42 32 22 12 2　　대

丁 戊 己 庚 辛 壬 癸 甲
丑 寅 卯 辰 巳 午 未 申　　운

☯ 四柱의 旺衰

酉月에 甲木이 月上에 劫財를 보고, 年支에 印星인 子水와
時支에 寅木을 보았으나 身弱하다.
또, 天干에 乙庚金, 地支에 辰酉金되어 官인 金이 旺하여
더욱 身弱해졌다.

☯ 格局과 用神

酉月에 甲木으로 태어나 酉중 庚金이 年上에 나타났으므로
內格인 偏官格이다.
한 가을 木은 身弱, 身旺을 떠나서 먼저, 生木이냐 死木이냐
부터 구별을 할 줄 알아야 통변이 가능하다.
대부분, 酉月 木은 中秋에 해당하기 때문에 死木으로 분류하나
이 木은 時支에 寅木을 갖고 있고, 日支에 辰土가 비록 辰酉合
하여 변하긴 했어도 나무가 뿌리를 내릴 근간이 되고, 丙火가
떠 있어서 살아있는 나무다.
따라서, 이런 경우, 身弱하므로 도와야한다는 이론은 맞지
않고, 우선, 날이 춥기 때문에 火가 필요하고, 또, 病인 金을
녹이기 위해서 더욱 火가 필요하며, 水와 木은 더 이상 필요
하지 않고, 土는 吉神이다.

☯ 四柱의 特徵

이 女命은 甲木일주가 丙火를 보아 꽃이 활짝 피어서 얼굴이

예쁘다고 생각될 것 같으나, 甲木이 乙木을 보아 雜木이 되었
으므로 실물은 못생겼다.
天干 乙庚金은 甲木이 旺하고 불도 旺하다면 과일로 볼 수
있지만 이 사주는 가을이고, 身弱사주에 불이 旺하지 않기
때문에 과일로 볼 수 없고, 우박이 달린 格이다.

☯ 命主의 性格

가을에 甲木으로 태어나 곧은 기상을 가졌고, 근본은 착하며
情도 많으나 偏官이 旺하여 예민하다.
또, 地支에 酉金을 가져 분명하고 확실한 것을 좋아하는 성격
이다.

☯ 六親 關係

女命에서 남편을 볼 때, 우선, 官星의 모양새와 吉凶여부를
따져봐야 하는데, 이 사주에서 官星인 金은 庚金이 羊刃의
뿌리를 가져 세력이 너무 旺하여 흉신이고,
또, 日支 辰土가 沃土이나 月支 酉金과 辰酉合金하여 내
뿌리를 공격하니 도움이 되지 않으므로 財福은 크지 않고,
조상과 부모궁에 흉신이 旺하여 부모의 덕은 크지 않다.
그러나, 時柱 자식궁에 食神이 吉神이니 자식 덕이 있고,
자식이 잘났다.
용신인 丙火가 酉月 저녁 석양과 같아서 힘이 다소 약하나
남편이 공무원으로 열심히 살아가고 있다.

☯ 刑 沖 合 및 殺星의 應用

日支 辰土가 酉金과 辰酉合하여 凶神으로 변했고, 子酉破인데,
破는 내 한테 큰 영향이 없다.
甲辰일주에 寅卯가 空亡인데, 자식궁에 있어 자식덕이 다소
작아졌다고 볼 수 있으나, 다행히, 時柱가 용신이라서 자식
덕이 있다고 본다.
甲辰이 白虎인데, 辰중 乙木이 表出하여 白虎殺이 발동했는데,

이렇게, 日主 白虎殺이 발동하면, 財星이 剋을 받으므로
부친의 건강이 나쁠 수 있다.

☯ 大運

- 甲申대운 申金이 日干의 뿌리이고, 用神의 長生地인 寅木을
  沖하므로 좋지 못하다.

- 癸未대운은 癸水는 태양을 가리므로 흉하나 未중에 丁火가
  들어있어 무난했다.

- 壬午대운이 가장 좋았는데, 午火가 酉金을 녹여 木을 극하지
  못하게 말렸기 때문이다.

- 辛巳대운은 辛金이 用神인 丙火를 묶고, 巳酉合金되어 寅木을
  공격하여 나빠서 金이 官星인 남편이므로 남편과의 갈등이
  심했다.

- 庚辰대운도 庚金이 乙木 가지를 묶어주어 좋긴 하나 辰土가
  火氣를 흡수하므로 나쁘니 빌려준 돈을 받지 못해 애를 태우고,
  낭비가 심해 생활이 쪼들려, 03 癸未년에는 강북에 있는 대형
  마트에서 종업원으로 근무하였다.

- 己卯대운은 甲己合되어 財運이 따를 것이다.
  운이 저조하고,

- 戊寅대운은 甲木이 뿌리 내릴 땅이 생기고, 寅중에 丙火가 있어
  調喉를 도와주므로 좋고,

- 丁丑대운은 아주 나쁘다.

제 1 장 甲木日干 戌月

甲　甲　丙　乙　　남

戌　寅　戌　未　　자

74 64 54 44 34 24 14 4

戊 己 庚 辛 壬 癸 甲 乙　대

寅 卯 辰 巳 午 未 申 酉　운

☯ 四柱의 旺衰

戌月에 木이 干上에 比劫을 보고, 地支에 寅木을 보았으나
月令이 戌月이고 財가 많아 身弱하다.

☯ 格局 用神 및 四柱의 特徵

기존이론대로 하면, 甲木일주가 戌月에 태어났으므로 內格인
偏財格이다.
그래서, 이 사주를 抑扶法으로 보면, 燥熱하고, 身弱하기
때문에 水와 木이 필요한데, 水가 없으므로 木이 용신이라고
말할 수 있다.
필자도 이 사주를 05년도에 抑扶法으로 봤는데, 잘못 봤다.
따라서, 이 사주는 단순하게 抑扶法으로 보면 안 되고,
日干代行格으로 봐야 한다.

즉, 日支 寅중에서 月上에 丙火가 表出했으므로 丙火가 体가
된다.
따라서, 丙火를 体로 보고, 육친도 丙火를 기준해서 봐야한다.
또한, 이 사주에서 가장 중요한 것은 戌月에 甲木이 生木이냐
死木이냐를 구별해야 하는데, 이 甲木은 분명히 死木이다.
그래서, 日干代行格으로 봐야하는데, 이렇게 되면, 金과 水가
吉하고, 土도 괜찮으나 木과 火는 흉하다.

☯ 命主의 性格

가을에 다 자란 旺木이 丙火를 보았고, 또한, 日干代行格인
丙火를 体로 봐도 丙火는 밝음을 추구하니 성격이 곧아서
불의를 보고는 못 참는 성격이나, 합리적이다.
그래서, 성격이 강하다는 소리를 듣는다.

☯ 六親 關係

이 命主는 경북 구미태생으로,
丙火를 体로 보면, 印星이 甲 乙木으로 正偏印 混雜이라
모친이 두 분이고, 寅戌火局을 가져 형제 아닌 형제를 갖고
있으므로 배다른 형제가 1명 있고, 比劫이 많으므로 형제가
많다.
부친은 군 출신으로 한 때 잘 살았으며, 성격이 깐깐했고, 잘
생기신분이었는데, 76세로 사망하였다.
또, 丙火의 財는 辛金인데, 戌중에 辛金이 2개이므로 두 명의
여인과 인연이나, 戌未刑으로 1명은 일찍 이별이고, 부부 금슬
은 그다지 좋지 않다.

☯ 合 沖 刑 및 殺星의 應用

이 사주에는 丙戌이 白虎殺인데, 表出神이 없어서 발동하지는
않았다.
年支 未土와 月支 戌土가 戌未刑을 하고 있어 財星이 깨졌다.
地支에 물이 없는 상태에서 寅戌半火局이라서 寅木이 타고
있다.

☯ 大運

- 초년 乙대운은 比劫인 乙木 곁가지가 나타났으므로 좋지
  않으나, 酉대운은 財가 등장하여 丙火의 할 일이 생겼으므로
  좋은 운이라서 부유한 집안에서 성장하였다.

- 甲 대운에 干上에 比肩이 등장하였으므로 이 역시 불필요한
  성분이므로 좋지 않으나, 大運 支 申金 財星운이 좋은 운이라서
  공부도 잘하였다.

- 癸 대운에 癸水 官이 등장하였는데, 官은 직장이므로 官職으로
  출발하였으며, 未 대운에 熱土인 未土와 月支, 時支의 戌土를
  刑하여 財가 깨졌으므로 가세가 기울었다.

- 壬午대운 중 午 대운에 寅午戌로 火局이 되어 比劫이 많아지는
  격이므로 단칸방에서 형제들 뒷바라지를 하느라고 무척 힘든
  세월을 보냈다.

- 辛대운 들어 경제적으로 안정을 찾았고, 巳 대운 50세 甲申
  (04)년에 이사로 진급을 하였는데, 大運의 巳火는 도움이 안
  되나, 大運의 巳火와 歲運의 申金이 巳申合水하여 물(官)이
  생겼기 때문이다.

- 庚辰 대운도 庚金 財星이 잔가지인 乙木을 묶어주고 辰土가 이
  사주의 病인 戌土를 沖해 주므로 좋을 것이고,

- 己卯대운부터는 下向 운이다.

丙 甲 戊 丙　여
寅 寅 戌 申　자

72 62 52 42 32 22 12 2　대

庚 辛 壬 癸 甲 乙 丙 丁
寅 卯 辰 巳 午 未 申 酉　운

☯ 四柱의 旺衰

戌月의 甲木이 地支에 寅木 두 개를 보았으나, 印星인 물이
없어 건조하고, 身弱하다.

☯ 格局과 用神

기존 이론대로 보면, 이 사주는 甲木이 戌月에 태어났으므로
內格인 偏財格이다.
그러나, 이런 유형의 사주는 단순하게 격을 정하면 틀리기
쉽다.
이 사주도 앞의 사주와 마찬가지로 戌月의 甲木이 살아있느냐
죽었느냐를 구별해야 한다.
戌月은 甲木이 地支에 寅木 두 개를 보았으나 寅戌火局이 되어
타버렸고, 戌月은 나무의 정기가 모두 뿌리로 내려 갈뿐만
아니라 물이 한 방울도 없어서 나무가 살 수 없는 환경이다.
그래서, 이런 사주는 抑扶나 調喉법으로 보면 안 되는데,
日支 寅중에서 丙火와 戊土가 각각 表出했는데, 이중에서 어느
것을 중심체로 잡아야 할 것인가가 또, 문제가 된다.
丙火와 戊土는 다 같이 寅木에 長生을 하나 戊土는 餘氣이고,
木剋土를 당하고 있으며, 木生火하여 火가 가장 旺하므로
당연히 丙火를 중심체로 잡아야 타당하다.
또한, 日干代行格이 되면, 主体가 하는 일이 무엇인가를 봐야
하므로 일반적인 용신하고는 차이가 있는데, 이런 격에서는 金
과 水가 와야 발복하고, 土도 괜찮으나 木과 火는 좋지 않다.

☯ 四柱의 特徵 및 命主의 性格

가을에 태어난 甲木이 甲木과 丙火를 보았고, 火生土하므로
사람이 똑똑하고, 키는 작으나 인물이 잘났다.
사주에 甲과 丙을 보면, 우두머리의 氣를 타고난 사람이라
가정에서는 맏며느리감이요, 직장과 사회에서는 長이라
했는데, 이 女命은 평범한 가정주부다.
또, 月柱에 있는 戊戌 土가 이 사주에서 吉神에 해당하는데,
年과 月上에 길신이 있어 부모가 잘 살았던 집안이다.
그러나, 寅戌火局으로 생명을 태우므로 자기 代에서 재산을
까먹을 것이다.

☯ 六親 關係

이 女命의 남편성은 戌중 辛金이고, 申金은 父親이며,
戊土는 자식이고, 甲 寅木은 母親이다.
남편성인 戌土와는 寅戌火局으로 합이 되었으므로 부부관계는
유정하다.

☯ 合 沖 刑 및 殺星의 應用

寅木과 申金은 驛馬星인데, 体인 丙火가 寅木과 申金 驛馬星
위에 앉아있어 돌아다니길 좋아한다.
地支에 물이 없는 상태에서 寅戌半火局이라서 寅木이
타고 있고, 寅戌火局이 되므로 형제 아닌 형제가 있다고 해석
하게 되는데, 이 命主는 無男獨女다.
寅申沖은 떨어져 있어서 辰戌沖하여 戌土가 깨지거나 卯戌로
戌土가 묶이게 되거나, 運에서 申金이나 寅木이 등장할 때
寅申沖이 성립한다.

☯ 大運

- 초년 丁酉대운이 좋아 부잣집 無男獨女로 태어나 호강하며
  자랐다.

- 丙申대운도 좋았다.
- 乙未대운에 대기업에 근무하는 남편을 만나 결혼하였는데,
- 甲午대운으로 흐르면서 운이 좋지 않아서 41세 丙子년에
  자궁수술을 받았으며,
- 癸巳대운중 巳대운에 남편이 직장을 그만두고, 02(壬午)년부터
  다단계사업을 했는데 되지 않아 친정 부모한테 물려받은 재산을
  쓰면서 살다가, 甲申년이 되면서 남편이 안산시에서 유통업을
  해서 많은 돈을 벌었다.
- 壬辰대운은 官星이 등장하므로 좋은 운이고,
- 辛卯, 庚寅대운은 저조하다.

丁　甲　庚　壬　　남
卯　寅　戌　辰　　자

71 61 51 41 31 21 11 1　　대

戊 丁 丙 乙 甲 癸 壬 辛
午 巳 辰 卯 寅 丑 子 亥　　운

☯ 四柱의 旺衰

戌月에 甲木이 年上에 印星인 壬水를 보고, 日支에 寅木을
보았으며, 時支에 卯木을 보았으나 身弱하다.

☯ 格局과 用神

甲木이 戌月에 태어났으니 內格인 偏財格이다.
戌月은 태양이 잠든 계절이라서 날이 추워지는데, 이 甲木은
時支에 卯木 羊刃을 보았고, 비록, 멀리있고, 辰戌沖되긴
했으나 辰土를 보아 生木이다.

가을 生木은 調喉도 필요하지만, 이 사주에서는 月上 庚金이
病이므로 藥神인 丁火가 더 없이 필요하다.
따라서, 調喉 겸 藥用神으로 火가 가장 필요하고, 木은 더
이상 필요치 않으며, 나무가 뿌리내릴 沃土가 필요하고,
金이 病이며, 水도 凶神이다.

☯ 四柱의 特徵

이 命主는 서울 태생으로,
甲庚丁을 보아 三朋格으로 보면 안된다.
왜냐하면, 生木이기 때문이다.
그러나, 丁火는 病地인 卯木 위에 앉아 있어서 弱하나 地支에
寅戌火局을 하고 있어 괜찮다.
가을, 겨울에는 干上에 壬 癸水가 뜨면 안 좋은데, 調喉하는
火氣의 발산을 방해하기 때문이다.
또, 金은 나무가 生木일 경우는 나무의 성장을 방해하므로
凶神이다.

☯ 命主의 性格

이 사주는 日主가 甲木이고, 약간 身弱하나 비교적 균형이
잡혀있고, 洩氣도 잘 되므로 성격이 원만하고, 情도 많은
사람이다.
만약에, 이렇게, 庚金 偏官이 바로 옆에서 甲木을 剋을
하는데, 傷官인 丁火가 없었다면 성격이 고약한데가 있었을
것인데, 丁火가 옆에서 보호를 해 주므로 성격이 합리적이고
원만하다.

☯ 六親關係와 殺星의 應用

甲寅일주가 時支에 羊刃을 보아 힘이 있으므로 財를 극하는
힘이 강한데, 日支 寅木이 偏財인 戌土와 합을 하여 有情
하므로 妻와의 사이는 원만하다고 본다.
그러나, 年支 辰土와 月支 戌土가 辰戌沖하므로 부친이 일찍
돌아갔거나 유고가 있었을 것이다.

그렇지 않으면, 조상이 이루어 놓은 재산인 辰土를 부모궁에서
辰戌沖하여 깼으므로 부모 代에서 없애버렸을 수도 있다.
辰戌沖으로 財庫와 印綬庫가 깨져 祖父와 父母 代에서 변고가
있었음을 나타내며,
甲庚沖으로 日主를 자극하니 두뇌가 좋고 항상 어려움에
대비하는 습성이 있다.

☯ 大運

- 辛亥대운이 날을 춥게하므로 나쁜데, 亥水가 寅木을 生해주는
  것은 좋으나 亥卯合木하면 火氣가 약해지므로 나쁘다.

- 壬子대운 역시 날을 춥게하므로 印綬가 凶神이니 공부하는데
  애로가 있었다.
  여기서, 子水가 水生木을 한다고 보면 안된다.
  왜냐하면, 가을에는 더 이상의 물이 필요없기 때문이다.
  오히려, 卯木과 子卯刑이 성립하나 日主가 아니고 사주 상 그
  힘이 약해서 작용력이 약하므로 큰 해를 미치지 못한다.

- 癸丑대운도 나쁜데, 29세 80년 庚申년에 결혼을 하였다.

- 31세 甲寅대운부터 발복을 하는 운세라서 안정된 직장인 대기업
  취업하여 재산도 늘어나고 직장에서도 무난하게 성장하였다.

- 乙卯대운이 크게 좋지는 못하다.
  왜냐하면, 곁가지가 생기기 때문에 불기운이 밑둥치까지 미치지
  못하기 때문이다.

- 丙辰대운 중 丙 대운은 좋은데, 07(丁亥)년이 마지막 진급 기회
  라서 부장급으로 진급하였고,
  辰대운은 寅卯辰木局을 이루어 火氣를 분산시키고 財庫인 戌土
  를 辰戌沖하므로 손재수가 따를 것이다.

- 丁巳, 戊午대운이 좋으니 말년이 편안할 것이다.

제 1 장 甲木日干 亥月

```
甲  甲  丁  庚   남
戌  辰  亥  子   자

78 68 58 48 38 28 18 8   대

乙 甲 癸 壬 辛 庚 己 戊
未 午 巳 辰 卯 寅 丑 子   운
```

☯ 四柱의 旺衰

亥月에 甲木이 時上에 比肩을 보았고, 年支에도 子水를 보아
身旺한데, 日支에 濕土인 辰土까지 있어 身旺사주다.

☯ 格局과 用神

亥月에 태어난 甲木이므로 正印格이다.
亥月은 날씨가 추운데다가 年上에 庚金이 있고, 日支에 辰土가
있어 濕을 가중시키니 寒濕해서 우선 火가 필요하므로 火가
용신이고, 濕木은 불필요하며, 水와 金은 흉신이고, 土는
吉神이다.
여기서, 土는 辰土와 戌土가 있는데, 戌土는 熱土로써 水를
剋해주어 吉神역할을 하지만 辰土는 濕을 많이 가지고 있어서
오히려 습하게 하므로 凶神이다.
또, 濕木은 木多火熄시키므로 凶神에 해당한다.

☯ 四柱의 特徵

이 命主는 경기도 파주 태생으로,
겨울에 木은 旺하면 旺 할수록 운이 없다.
왜냐하면, 除濕하는 土를 剋하기 때문이다.
그런데, 이 사주의 구조는 木이 亥月에 태어났고, 辰土에
뿌리를 박고 있으므로 불만 旺해지면 자랄 수 있는 生木이나,
丁火가 뿌리가 약하고, 亥 子 水가 있고 辰土가 있어 한습
하다.

☯ 命主의 性格

원래, 甲木의 성격은 고상하고, 담백하나 고집이 있어
자기 위주로 행동하며, 전진하려는 특성을 갖고 있다.
그러나, 日主가 吉神일 때는 진취적으로 좋지만 凶神에
해당하면 매사 행동을 자기위주로 하다보니까 타인과 융화가
어렵고 고집쟁이란 말을 듣게 된다.
이 命主는 傷官星을 보아 개성이 있으나 傷官星이 弱하기
때문에 지나치지는 않다.

☯ 六親 關係와 刑 沖 合 및 殺星의 應用

남자사주에서 財星을 妻로 보기 때문에 우선, 財星의 길흉
여부를 살펴야 하는데, 財星이 日支 妻宮과 時支에 있다.
그런데, 辰土는 濕土라서 凶神에 해당하고, 戌土는 吉神에
해당하는데, 濕土인 辰土가 妻宮에 있어 辰戌沖하니, 妻宮이
깨졌기 때문에 부친도 일찍 돌아가실 수 있다.
그러나, 부모 궁에 丁火 용신이 있어 부모 代에 잘살던 집안
출신이다.
辰戌沖하여 부부궁이 나쁘고, 辰亥 怨嗔으로 妻와 부모와의
사이도 나쁘다.

☯ 大運

- 초년 戊子대운에 戊土는 좋으나 地支 水가 나빠 운이 저조
  했으며,

- 己丑대운도 丑도 등장하여 亥子丑水局을 이루고, 吉神인 戊土를
  丑戌刑하여 손재수 또는 부친에 대한 凶함이 있었을 것이다.

- 庚寅대운은 庚金이 生木인 甲木을 剋하고, 金生水하여 날을 더
  춥게하므로 나빴으나,
  寅 대운은 寅木속에 丙火가 들어있어 寅戌하여 조후를 도와
  주므로 좋았다.

- 辛卯대운 39세 己卯년에 濕이 가중되어 운이 없으니 妻와 이혼
  하고 혼자살고 있다.
  壬午(02년)에 부동산 관련업을 했는데, 부동산 경기가 좋아
  다소 돈을 벌었지만 甲申, 乙酉年에 다시 어렵게 되었다.

- 壬辰대운에 사주가 습해지고 용신인 丁火를 印綬가 丁壬合하여
  戌土에 入墓시키고, 財庫인 戌土를 辰戌沖하면, 부도나기 쉽다.

- 癸巳대운 중 癸 대운에 辰중 癸水, 子중 癸水가 발동하여
  丁癸沖하면, 희망을 잃게 된다.

乙　甲　己　丙

丑　午　亥　戌

여
자
대
운

73 63 53 43 33 23 13 3

辛 壬 癸 甲 乙 丙 丁 戊
卯 辰 巳 午 未 申 酉 戌

☯ 四柱의 旺衰

亥月에 태어난 甲木이 時上에 比肩을 보고, 時支에 印星을
보아 身旺하다.

☯ 格局과 用神

亥月에 甲木이 태어났으므로 內格인 正印格이다.
추운 겨울에 태어난 나무라서 무조건 調喉가 우선인데, 年上에
丙火가 있고, 日支에 午火가 있으며, 年支에 戌土도 있어
調喉가 충분히 되어 있어서 살아있는 나무이고, 身旺하며,
겨울이므로 火를 용신으로 써야 하며, 干上의 木은 더 이상
필요치 않으나 地支에 木이 오면, 뿌리가 되기 때문에 괜찮고,
水는 불을 끄므로 病神이며, 金은 凶神이고, 土는 濕을 제거해
주므로 藥神이다.

☯ 四柱의 特徵

이 사주는 亥月이지만 甲과 丙을 보아 吉神이니 그릇이 커
보이나, 時上에 乙木을 보아 雜木이다.
그러나, 己土를 보아 甲己合되어 땅을 차지하고 있으므로 좋은
데, 時上의 比肩 甲木이 내 땅 己土를 노려보고 있으나 己土를
차지하기 위해서는 나를 넘어와야 하므로 다행이다.
그러나, 甲 丙이 떠서 길신이라서 그 사회 또는 그 조직에서
리더 격이고, 그 집안의 맏며느리감이라서 설령 맏며느리가
아니더라도 맏며느리 역할을 해야 한다.

☯ 命主의 性格

이 女命은 甲일주의 성격 그 대로인 곧고 정직하고, 食傷을
갖고 있어 人情도 있으며, 비교적 느긋한 성격이다.
또, 財星인 己土와 甲己合하여 돈 욕심이 많다.

☯ 六親 關係

女命 사주에서 남편을 볼 때, 우선 官星의 모양을 보는데, 이
사주에서는 官星이 戌土속에 들어있어 미약하고 멀리 있어서
日支 午중에서 나왔고, 日干과 合하는 己土를 남편으로
보는데, 여기서, 己土는 다소나마 제습을 해주고, 日支 午火가
吉神이므로 남편과는 유정하다.
더군다나, 부부가 合을 하고 있는 사주들은 모두 부부관계가
좋음을 실제 감명을 통해서 알 수 있었다.
자식은 丙火인데, 吉神이므로 똑똑한 자식을 두었으나 時柱
자식궁에 凶神이 있어서 속을 썩이는 자식도 있을 것이고, 내
돈 없애는 동생도 있을 것이다.
財星도 吉神이므로 부모덕은 있다.

☯ 刑 沖 合 및 殺星의 應用

月上의 己土와 日干이 甲己合인데, 己土가 남편성이기도
하지만 근본적으로는 財星이기 때문에 장사 또는, 사업과
인연이다.
丙戌白虎殺인데, 戌중에서 表出된 것이 없기 때문에 白虎殺이
발동되지는 않았으며, 丑午는 鬼門이고, 湯火인데, 午중, 丑중
己土가 나왔으므로 정신적인 노이로제, 우울증 같은 것이 심할
수 있다.
戌亥가 天門이라서 철학, 종교에도 인연이 있다.
年支 丙戌을 기준하여 午未가 空亡이므로 日支 午火가 空亡
이다.

☯ 大運

- 초년 戊戌대운은 제습을 해주는 약신운이라 좋았고,
- 丁酉대운은 天干에 丁火가 떠 있어 좋으나, 大運 支 酉金은 찬기운이므로 좋지 못하다.
- 丙申대운은 天干의 丙火는 좋으나, 역시, 大運 支 申金이 사주를 더 춥게 만들었으므로 좋지 못하다.
- 33세 乙未대운은 未중에 丁火가 들어 있어서 조후가 되므로 운이 좋아서 장사를 하여 돈을 벌기 시작하였으며,
- 甲午대운은 가장 좋은 운이라서 돈을 많이 벌었다.
- 癸巳대운에 癸水가 태양을 가리니 운이 저조하여 03 癸未년에 운영해오던 유통업을 그만두고, 미용실로 바꾸려하였으나 마음대로 안 되어 포기하고 말았다.
- 壬辰대운이 오면, 辰土가 열기를 모두 흡수하고 戌土와 辰戌沖하여 戌중에 들어있는 불을 흩트려놓으면 나쁘다.

남편 사주

辛	乙	庚	己	남
巳	未	午	卯	자

77 67 57 47 37 27 17 7

壬	癸	甲	乙	丙	丁	戊	己	대
戌	亥	子	丑	寅	卯	辰	巳	운

身弱사주다.

身弱하고 여름이라 水가 正用神인데, 없어서 木을 假用神으로 쓴다.

초년운은 나쁘고, 丁卯, 戊辰대운이 좋았다.

乙丑대운이 나쁘며, 甲子, 癸亥대운은 몸은 편하나 영화는 없다.

戌土운이 나쁘다.

甲　甲　乙　甲　　남

戌　子　亥　寅　　자

76 66 56 46 36 26 16 6　대

癸 壬 辛 庚 己 戊 丁 丙
未 午 巳 辰 卯 寅 丑 子　운

☯ 四柱의 旺衰

亥月에 甲木이 比劫이 많고, 印綬도 旺하여 太旺하다.

☯ 格局과 用神

亥月에 甲木이라 偏印格이라고도 볼 수 있지만, 온통 木 천지
라서 外格으로 從旺格과 같은 木体局이다.
겨울에 태어났지만, 甲 乙木이 무성하고, 地支에 寅木과
戌土가 있어 살아있는 生木이다.
生木이라서 키워야 하는데, 나무를 키우기 위해서는 불이 가장
필요하다.
寅중 丙火가 용신이고, 木은 더 이상 필요하지 않으며, 水도
凶神이고, 운에서 金이 오면, 凶神이다.

☯ 四柱의 特徵

이 命主는 전남 보성 태생으로,
이 사주에서 중요한 것은 만약에 불이 하나라도 干上에
나타났다면 木이 너무 旺하므로 木多火熄으로 木이 病神이
되었을 것인데, 木이 나타나지 않았기 때문에 木多火熄이라고
하지 않는다.
사주에 甲 乙木이 많아 雜木인데, 이렇게, 比劫이 많고,
寅亥合木이 되었으므로 배다른 형제가 있기 쉽다.
또, 사주에 甲乙木이 많은데, 운에서 庚金이 와서 甲木을 치는
것은 나쁘나 乙木 곁가지를 묶어주는 것은 좋다.

☯ 命主의 性格

이 命主는 甲 乙木이 太旺하므로 고집이 너무 쎄고, 食傷의
洩氣가 약하므로 지나치게 성격이 곧다.
그러나, 기본적인 심성은 착하며, 比劫이 많아 경쟁심리가
강하다.

☯ 六親 關係와 刑 沖 合 및 殺星의 應用

陽干에서는 偏財가 父親이기 때문에 寅중 戊土, 戌중 戊土가
부친성에 해당하는데, 戊土 財星의 입장에서 보면, 亥, 子
水가 있어 妻가 두 명이고, 戌중 丁火와 子중 壬水가 暗合하고
가까이 있으므로 戊土가 부인이다.
그런데, 比劫이 太旺하여 戊土를 郡劫爭財하므로 戊土 입장
에서는 官星이 너무 많은 사람이라서 남자들한테 인기가
대단한 사람이다.
또한, 正 偏印이 混雜해 있고, 寅亥合木하여 木 아닌 木까지
있으므로 분명 배다른 형제가 있을 것이다.
그리고, 부모 조상 궁에서 생명을 길렀으므로 잘살던 집안
출신이다.
또, 年支 寅木과 月支 亥水가 寅亥合하여 合도 되고 破도
되는데, 이렇게, 寅亥合木이 되면, 寅중 丙火가 亥중 壬水한테
剋을 받아 깨지게 되고, 寅중 丙火가 깨지면 寅중 戊土도
깨지게 되므로 좋지 않다.
따라서, 寅木은 驛馬星이므로 타향에서 부친이 일찍 돌아
가셨다고 볼 수 있다.
日支 子水는 甲木의 浴地다.

☯ 大運

- 초년 丙子대운은 무난했다.

- 丁丑대운은 濕土인 丑土가 丑戌刑하여 財庫를 치므로 경제적인
어려움이 있을 수 있고, 亥子丑水局이 되어 운이 좋지는
않았다.

- 戊寅대운은 나무가 뿌리 내릴 땅이 생기고, 寅木이 寅戌合하여
  調喉에 도움이 되므로 운이 좋아 중요 국가기관에 취업하였다.
  甲申, 乙酉년은 歲運이 저조했으나 丙戌년은 태양이 뜨니
  원했던 자리인 청와대로 자리를 옮겼다.
  31세 甲申年에 日支 子水와 申子로 合하므로 결혼했다.

- 己卯대운중 己 대운에 己土 하나를 두고 甲木 세 개가 준동
  하므로 조그마한 돈을 놓고 경쟁이 치열한 象이고,
  卯 대운에 卯 桃花가 등장하여 財星인 戌土와 合하므로
  마누라가 다른 남자와 바람나기 쉽다.

- 庚辰대운에 乙庚金으로 가지를 묶어주면 대단히 좋기 때문에
  이런 운에 진급하거나 요직에 기용된다.

- 辛巳대운도 乙辛沖해 주므로 무난하고,

- 壬午, 癸未대운이 좋으니 말년도 편안하다.

부인 사주

癸　甲　癸　丁　여

酉　申　卯　巳　자

73 63 53 43 33 23 13 3　대

辛　庚　己　戊　丁　丙　乙　甲

亥　戌　酉　申　未　午　巳　辰　운

卯月에 甲木이 身旺하여 丁火와 巳중 丙火가 용신이다.
女命에 傷官을 용신으로 쓰면 官을 거부하므로 나쁜데,
이 女命의 사주는 官이 病神인데, 病神이 日支 남편궁에
자리잡고 앉아 생명인 卯木을 자르면 부부궁이 산란함을
뜻한다.
모 대기업 엔지니어다.

제 1 장 甲木日干 子月

庚　甲　戊　乙　　남

午　子　子　未　　자

77 67 57 47 37 27 17 7　　대

庚 辛 壬 癸 甲 乙 丙 丁
辰 巳 午 未 申 酉 戌 亥　　운

☯ 四柱의 旺衰

子月에 甲木이 年上에 劫財를 보고, 月支와 日支에 子水를
보아 身旺하다.

☯ 格局과 用神

甲木이 子月에 태어났으므로 正印格이다.
겨울과 여름에 태어난 사주는 調喉를 우선시 하는데,
더군다나, 이 사주는 子月에 태어난 나무라서 身旺, 身弱을
따지기 전에 먼저 調喉를 살펴야한다.
또, 나무는 반드시 生木인가, 死木인가를 살펴야 하는데,
이 나무를 死木이다.
따라서, 死木은 金으로 파목해서 生火해야 하므로, 火가 吉神
이고, 木은 제습하는 土를 剋하므로 病神, 水는 凶神, 金이
藥神, 土가 用神이다.
중요한 것은 이 사주는 用神運보다 藥神運에 發福한 命組다.

☯ 四柱의 特徵

이 男命은 경기도 안성 태생으로, 출생시간을 잘 모르는
사람이다.
점심 먹기 전이라고 하는데, 巳時가 될 수도 있다.
만약, 巳時면 己巳時가 되는데, 성격이나 대운을 보니
庚午時가 맞다.
그 이유는, 이 男命이 申대운에 중장비공업사를 개업했는데,
巳時였다면 대운에서 巳申合水되어 개업하기가 어렵다고
판단했기 때문이다.
그런데, 또, 한 가지 의문은 日支가 子午沖되어 부부궁이
깨지기 쉬운데, 이 사주를 감명한 乙酉년까지 괜찮다고
하였는데, 부인의 사주를 보니 午時가 더 맞는 것 같았다.
그런데, 丙戌년 어느 날 이 命主한테서 만나자는 전화가 와서
만나본 바, 丙戌년에 이혼을 했다고 하면서 曉檀 선생님의
말씀대로였다고 하였다.
그러면, 왜 丙戌년에 이혼을 했는지 살펴보자.
그 이유는 바로, 吉神인 火가 등장하여 藥神을 火剋金하므로
病神인 木이 財星인 土를 剋했고, 妻星인 未土를 戌未刑했기
때문이다.

☯ 命主의 性格

이 男命은 子月에 甲木이라서 자랄 수 없는 나무이기 때문에
자신을 재료로 삼아 불을 지필 운명이니 활인업을 해야 할
운명이라 남을 배려하는 마음이 강하다.
이 男命은 산을 좋아하는데, 항상, 산에 갈 때는 구급약과
수지침을 갖고 다니면서 산행 중 쓰러지거나 다친 사람들을
치료해주는 덕을 베푸는 사람이다.
또, 사주가 剋으로 이루어져 있어 예민한 면도 있고 항상
머리가 깨어있다.

☯ 六親 關係

이 사주는 財가 제습을 해주는 吉神이나 日支 子水가

浴地이고, 吉神인 午火를 沖하는 성분이므로 부부 궁이
나쁘다는 것을 예고하고 있다.
아들 하나를 두고 있는데, 時柱에 吉神이 있고 官이 藥神
이라서 자식과의 인연도 좋을 것이다.
부친은 戊土인데, 子水를 두 개씩이나 깔고 앉아있고, 戊土에
子水는 胎地라서 약하다.
妻星은 未중 己土인데, 未土는 劫財인 乙木을 머리에 이고
있어, 남의 여자거나 과거있는 여자다.

☯ 刑 沖 合 및 殺星의 應用

子未 怨嗔인데, 未土는 妻星에 해당하므로 마누라와는 원수다.
甲木에서 子水가 浴地에 해당하는데, 時支 午火를 沖하므로
부부궁이 나쁘다.

☯ 大運

- 초년 丁亥대운이 나빠 가난한 가정에서 태어나 불우하게
  자랐다.
- 丙戌대운에 태양이 떠서 좋을 것 같으나, 藥神인 庚金을
  火剋金하여 나무가 제습하는 戊土 財星을 치므로 운이 없어
  학교공부를 못하였고,
  17세인 71년 辛亥년부터 중장비 정비기술을 배웠으며,
  25살 戊午(78)年에 財가 들어오니 지금의 妻를 만나 사귀다가
  26세 己未년에 동거를 하고, 27세 庚申년에 결혼을 하였다.
- 乙酉대운 중 乙대운에는 乙木이 戊土를 치므로 운이 저조하니
  어렵게 생활을 하였으나, 酉 대운부터 돈을 벌기 시작하였다.
- 甲申대운중 甲대운에 劈甲引火하여 36세 庚午년에 지금
  운영 중인 중장비 공업사를 개업하여, 申대운부터 재미를
  보았으며,
- 癸未대운도 좋은 운이나 丙戌年에 丙火가 藥神인 庚金을
  火剋金하니까 病神인 甲木이 戊土를 剋하고, 戊未刑殺하여 妻가
  바람이 나서 이혼을 하였다.
- 앞으로 오는 壬午대운은 吉神운이나, 旺神인 子水와 沖하므로
  분주하고 변화가 많을 것이다.
- 辛巳대운에 辛金이 乙木을 쳐주면 좋고, 巳火가 吉神이므로
  좋은 운이며, 庚辰대운에 旺神인 子水가 入墓한다.

<table>
<tr><td>甲</td><td>甲</td><td>壬</td><td>壬</td><td>남</td></tr>
<tr><td>戌</td><td>申</td><td>子</td><td>子</td><td>자</td></tr>
</table>

76 66 56 46 36 26 16 6

대

庚 己 戊 丁 丙 乙 甲 癸
申 未 午 巳 辰 卯 寅 丑   운

☯ 四柱의 旺衰

子月의 甲木이 比肩이 하나 있고, 印綬가 旺하여 太旺하다.

☯ 格局과 用神

일반론적으로 보면, 이 사주의 格局은 甲木이 子月에 태어
났으므로 正印格이라고 말한다.
필자도 처음에 그렇게 배웠다.
그러나, 아니다.
子月 甲木이 뿌리를 갖고 있지 않고 불이 없으면 死木인데,
이 사주는 戌土를 갖고 있긴 하나 木이 戌土에 뿌리를 내리지
못하므로 死木이다.
그래서, 이 사주의 格을 바꿔야 하는데, 年, 月上에 壬水가
있고, 年, 月支에 子水가 있으며, 日支에 申金이 있어 申中
壬水가 表出했으므로 壬水를 日干代行으로 해야 하는데,
문제는 또, 壬水가 年 月에 두 개 있어 이중에서 어느 것을
日干으로 선택하느냐가 있다.
이런 경우, 日干을 대행하는 五行은 日干과 가까운 것을 선택
해야 하므로 月上 壬水가 日干代行한다.
따라서, 이렇게, 日干代行格이 되면, 용신 정하는 방법이
다른데, 이 壬水가 무슨 역할을 하며, 어떤 기능을 하고
있느냐를 봐야 한다.
그러므로, 이 사주는 겨울에 물은 많은데, 이 물을 막을 제방
즉, 土가 필요하고, 그 다음, 火가 필요하며, 洩氣해줄 木도

필요하고, 金과 水는 더 이상 필요하지 않다.

☯ 四柱의 特徵과 六親 關係

필자는 이 사주를 수년 동안 잘 못 봐왔다.
예컨대, 子月은 水가 필요 없는 계절인데, 이렇게, 水가 많아
세상을 얼게 하므로 原局이 나쁘다고 생각했다.
그러나, 아니었다.
앞에서 설명한 바와 같이, 이 사주는 壬水가 日干이 되었
으므로 壬水를 기준으로 해서 육친도 살펴야한다.
戌중 辛金이 모친이고, 申金은 이모나 모친의 형제이며,
원칙적인 丙火라야 하는데, 없기 때문에 戌중 丁火를 부친으로
볼 수 밖에 없는데, 부친 입장에서 보면, 壬水가 두 개이므로
재혼격이다.
또한, 戌중 丁火가 妻星인데, 妻 입장에서 보면, 官星이
많으므로 여러 남자와 인연이다.

☯ 命主의 性格

壬水가 일간대행을 하므로 성격도 壬水 日干의 성격을 논해야
하는데, 身旺하므로 등직하고, 比肩이 있어 경쟁심도 많으며,
洩氣되는 食神도 있어서 인정도 많다.

☯ 刑 沖 合 및 殺星의 應用

日干代行하는 壬水를 기준으로 볼 때, 子水가 申金과 경쟁하듯
申子水局을 하고 있는데, 이것은 형제 아닌 형제로 본다.
戌土는 財庫라서 수백억대의 부잣집 아들이라서 많은 재산을
이미 상속 받았다.

☯ 大運

- 초년 癸丑대운은 무난하였고,
- 甲寅대운은 寅중에 丙火가 들어있어 좋아서, 좋은 대학에서

　　토목학을 전공하여 외국인 회사에 취업하였고,
- 乙卯대운도 洩氣가 왕성하므로 좋은 운이다.
　　35세 06년 丙戌년에 財가 등장하므로 장가를 갔다.
- 丙대운은 좋으나, 辰 대운이 오면, 申子辰水局이 되면서 戌土를
　　치니 직장과 가정에 변화가 올 것이다.
- 丁대운에 壬水가 하나의 丁火를 보고 경쟁하게 되는데, 丁火는
　　妻星이고, 財星이므로 이런 문제들이 생길 것이다.
- 甲午, 己未대운이 좋다.
- 庚申대운이 흉하다.

癸　甲　庚　辛　　남

酉　午　子　亥　　자

79　69　59　49　39　29　19　9　　대

壬　癸　甲　乙　丙　丁　戊　己　　운
辰　巳　午　未　申　酉　戌　亥

☯ 四柱의 旺衰

　　甲木이 子月에 태어나 身旺하다.

☯ 格局과 用神

　　子月에 甲木으로 태어나 子중 癸水가 時干에 透干되었으므로
正印格이다.
　　甲木이 亥水에 根氣를 갖고 있으나 庚辛金의 剋을 받고 있고,
子午沖 되어 火氣가 전혀 없으므로 이 甲木도 死木이다.
　　그런데, 이런 경우, 운에서 불이 오면 살아날 수 있는 나무다.
　　子月은 날이 추운데다가 金水가 왕하여 조후가 필요하기
때문에 무조건 火가 필요하고, 乾土가 吉神이며, 水는

病神이고, 金도 凶神이며, 木도 필요치 않다.

☯ 四柱의 特徵

사주가 조후가 안 되고 유일하게 조후를 하고 있는 午火가 깨져
나쁜 구조다.
평생 건달처럼 산다.
또, 年 月에 庚辛金이 떠서 甲木일간이 운이 없다.

☯ 命主의 性格

甲木일간이 우직하고, 말이 없는 사나이인데, 年, 月上의 正,
偏印이 剋을 해대므로 성질이 나면 무서운 사람이다.
또, 겨울에 비가 내리니 게으르고 일을 해도 소득이 없으니
불평이 많은 사람이다.

☯ 六親 關係

남자사주에서 妻의 길흉여부를 볼 때, 우선, 財星의 有 無力
여부를 살피는데, 이 男命의 사주에는 財星이 나타나 있지
않고 日支 午중 己土가 妻星인데, 子午沖 맞아 상처받은
財星이고 힘없는 財星이다.
子午沖으로 내가 좋으면 엄마가 반대하고 엄마가 좋아하면
내가 싫다.
年 月上이 凶神으로 이루어져 있어 조상과 부모의 덕이 없으므로
자수성가해야 할 운명이다.

☯ 刑 沖 合 및 殺星의 應用

甲庚沖, 子午沖 맞아 日干과 日支가 만신창이가 되었다.
日支 妻宮에 紅艶殺을 가져 이 여자 저 여자에 관심을 갖게
되며, 49세 이후라야 운이 든다.

☯ 大運

- 초년 己亥대운에 吉神인 日干을 甲己合시키고, 凶運이라서
  불운하다.

- 戊戌대운에 藥神이 등장하여 病을 극해주고, 調喉를 해 주므로
  좋은 운이다.

- 丁酉대운에 丁火가 吉神이나 酉金을 달고와 凶神작용을 하므로
  운이 없다.

- 丙申대운도 丙辛合되어 丙火가 힘을 못 쓰고, 申子水局되어
  불운하여 되는 것이 없다.

- 乙未대운에 未중에 丁火가 있어 서광이 비추기 시작한다.

- 甲午대운이 가장 좋으나 子午沖하므로 가정이 불안하다.

- 癸巳대운에도 별로 운이 없고,

- 壬辰대운에 아주 나쁘다.

제 1장 甲木日干 丑月

<table>
<tr><td>乙</td><td>甲</td><td>丁</td><td>庚</td><td>여</td></tr>
<tr><td>丑</td><td>辰</td><td>丑</td><td>子</td><td>자</td></tr>
</table>

76 66 56 46 36 26 16 6

己 庚 辛 壬 癸 甲 乙 丙   대
巳 午 未 申 酉 戌 亥 子   운

☯ 四柱의 旺衰

丑月에 甲木이 時上에 劫財를 보고 年支에 印星을 보아
身弱하며, 丑月이고, 濕土가 많아 寒濕하다.

☯ 格局과 用神

甲木이 丑月에 태어났으므로 正財格이다.
丑月은 곧 立春이 다가오기 때문에 木으로 태어나면 대부분
生木이 되는데, 이 사주도 生木임에 틀림이 없다.
丑月은 날이 춥기 때문에 불이 있어야 나무가 클 수 있는데,
丁火 불이 뿌리가 없어서 빛과 같아서 나무가 자라지 못하고
있다.
또, 甲木이 辰土에 뿌리를 내리고 있기 때문에 불만 오면 잘
자랄 수 있는 나무이므로 火가 用神이고, 寅木이 필요하며,
金과 水는 凶神이고, 乾土는 吉神이다.

☯ 四柱의 特徵과 六親 關係

이 命主는 전남 벌교 태생으로,
丑月이라 아직 날씨가 추운데 甲木이 태어났으니, 우선, 불이
旺해야 좋은데, 불인 丁火가 있긴 하나 뿌리가 없어 虛火에
불과하고, 남편인 庚金 官이 年上에 있어 木을 극하는 성분
이라 남편복이 없으며, 이런 사주를 生子別夫格이라 한다.
즉, 자식 낳고 남편과 헤어지는 사주다.
그래서, 女命은 食傷과 官이 같이 나타나 있으면 불행하다.
남편과 자식중 하나를 선택해야 하는데, 이 사주에는 자식인
불이 필요하므로 남편을 버려야한다.
女命이 남편을 버리면 자식만 쳐다보고 어떻게 살겠는가 ?
자기가 벌어서 먹고살아야 하니 얼마나 고달프겠는가.
그래서, 官星이 남편인데, 病神이고, 日支 남편 궁에 濕土가
앉아 열기를 흡수하므로 남편과 해로하기가 어렵기 때문에 이
女命은 집에 잘 들어가지 않고 친구들과 어울려 찜질방 같은
데서 시간을 보낸다.

☯ 命主의 性格

이 女命은 성격이 곧고 정직하며, 약하나마 傷官星을 갖고
있어서 개성적이다.
그러나, 사주에 흉신이 너무 많아 환경이 나쁘고, 용신이
허약해서 정신력도 弱하고, 大運마저도 나빠서 자기마음대로
되는 게 하나도 없으므로 이렇게 되면, 사람이 타락하게 된다.
날마다 술과 담배를 즐기며, 정신 나간 사람처럼 살아간다.

☯ 刑 沖 合 및 殺星의 應用

地支에 子丑合이 있어 남편 庚金을 당겨 오려고 하나 중간에
자식인 丁火가 가로막고 있다.
日支 辰土를 기준하여 月支와 時支에 양쪽으로 丑辰破가 있는
데다 흉신이므로 부부궁이 산란함을 나타내고 있다.
丑土는 急脚殺로 다리에 신경통 등 이상이 온다.

☯ 大運

- 초년 丙子대운에서도 干上에 丙火가 떠 있어서 다행이나
  地支가 水運이라 운이 저조하다.

- 乙亥대운도 干上에 용신인 乙木이 있으나 乙木은 곁가지에
  해당하여 도움은 커녕 오히려 害가 되니 운이 저조한데
  다행히도 어렵게나마 공부는 계속할 수 있어서 의료관련 대학을
  다녔다.

- 甲戌대운은 戌土 중에 丁火가 들어있어 습기를 제거해주므로
  의료관련 회사로 근무하였다.

- 癸酉대운에 癸水가 용신인 丁火를 꺼버리고, 地支 酉金도
  寒氣를 공급하니 운이 없어 퇴직하고는 보험회사 사원으로
  활동하고 있는데, 癸未(03)년 현재 실적이 별로 없다.

- 壬申대운도 丁火를 壬水가 묶고 申子辰水局이 되어 사주를 더욱
  한습하게 하므로 가정에 위기가 올 것이다.

- 辛未대운에 未중에 丁火가 있어 다소 온기가 생기나, 그동안
  워낙 운이 없었으므로 바탕이 없으니 크게 좋아지지를 않는다.

- 庚午대운이 午火가 丁火 용신의 뿌리가 되므로 편안할 것이다.

- 己巳대운은 巳火가 오나 巳丑金局이 되어 운이 없다.

癸　甲　癸　癸　　여

酉　子　丑　卯　　자

75 65 55 45 35 25 15 5　대

辛　庚　己　戊　丁　丙　乙　甲

酉　申　未　午　巳　辰　卯　寅　운

☯ 四柱의 旺衰

丑月에 甲木이 卯木 뿌리가 튼튼하고 印星이 많아 太旺하다.

☯ 格局과 用神

丑月에 甲木이 태어나 丑중 癸水가 干上에 떠 있어 內格인
正印格이다.
또, 甲木이 卯木 뿌리가 튼튼해서 살아있기 때문에 자라야
하므로 火가 正용신이나 없어서 木이 假용신이고, 火는 길신
이며, 水는 병신이고, 金은 구신, 土는 약신이다.
이 사주는 水가 너무 많기 때문에 戊土가 제습을 해줘야
좋은데 없어서 아쉽다.

☯ 四柱의 特徵

丑月에 甲木이 卯木 뿌리가 튼튼해서 살아있는 나무인데,
하늘에서 눈보라가 휘날리니 꽁꽁 얼어있다.
印綬가 많아 病이 되면, 多印綬太旺으로 3不忌인데, 여자는
자식이 안 되고, 남편도 안 되며, 돈이 없다.
또한, 食傷을 극하기 때문에 성생활이 재미없다.
또, 겨울에 이렇게 눈보라가 많이 휘날리면 봄이 늦게 온다.
사주가 너무 寒濕하면, 냉증이나 순환기계통의 질병도 쉽게
온다.

☯ 命主의 性格

甲木일주라서 사람은 심지가 곧고 착하나 사주에 **食傷**이 없고,
多印綬太旺이라서 말 주변이 없고, 요령이 없다.
그래서, 답답한데가 있다.
그러나, 시간약속 같은 것, 특히, 신용을 잘 지키는 성격이다.

☯ 六親 關係

印綬는 부모 글자인데, 印綬가 病이라 부모가 病이라서
부모덕이 없다.
印綬가 病이면 주위환경이 너무 나쁘다.
또, 女命에 용신이 유력하든가 아니면 官이 유력하든가 그것도
아니면 日支 남편 궁이 좋던가 어느 하나라도 좋아야 하는데
이 사주는 어느 하나 좋은 게 없다.
月支 丑중 辛金이 첫 남편인데, 丑중에서 癸水 凶神이 나타나
있어서 남편덕이 없고, 酉金이 두 번째 남편인데, 子酉破이고,
子酉鬼門이라서 남편 때문에 신경 쓰이고, 酉金은 丑에 入庫
되어 있고, 年支 卯에 絶이 되어 두 번째 남편을 만나면,
父別之命이다.
또, 金이 凶神이므로 남편 덕이 없으며, 丑중 癸水가 2개가
年 月干에 나타나 있어 2번 결혼할 팔자다.
(癸水는 남편의 表出神)
또, 日支 남편자리가 浴地이고, 凶하니 오래전부터 각방
생활이다

☯ 刑 沖 合 및 殺星의 應用

子酉破, 子酉鬼門이라서 부부 궁이 산람함을 증명하고 있고,
子丑合土하여 財星도 묶여있어 財星의 구실을 못한다.
남편자리인 日支 子水가 病神인데다가 浴地라서 흉작용이
크다.
申子辰에 酉는 桃花이므로 酉金이 官星桃花라서 바람피는
남자다.

☯ 大運

- 초년 甲寅대운은 寅木이 있어서 좋았는데,
- 乙卯대운은 甲木에 乙木이 오면, 곁가지가 생기므로 더
  쪼달리고 산다.
- 丙辰대운 중 丙 대운에는 희망이 보여 좋으나,
  辰 대운에는 습토라서 불미스럽다.
- 丁巳대운 丁火가 庚金 病을 제거해 주므로 나무에 생기가 돌기
  시작하므로 이 대운부터 옷가게를 하기 시작하였다.
  그러나, 原局이 워낙 賤하여 운이 와도 다 받아먹을 수 없다.
- 戊午대운이 이 사주의 전성기이나 2002년 壬午年부터 子午沖
  하므로 남편과 각방을 쓰며 생활한다.
- 己未대운까지는 좋다.
- 庚申대운 이후는 기대할 게 없다.

甲　甲　己　乙　　남

子　辰　丑　酉　　자
　　　　천을　도화

78 68 58 48 38 28 18 8

辛　壬　癸　甲　乙　丙　丁　戊　　대
巳　午　未　申　酉　戌　亥　子　　운

☯ 四柱의 旺衰

甲木이 丑月에 태어나 干上에 比劫을 보고, 時支에 子水를
보았으나 身弱하며, 寒濕하다.

☯ 格局과 用神

甲木이 丑月에 태어났으므로 正財格이다.
그런데, 格局이 중요한 것이 아니고, 이 사주는 甲木이
丑月에 태어났으므로 生木이기 때문에 자라야 하므로 火가
필요하고, 뿌리박을 土는 갖춰져 있으며, 水는 필요하지
않으며, 年上에 劫財인 乙木이 내 땅 己土를 노려보고
있으므로 干上에 金이 필요한 사주다.

☯ 四柱의 特徵 및 命主의 性格

사주에 火가 없어 능력이 없고, 말 주변이 없다.
또, 財 官이 日干보다 강하여 친구나 형제와 단결 연합(甲子,
甲辰)을 도모하나, 甲 乙木이 나의 合神 己土를 노리므로
의심이 많고, 이를 제거할 官을 希求하게 된다.
酉丑으로 연결된 己土 正財와 甲己合하였으니 직장생활
(봉급생활)한다.

☯ 六親 關係와 刑 沖 合 및 殺星의 應用

己土가 妻인데, 甲己爭合을 하고 있고, 年上에 乙木을 보므로
己丑의 己土 妻가 外情을 갖던지 나를 떠난다.
己丑 妻에서 보면, 즉, 妻의 역할과 작용은 곧이어, 오는 봄을
맞아 甲 甲 乙의 많은 나무를 키우려고 하니 욕심이 많은
妻다.
그리고, 丑酉로 食傷 文昌이니 교육자다.
丙火 調喉가 있어야 甲木도 좋고, 己土에게도 좋은데,
없으므로 妻의 요구는 甲에게 丙火를 生하라고 독촉한다.

☯ 大運

- 丁亥 대운이 吉하여 서울대 법대를 졸업했고,
  교직에 있는 妻를 만나 결혼하였으며, 자기는 직장생활을
  하였다.

- 丙戌대운은 불이 와서 좋았으므로 이때가 가장 의욕적으로
  일할 때다.

- 乙 대운에 己土를 沖剋하므로 妻와 불화가 있고, 남에게 돈을
  뜯긴다.
  특히, 누이들에게 상속 재산에 대한 분규가 있을 것이다.
  酉 대운이 官運이 되어 직장생활이나 불미하다.
  巳丑合 桃花 되어 妻의 外情이 있게 되고, 본인의 자리 이동과
  外情事 있게 된다.

- 甲 대운에 부부불화 있게 되고, 妻의 外情이 드러나게 된다.
  바쁜 업무에 정신없고, 경쟁사 치열하다.
  불미한 때다.
  申 대운은 申子辰水局이 되어 직장 이동되고, 허망함을 느낀다.

- 癸 대운은 시험공부 文書事 있게 되어 60세 甲申년에 나이를
  먹었음에도 불구하고 법무사 시험 준비를 하고 있는데,
  未土가 天乙貴人이라 이것(文書)를 활용하면 득이 될 것이다.
  그래서, 癸 대운에 법무사 공부했다.

제 2 장 乙木論

제 2 장 乙木日干 寅月

己　乙　庚　丙　　남

卯　巳　寅　午　　자

76 66 56 46 36 26 16 6　대

戊 丁 丙 乙 甲 癸 壬 辛

戌 酉 申 未 午 巳 辰 卯　운

☯ 四柱의 旺衰

寅月에 乙木이 時支에 比劫을 보았으나 身弱하다.

☯ 格局과 用神

乙木이 寅月에 태어나 寅중 丙火가 透干되어 傷官格이다.
寅月은 계절적으로 아직 날씨가 차가운데, 이 사주에는 火氣가
많아서 地支에는 더 이상 불이 필요 없으나, 干上에는 火가
필요하고, 木은 더 이상 불필요하며, 地支에는 水가 필요하고,
金이 病神이며, 地支에 濕土가 필요하다.
따라서, 火는 用神 겸 藥神이다.

☯ 四柱의 特徵

사주가 身旺하고 이렇게 火가 많았으면 좋았을 것인데,

身弱한데 火가 많아 小局이다.
이렇게, 食傷이 旺하면 꾀가 많고, 아이디어가 풍부하다.
또, 庚金이 病인데, 이를 녹이는 火가 필요하므로 이런 구조는
직업이 경찰이나 군인이 많은데, 이 命主는 경찰이다.

☯ 命主의 性格

이 男命은 봄에 나무로 태어나 태양을 보았으니 활달하고,
부드러운 성격이다.
다만, 庚金 官星이 바로 옆에 있어 습을 하므로 자기 말이
법이라는 생각을 갖고 사는데, 丙火가 견제하고 있어서
독선적이지는 않다.
또, 傷官을 보아 인정도 많고, 개성도 강하다.

☯ 六親 關係

陰 日干에서 偏財가 원래 마누라 성이나 여기서는 日支
巳중에서 나온 庚金과 乙庚合하므로 庚金이 妻가 되는데, 妻와
습을 하면 대게, 부부금슬이 좋은데, 庚金이 病神에 해당
하므로 부부금슬이 나쁘다.
또, 己土는 地支에 比肩을 깔고 앉아있어서 내 여자가 아니다.
官星이 원칙적인 자식 성이므로 庚金이 자식도 된다.
부친은 巳중, 寅중 戊土다.

☯ 刑 沖 合 및 殺星의 應用

乙木일간이 日支 巳중에서 表出한 月上의 庚金과 乙庚合金을
하기 때문에 妻星으로 보는데, 남자 사주에서 妻星과 습을
하면 보통은 부부금슬은 좋으나, 이 庚金은 日支 巳중에서
나와 흉신역할을 하므로 나쁘고, 地支에 寅戌火局위에 앉아
있고, 寅木 絶地 위에 앉아 있어서 약하기 그지없는 妻다.
時支 卯木은 桃花인데, 己土 財는 桃花 위에 앉아있어서 연애
대상 여자다.
乙巳일주를 기준으로 寅 卯가 空亡이라 힘이 없는 형제다.

寅巳刑이 되어 있어 겉으로는 부부금슬이 좋아 보이나
속으로는 갈등이 있다.

☯ 大運

- 초년 辛卯대운에 辛金이 와서 나쁠 것 같으나 丙火와
  丙辛合하여 貪合亡生하므로 나쁘지 않고,
- 壬辰대운도 길신인데다가 木方으로 흘러 운이 좋아 편하게
  공부를 하였다.
- 癸巳대운도 무난하여 안정되니 대형 건설회사 사원으로
  취업하였다.
- 甲午대운이 다소 洩氣하는 火가 많아서 실속이 없어도 무난
  하다.
- 乙未대운도 燥熱해 지지만 卯未合木이 되어 역시 무난하다.
  단지, 사주에 있어 調喉는 대단히 중요하여 일반격에서 모든
  것에 앞서 우선 調喉가 맞아야 한다.
- 火運이 가고 丙申, 丁酉대운부터 金運이 오면, 가을바람이
  불므로 나무가 자라지 않는다.

<table>
<tr><td>丁</td><td>乙</td><td>庚</td><td>辛</td><td rowspan="2">여
자
대
운</td></tr>
<tr><td>亥</td><td>亥</td><td>寅</td><td>丑</td></tr>
</table>

78 68 58 48 38 28 18 8

戊 丁 丙 乙 甲 癸 壬 辛
戌 酉 申 未 午 巳 辰 卯

☯ 四柱의 旺衰

寅月에 乙木이 日支와 時支에 印星을 보아 身旺하다.

☯ 格局과 用神

乙木일간이 寅月生이라 身旺해도 여린 生木이기 때문에 자라야
하고 꽃을 피워야 하기 때문에 火가 우선 필요하다.
따라서, 당연히 金을 싫어한다.
初春의 여린 木은 金을 보면, 그 뿌리가 상하기 때문이다.
土는 吉神이고, 水는 凶神이다.

☯ 四柱의 特徵

乙木 日干이 가는 길은 時干의 丁火다.
丁火는 초봄의 寒氣와 亥時의 어둠을 쫓아주는 등불이고,
난로인데, 뿌리가 없어 약하다.

☯ 六親 關係와 刑 沖 合 및 殺星의 應用

이 命主는 전남 장성 태생으로,
乙 일주 여자이므로 당연히 庚金이 남편성이고, 辛金은 남편의
형제가 되는데, 月干 庚金이 日干과 乙庚合을 하고, 日支
끼리도 寅亥로 合이다.
乙木 일주가 달갑잖은 金과 天支合했으므로 어쩔 수 없이
체념하고 산다.
그러나, 乙木은 年柱 辛丑이 더 두렵다.
그래서, 남편에게 " 나와 살려면 당신 형제들과 어울리지
말아라"라고 한다.
이렇게 되어, 그 남편은 결혼 후부터 자신의 모친 및 형제인
辛丑과 등을 지게 된다.
年 月柱간에 1급 소용돌이가 되어 그런 작용을 한다.
丁火에서 보면, 亥水가 天乙貴人이고, 庚寅月柱의 寅木이
印綬이고 財다.
丁火가 旺해지면, 庚辛金을 다스릴 수 있으므로 돈이 생기고,
돈만을 궁리하게 된다.
寅중 戊土가 父親이고, 亥水가 母親이 되어 1父 2母다.

☯ 大運

- 辛卯대운에 病神인 辛金이 乙辛沖하고, 卯木이 濕木이라 나빠서
  어린나이에 어머니를 잃은 슬픔이 있었고,
- 壬辰대운은 壬水가 용신인 丁火를 丁壬合하어 용신이 힘을
  못쓰니 나쁘고,
- 癸巳대운은 癸水가 용신인 丁火를 丁癸沖하여 꺼버려 나쁘나,
  地支 巳火가 용신의 뿌리가 되어 주어 괜찮다.
- 甲午대운은 甲木이 木生火하여 좋으나, 甲申(04), 乙酉(05)년은
  歲運이 나빠 고전하고 있다.
- 乙未대운도 좋다.
- 丙申대운 傷官인 丙火가 官星인 庚金을 치니 퇴직이고, 남편이
  다친다.

<pre>
庚　乙　甲　戊　　　남
辰　卯　寅　申　　　자
　　　　충　　　　　대
76 66 56 46 36 26 16 6　운
壬　申　庚　己　戊　丁　丙　乙
戌　酉　申　未　午　巳　辰　卯
</pre>

☯ 四柱의 旺衰

　　寅月에 乙木이 月上에 劫財를 보고, 地支와 寅卯辰方合을
이루어 身旺하다.

☯ 格局과 用神

　　乙木이 寅月生이고, 地支에 寅卯辰木局이 있어 曲直格을

구성했으나, 忌하는 庚, 申을 만나 曲直格은 깨지고 말았다.
乙木은 生木으로, 그 것도 寅月이므로 당연히 丙火나 丁火가
있어야 하고, 土와 적당한 水氣가 있어야 한다.
물론, 金은 忌한다.
地支로는 火, 土 運이 좋고, 天干으로는 土, 金이 안정함을
가져다주며, 火運은 甲木 劫財를 달래어 이익을 챙겨야 하나
남(甲木)에게 의지할 수 밖에 없다.

☯ 四柱의 特徵

이 사주의 구성은 年干 戊土 正財를 두고 甲木이 가로 막고,
劫財作用을 하고 있다.
따라서, 甲木은 忌神이 되었고, 乙木 日干은 時干의 庚金을
이용하여 甲木을 제거시킬 수 밖에 없다.
달갑잖은 庚金이지만 적(甲木)을 치기 위해서는 어쩔 수 없이
불러다 써야 한다.
이렇게 되면, 이 사람은 法을 좋아하여 무슨 일이 생기면,
곧장 官廳으로 달려가 해결하려고 한다.
그리고, 평생 직장생활을 天職으로 알고 살아야 한다.
事業을 하면, 곧 망해버린다.

☯ 六親 關係와 刑 沖 合 및 殺星의 應用

年上의 戊土는 正財이기 때문에 원래 내 돈이고, 내 여자
였으나, 劫財인 甲寅木이 가로 막고 있어서 劫財의 것이고,
부친에 해당한다.
時上의 庚金과 乙庚合하므로 庚金을 妻星으로 본다.
또, 庚金은 직장이기도 하고, 결혼한 후에는 자식도 되는데,
凶神이므로 마누라 덕이나 자식 덕이 없다.
年支를 기준하여 寅木이 驛馬星이므로 형제가 운수업 등에
종사한다고 볼 수 있는데, 이 命主의 형제중 하나는 학원
사업을 하고, 하나는 목사다.
年干 戊土가 父親이고, 時支 辰중 癸水가 母親이다.
癸水은 辰에 入庫되고, 年支 申에 死가 된다.
그런데, 戊 대운은 癸水 모친의 庫(辰)가 발동되며, 財運이라

剋 印綬하는 운이라 04 甲申(37세)年에 모친에게 유고가 있게
되는데, 모친이 암으로 사망하게 되었다.
따라서, 부친이 재혼했으므로 寅卯辰方合으로 형제 아닌
형제가 있다.

☯ 大運

- 乙卯대운은 木이 더 오면 안 되는데, 甲木이 太旺하여 戊土를
  치게 되므로 쪼달린 생활을 하고, 큰 고생을 했다.

- 丙 대운은 희망을 가질 수 있는 운이나 甲木이 得勢하므로 남의
  그늘 밑에 있게 되며, 辰은 土運이라 하나 寅卯辰木局이 되어
  역시 쪼달린 생활을 하게 된다.

- 丁巳대운은 좋을 것 같으나, 庚金이 剋을 받아 직장을 못 얻고,
  결혼도 안 된다.

- 戊대운에 土生金하여 비로소 직장을 얻게 된다.
  그런데, 戊 대운은 癸水 모친의 庫(辰)가 발동되며, 財運이라
  剋 印綬하는 운이라 04 甲申(37세)年에 모친에게 유고가 있게
  되는데, 모친이 암으로 사망하게 되었다.
  父親인 戊土와 母親인 癸水가 年과 時에 위치하면서 서로 氣를
  교환하고 있으므로 부모님은 많은 세월을 떨어져서 지내게
  되는데, 부친이 사업에 실패한 후 한동안 떨어져 지내게
  되었다.
  戊 대운 己丑年에 결혼할 것인데, 그 이유는 己丑年은 忌神인
  月干 甲木을 甲己合하여 움직이지 못하게 하기 때문이다.

- 己未대운은 卯未木局이 되어 운이 좋아질 것이다.

- 庚申, 辛酉대운은 아주 나쁘다.

제 2 장 乙木日干 卯月

丁　乙　乙　癸　　남

丑　丑　卯　巳　　자

73 63 53 43 33 23 13 3

丁 戊 己 庚 辛 壬 癸 甲　　대

未 申 酉 戌 亥 子 丑 寅　　운

☯ 四柱의 旺衰

卯月에 乙木이 月上에 比肩을 보고, 年上에 印星를 보았으므로 身旺하다.

☯ 格局과 用神

卯月에 乙木이 月上에 比肩을 보고, 年上에 印星를 보았으므로 身旺한데, 格을 붙일 때 대게는 月支위주로 格을 정하므로, 이런 사주에서는 比肩이기 때문에 比肩格이라고 붙여야 맞는데, 比肩格은 없으므로 身旺食神格이라고 붙여야 한다. 그러나, 內格에서는 格局이 그다지 중하지 않기 때문에 格局에 치중할 필요는 없다. 다만, 外格에서는 格局에 따라 用神을 定하는 방법과 용법이 다르기 때문에 格局도 무시할 수 없는 것이다. 그래서, 이 사주는 일반격인 內格에 해당하는데, 乙木일주가

身旺하고, 나무는 자라야하며, 꽃을 피워야하므로 火가 가장
필요하고, 봄이고, 濕木이므로 水는 필요치 않으며, 乾土는
吉神이나, 이 사주에 있는 丑土는 沃土가 아니다.
운에서 오는 金도 나쁘다.
따라서 丁火는 최대 희신이며, 용신이고, 나의 명줄이기도
하다.

☯ 四柱의 特徵

乙木인 濕木이 旺하고, 年干 癸水가 떠 있으며, 地支에 丑土가
2개나 있어서 사주가 다소 濕하나 時上에 丁火가 있고, 年支에
巳火가 있어서 아쉽지만 쓸만하다.
仲春에 내리는 비가 되어 乙木의 생장을 돕는 역할도 하나,
멀리 있어서 직접 끄지는 못하지만 丁火를 剋하는 성분이고,
日, 時支 丑土 암금살에서 透出되었으므로 나쁜 작용도 한다.
乙木의 가는 길은 時干 丁火인데, 丁火는 밤 도적과 부정을
밝혀내는 직업으로 가게 된다.

☯ 命主의 性格

濕木이 身旺하기 때문에 빨리 자라나야 하는데, 洩氣하는 火가
弱해서 성격이 굉장히 급하다.

☯ 六親 關係와 刑 沖 合 및 殺星의 應用

戊土가 부친이고, 癸水가 모친이 되어 좋은 부모로, 부모의
덕이 있었을 것이나, 초년 甲寅대운이 乙丑과 1급 소용돌이가
되고, 대운 支 寅巳 刑하므로 부친이 상처를 받고, 망하게 됨
으로 劫財(甲木)의 작용이라 가난하게 성장했다.
年支 巳중에 丙火가 길신이고, 戊土 역시 길신이다.
乙丑일주는 丑이 金庫이기 때문에 암금살이라 한다.
乙木이 丑土에 앉음은 殺身地에 居함이다.
그렇지만, 乙木일간이 卯月에 生하여 그 뿌리가 튼튼하므로
그나마 다행이다.
年干 癸水는 仲春에 내리는 비가 되어 乙木의 생장을 돕는

역할이나, 日, 時支 丑土 암금살에서 투출되었으므로 나쁜 작용
도 한다.
즉, 암금살이 발동한 것이다.
그런데, 丁火는 丑土에 入墓되고, 白虎殺인데다 丑중 癸水가
年干에 나타나 凶殺이 발동되어 있다.
그래서, 丁火를 극하는 癸水 때문에 흉한 일이나 위급한 일을
당했을 것이며, 진로(丁火)가 보이지 않는 세월이다.

☯ 大運

- 壬子대운은 時干 丁火를 丁壬合하여 나쁘다 하기 쉽다.
  그러나, 壬子는 天乙貴人을 띤 印綬運이며, 나의 용신인
  丁火에서 보면, 正官이 되어 天乙 官星이 합하여 들어오므로
  직장이 생기는 때다.
  이런 丁壬合이 되면, 壬子 水는 旺하고, 丁火는 미약하므로,
  丁火가 뿌리를 얻는 歲運에 官이 오게 된다.
  따라서, 丁巳, 戊午年에 官界에 들어가게 되었다.
  丁火는 壬水를 좋아하는데, 미약한 빛(丁火)이 壬水를 만나면
  달빛이 호수에 어리는 象이 되어 그러하다.
  따라서, 큰 빛은 못되지만 반짝 반짝 깜박거리는 光明이고,
  내 몸의 모든 기력(丁火 食神)을 壬水(官, 印)에게 다 바치게
  된다. 이렇게 되면, 직장을 내 몸 같이 생각하게 된다.

- 33세 辛 대운은 암금살이 튀어나와 乙木을 극하니 형제, 친구
  및 본인에게 凶하고, 위급한 일이 닥치게 되나, 辛金이 癸水를
  보고 탐생망극(貪生妄剋)하므로 위급함을 모면하게 된다.
  亥 대운은 年支 巳를 沖하므로 父親 및 妻 그리고 형제의 재산
  및 妻가 손상을 입게 되니 노상 사고도 따른다.

- 庚대운은 경쟁사(직책이나 승진에 따른)가 있게 되고, 나의
  원조자가 없어지며, 친구 형제와 소원해지는 관계를 맺게 된다.
  戌 대운은 乙木 일주가 入墓하고, 丁火 용신이 入庫되는 때이며,
  丁丑 용신궁과 庚戌대운에 3급 소용돌이를 이루어 아주
  흉한운이다.
  그런데다, 大運 支 戌土가 나의 뿌리인 月支 卯木을 卯戌로

合去시키니 더욱 흉함이 가중된다.
癸未(51세)년 만나 日, 時支 丑土를 沖하여 암금살을
격발시키고, 乙木이 入庫되므로 終命했다.
殺神은 丑중 辛金인데, 乙卯木(창자)과 暗合하고 있으므로
세상을 하직하게 된 것이다.
고인의 명복을 빈다.

己　乙　丁　甲　　남

卯　丑　卯　午　　자
도화　　도화　도화
79 69 59 49 39 29 19 9　대

乙 甲 癸 壬 辛 庚 己 戊
亥 戌 酉 申 未 午 巳 辰　운

☯ 四柱의 旺衰

卯月에 乙木이 年上에 劫財를 보고, 時支에 比肩을 보았으므로
身旺하다.

☯ 格局과 用神

乙木이 卯月에 태어났으므로 建祿格이다.
이 乙木은 生木이므로 丁火가 필요하며, 乙丑 日主의 가는 길
역시 乙丑, 丙寅, 丁卯로 同旬에서 순행하고 있다.
따라서, 丁火가 喜 用神 역할을 한다.
그런데, 乙木이 丑土에 앉음은 자갈밭에 앉아있는 난초가 되어
불길함을 내포하고 있다.
그러나, 己土는 吉神이 된다.

☯ 四柱의 特徵

이 命主는 경남 김해태생으로,
이 사주의 특색은 전후좌우에 桃花殺이 만당하므로 色情을
즐기게 되고, 그로인해 풍파가 오게 된다.
卯月 卯時의 丁火이므로 뭇 것들에게 生氣를 주고, 꽃 피울 수
있도록 하는 것이 나의 역할이다.
그러므로, 직장인으로 진출하게 되고, 나중엔 사업으로 가게
된다.

☯ 命主의 性格

乙木이 丁火 꽃을 피웠으니 총명영리하고, 언변이 좋으나 인물
은 못 났다.

☯ 六親 關係와 刑 沖 合 및 殺星의 應用

年支 午중 己土 偏財는 남의 여자인데, 午중 己土가 時干에
透出되어 乙木이 뿌리를 내릴 수 있으므로 남의 여자나 과거
있던 여자와 合情하게 된다.
나의 正妻는 日支 丑에서 透出된 時干의 己土이다.
그런데, 己土는 年支 午 桃花의 表出神이기도 하다.
그러므로, 내 여자(丑중 己土)도 내 것이고, 멀리있는 남의
여자(甲午)도 내가 올라탈 수 있는 내 것으로 생각하니 천하의
난봉꾼 기질이다.
이런 구조에 年 日支간에 丑午鬼門, 怨嗔, 湯火殺이 구성되므
로 色狂이고, 변태성욕자다.
食神(丁火) 生財(己土)하므로 매혹적인 언사로 여자를 꼬득
이고, 활발한 두뇌활동으로 재물을 만든다.

☯ 大運

- 초년 戊辰대운은 正財운 되어 의식걱정은 없었을 것이나,
- 己巳대운의 己 대운은 日支, 年支의 丑午에서 透出되었으므로

일찍부터 이성교제 들어오나 무난한 세월이었다.
그러나, 甲己合하여 누님 혹은 누이동생이 사망하게 되거나
크게 흉액을 당한다.
巳 대운은 丁火가 세력을 떨치는 때가 되어 발전 운인데, 巳丑
으로 官局을 이루려하므로 취직사는 쉽게 이루어진다.
그리고, 日支와 合하는 운이 되어 辛酉년(27세)에 회사원으로
근무하던 부인을 만나 결혼하였다.
- 庚 대운은 丁火 食神에서 보면, 財星이 되고, 丁火는 庚金을
  만나면 쇠를 녹여 그릇을 만드므로 돈을 많이 버는 때로, 부산
  에서 많은 돈을 벌었다.
  庚이 乙과 合하므로 돈이 따르나, 돈에 너무 치우려 직위와
  명예는 얻지 못했다.
  午 대운은 丁火가 득록하여 좋으나, 불 桃花(火 桃花)가 치열
  하니 바람기가 하늘을 찌르듯 솟아오른다.
  그러면서, 日支 妻宮과 丑午로 怨嗔, 鬼門을 이루니, 妻와의
  불화냉전이 있게 되었고,

- 辛 대운 38세 辛未년을 만나 天沖支沖하니 바람이 나서 本妻와
  이혼하고 나이 어린 처녀와 살다가 또 헤어지고, 두 번째 부인
  을 만나 살았다.
  丙戌년에 두 번째 부인과 이혼하고, 세 번째로 처녀를 마누라로
  맞았다.
  또, 辛 대운은 丁火에 辛金이 녹으므로 파재, 손실이 막심하고,
  日支 丑 암금살이 작용하여 골 아픈 세월이다.
  未 대운은 卯未木局이 되어 丁火가 더욱 잘 타올라 발전하는
  운이나 日支 丑을 沖하므로 가정적으로는 불화가 극심한
  때이다.
- 壬 대운도 丁壬合이 되어 丁火가 힘을 못쓸 것 같으나 여자관계
  가 복잡한 것 외에는 큰 어려움이 없었으며,
  申 대운도 天乙貴人이므로 무난하게 지낸다.
- 癸 대운은 丑중에서 透出한 癸水에 의해서 丁火가 剋을 받게
  되므로 凶할 것이고,
  酉 대운에 旺神인 卯木 뿌리를 沖하면 큰 흉액이 따를 것이다.

甲　乙　乙　戊　　남
申　未　卯　申　　자

73 63 53 43 33 23 13 3　대

癸 壬 辛 庚 己 戊 丁 丙　운
亥 戌 酉 申 未 午 巳 辰

☯ 四柱의 旺衰

卯月에 乙木이 比劫이 많아 身旺한데, 卯未木局까지 되어
太旺하다.

☯ 格局과 用神

乙木이 卯月에 태어났으니 建祿格이다.
濕木이 太旺하므로 未중 丁火가 用神인데, 卯未로 合木이 되어
未중 丁火마저 힘이 없다.
土가 吉神이고, 木이 凶神이며, 金이 病이다.

☯ 四柱의 特徵

乙木은 여름에 태어나도 水를 반기지 않는데, 午에서 長生을
하기 때문에 火를 반긴다.
原局에서 乙木이 甲木을 보면, 藤蘿繫甲인데, 만약, 原局에
甲木이 없고, 大運에서 甲木을 보면 乙木이 甲木의 그늘에
가려 乙木이 죽어버린다.
이런 구조에서 庚金은 안 쓴다.
왜냐하면, 藤蘿繫甲하는 甲木을 치면 안 좋다.
庚申대운이 오면, 乙木 화초를 다듬는 게 아니고, 잘라버리기
때문에 나쁘다.

☯ 命主의 性格

乙木이 建祿格을 이루어 太旺한데, 洩氣가 안되므로 황소
고집이다.
또, 겉보기에는 부드럽게 보이나 실제로는 强하다.

☯ 六親 關係

남자 사주에 財를 용신으로 썼으므로 일단 妻가 有力하다고 볼
수 있으나, 이 사주에서는 財星의 뿌리인 未土가 卯未木局을
하여 변질이 됐으므로 약해졌고, 年上의 戊土가 群劫爭財를
당하고 있어 없어지기 쉬운 戊土다.
따라서, 내와 형제가 태어난 후 아버지는 사망하게 되고,
모친은 申中 壬水라서 모친이 두 분이며, 卯未木局으로 형제
아닌 형제가 있게 되며, 申金은 자식이다.
또, 月上에 比肩이 旺하여 財를 剋하고 있으므로 부모 代에
家勢가 기울었다.

☯ 刑 沖 合 및 殺星의 應用

地支가 卯未木局이 되어 財星이 변질되어 없어졌고,
卯申暗合이고, 雙鬼門殺이 있으므로 정신적인 노이로제 또는
신경쇠약이 있다.
月柱 卯木이 空亡이라 무력한 형제다.

☯ 大運

- 丙辰대운중 丙 대운에는 좋으나, 辰 대운에는 濕土가 용신의 힘
  을 빼고, 卯辰半木局, 申辰水局하여 木만 旺해지므로 凶하고,

- 丁巳대운에는 洩氣가 잘되어 나무에 꽃이 피므로 좋고,
  巳火가 戊土의 祿이 되어 좋을 것 같으나 凶神인 木이 旺해져
  木剋土하여 財가 상하게 되므로 좋은 점과 나쁜 점이 동시에

나타나게 된다.

- 戊午대운도 마찬가지로 불이 왕해져 木이 자라면, 土가 剋을
  받게 되므로 財星 입장에서는 나쁜 운이다.
  그래서, 運이 이렇게 전개될 때는 좋은 점과 나쁜 점을 동시에
  이야기해야 정확한 통변이 되는데, 무조건 用神運이니 좋다고만
  말하면 틀리기 쉽다.

- 己未대운은 己土가 甲己合되어 돈이 劫財에게 가버리고, 未土가
  亥未木局이 되어 형제 아닌 형제만 늘게 된다.

- 庚申, 辛酉대운에 金이 病神인 木을 쳐주어 좋아 보이나,
  乙木은 연약해서 金運이 오면 잘려 나가므로 큰 운이 없다.

- 壬戌대운에 用神인 戊土의 뿌리가 되나 戌未刑되고, 卯戌合火
  되어 삶에 변화가 많아진다.

- 癸亥대운에 戊癸合되어 財가 묶이게 되고, 亥卯未木局이 되어
  대단히 나쁘다.

제 2 장 乙木日干 辰月

```
庚  乙  壬  丙    여
辰  巳  辰  申    자
      겁살
71 61 51 41 31 21 11  1    대

甲 乙 丙 丁 戊 己 庚 辛    운
申 酉 戌 亥 子 丑 寅 卯
```

☯ 四柱의 旺衰

卯月에 乙木이 月上에 印星을 보았으나 身弱하며, 地支에
申辰, 申辰水局을 하여 濕해서 身旺과 같다.

☯ 格局과 用神

乙木이 季春之節인 辰月에 태어났으므로 正財格으로, 時支
辰土에도 뿌리가 있어 生木이므로 火가 用神이고, 木은
吉神이며, 金과 水는 凶神이고, 辰土가 濕하긴 해도 乙木
日干의 뿌리가 되므로 쓸 수 밖에 없다.

☯ 四柱의 特徵과 命主의 性格

生木은 金을 보면, 발육에 지장을 받게 되는데, 이 사주는 年,
日支 巳와 申에 뿌리를 둔 時上의 庚金이 時干에 나타나

乙木과 合을 맺고 있다.
乙木은 庚金을 만나므로 해서 그 쓰임을 얻지만, 아직도 덜
여물어 강인해지지 못한 乙木이므로 쉽게 끊어진다.
즉, 남자 만날 때가 덜된 상태에서 남자를 만난 것과 같고,
쓰일 때가 안 되었는데도 불구하고 쓰이게 된 상태다.
이렇게 되면, 철모를 때에 남자를 만나게 되고, 일찍부터
생활전선에 뛰어드는 삶이 온다.
그런데, 乙巳 일주의 巳중에서 透出된 庚金이고, 乙木 日干과
合을 했으므로 庚金을 일간대행자로 보게 된다.
즉, 乙木이 庚金과 有情한 合을 맺어 생기를 포기하고, 庚金의
일부분이 된 상태이므로 主体가 庚金으로 변해진 것이다.
따라서, 그 해석에 있어서는 乙木 일주 중심의 해석과 庚金을
日主 대행자로 하여 두 가지로 해석을 해야 한다.

☯ 六親 關係와 刑 沖 合 및 殺星의 應用

乙木 日干 위주의 해석으로 보면, 年支 申金이 첫 남자인데,
傷官(丙火)과 官星(申金)이 동주(同柱)해 있고, 日主 乙巳와
申 巳로 合을 맺었으니 혼전동거요, 애 낳고 결혼식을 올리게
된다.
또, 年支 申은 月支 辰중 乙木과 暗合하므로 他女의 남자이고,
時干 庚金이 本 남자이다.
乙巳 일주가 官星이 透出되면, 本 남자와 이별하고, 유부남
애인을 두게 되는 팔자다.

이젠 庚金을 일간대행으로 보면 다음과 같다.
乙 일간은 正財星이고, 日支 巳火에 뿌리를 둔 年干의 丙火가
남편이다.
그런데, 丙火는 病地인 申에 앉아있고, 申의 발동신인
壬水가 月干에 앉아 丙火를 극하고 있다.
이렇게 되면, 그 남편이 병들어 있다가 사망하게 되는데, 그
시기는 丙火가 絶이나 死 墓운을 만날 때이다.

이런 변화법은 庚과 合을 맺기 전의 상태애서는 乙 일간을
主体로 해서 보고, 결혼 한 후에는 庚金을 日干代行으로 보면

된다.
이런 看法 역시 한밝 신사주학(上卷)에 있는 빼고 더 하는
통변의 활용법이다.
이런 通辯法으로 보면, 결혼 후인 己丑대운은 庚金이 入庫되어
그 활동이 멈춰지게 되어 발전이 없는 세월이다.

또한, 乙巳일주는 孤鸞殺이라서 남편과 해로하지 못하는 경우
를 많이 봤다.
참고로, 孤鸞殺은 여자에게만 해당하는데, 日主를 기준하여
甲寅, 乙巳. 丁巳, 戊申, 辛亥인데, 그중 乙巳일주가 孤鸞殺
작용이 가장 강하다는 것을 많은 임상체험을 통해서 확인
하였다.
이런 孤鸞殺을 가지면, 자기가 바람을 핀다거나 그렇지 않으면
남편이 일찍 죽어 청춘과부가 되는 경우도 있다.

☯ 大運

- 辛卯대운 辛 대운은 丙辛合하여 貪合亡生하고, 丙火 태양이
  辛金 거울을 만나 빛이 반사되어 좋으므로 교직자인 부모
  밑에서 유복하게 자랐으며,
  卯 대운도 乙木의 뿌리가 되므로 좋았다.

- 庚寅대운중 庚 대운에 乙庚合되어 일찍 남자와 합을 하는
  格이니 나빴으나,
  寅 대운에는 寅中 丙火가 들어 있어서 傷官이 힘을 쓰므로
  좋으나, 寅巳申三刑殺이 작용하므로 구설시비 같은 흉액도
  따른다.

- 戊 대운은 日支 巳火, 時支 辰土에서 透出된 것이므로
  남편과 본인이 활동하는 때이며, 壬水를 剋하여 좋은
  운이고,
  子 대운은 申子辰水局되어 壬水가 旺해져 丙火가 剋을
  받으니 남편에게 질병 및 사고가 따른다.
  그리고, 庚金의 입장에서 보면, 申子辰水局은 활동력이
  많아져 매우 바쁜 세월이다.

- 丁 대운은 月干 壬水와 合을 맺어 자식이 연애하게 되고,
  丙火는 壬水의 沖剋을 잠시 동안 면하게 되고,
  그러나, 亥 대운이 오면, 壬水는 발동되어 丙火를 剋하고,
  丙火는 絶地에 逢하게 되므로 남편이 골로 가게 된다.
  이런 대운에 大運 支 亥水중 壬水가 透出되는 壬午(47세)
  년을 만나게 되어 남편에게 갑작스런 변고가 생기게
  되는데, 뇌출혈로 쓰러져 식물인간이 되었다.
  이런 갑작스런 변고는 劫殺 발동년을 만났기 때문이다.
  즉, 申子辰은 巳가 劫殺인데, 月干 壬水는 劫煞 발동신
  이고, 大, 歲運에서 亥水와 壬水를 만났기 때문이다.
  죽지 않았던 것은 歲運 支 午火가 丙火의 뿌리가 되어서
  이다.
  그러다가, 甲申年이 되자 그 남편이 숨을 멈추게 되었다.
  甲申년은 日支 巳火와 巳 申으로 刑合되고, 大運 支와
  日支가 巳亥冲에 合을 만나는 운이 되어서이다.
  즉, 沖中逢合의 歲運이 되어 응기한 것이다.

- 丙 대운에는 새로운 남자가 생기게 되고, 戌 대운에 이별
  이다.

庚　乙　庚　庚　　남

辰　酉　辰　子　　자
　　도화
73 63 53 43 33 23 13 3　대

戊 丁 丙 乙 甲 癸 壬 辛　운
子 亥 戌 酉 申 未 午 巳

☯ 四柱의 旺衰

辰月에 乙木이 年支에 印星을 보았으나 身弱해서 從殺格이
되었으므로 身旺하냐 身弱하냐가 무의미하다.

☯ 格局과 用神

乙木이 辰月생으로 生木으로 보이나, 日支 酉金에서 透出된
庚金을 보아 合을 했으므로 生木의 역할을 포기했다.
乙庚合하여 從殺이 되었으므로 旺者喜洩이라고 했으니 水로
洩氣해야 하므로 水가 用神이고, 金은 吉神이며, 辰土도 吉神
이다.

☯ 四柱의 特徵

이 命主는 대구 태생으로,
하나의 乙木이 3개의 庚金과 乙庚合을 해서 庚金을 따랐으므로
몸이 세 개다.
이렇게 되면, 바쁘기 짝이 없고, 남의 일을 내 일처럼, 남을
내 몸처럼, 나의 생각이 남의 생각인 것처럼 하게 된다.

☯ 命主의 性格

연약한 乙木이 旺한 세력을 가진 3개의 庚金과 爭合을 하므로
눈치가 빠르고, 두뇌가 좋아 나쁘게 표현하면 약삭빠르기
때문에 너무 이기적이다.

☯ 六親 關係와 刑 沖 合 및 殺星의 應用

乙木이 3개의 庚金과 合을 하므로 再婚 및 三婚의 운명이다.
아니면, 外情을 둔다.
水는 자식이고, 내가 가는 길이다(旺者喜洩).
또, 戊土가 母親이고, 乙木이 父親인데, 父親인 乙木이 3번에
걸쳐 乙庚合되고 辰酉合, 辰酉合되어 일찍 사망하였다.
여기서, 辰酉合은 형제 아닌 형제인데, 이것은 母親이 나이가
들어 늙은 남자를 만났기 때문이다.

☯ 大運

- 초년 辛巳대운은 무난했다.

- 壬午대운은 父別하여 가난 속에서 고생스럽게 성장하였으므로,
  공부를 많이 하지 못했다.
- 癸 대운에 바쁘게 활동했을 것이나,
  未대운 중 未土운에 剋 子水하여 발전이 없었으며, 이 대운에
  결혼하여 新婚初 힘겹게 살다가,

- 甲 대운에 甲木 財를 보므로 박 터지게 경쟁하게 되고,
  申 대운에 접어들자 申子辰으로 배출구가 확대되니 많은 활동이
  있게 되고 발전한다.
  그래서, 이 대운부터 부동산사업을 하여 돈을 벌기 시작했는데,
  한 때 바람을 피워 妻에게 들통이 나서 곤욕을 치뤘다.
- 乙酉대운은 庚辰과 天地合하므로 발전하는 운으로 강북에서 큰
  회사를 경영하여 많은 돈을 벌었으며,

- 丙戌대운은 庚辰과 天沖支沖하여 큰 혼란이 오고, 자식의
  불상사가 생길 것이고, 물탱크가 터져 물이 흘러가니
  재산손실이 오게 된다.
- 그 후 丁亥, 戊子대운은 용신인 金의 病 死地로 가니 운이
  약해진다.

戊　乙　甲　丁　　남

寅　丑　辰　酉　　자

76 66 56 46 36 26 16 6

丙 丁 戊 己 庚 辛 壬 癸　　대

申 酉 戌 亥 子 丑 寅 卯　　운

☯ 四柱의 旺衰

辰月에 乙木이 月上과 時支에 劫財를 보았으나 약간 身弱하다.

☯ 格局과 用神

乙木일간이 늦봄인 辰月生이고, 時支에 寅木을 보아 통근하니
生木이고, 튼튼하므로 身弱, 身旺이 의미가 없고, 어떤 오행이
필요한가가 더욱 중요하다.
그래서, 이 사주는 나무가 자라야 하므로 火가 가장 필요하고,
나무가 뿌리내릴 土도 필요하며, 木은 더 이상 필요하지 않고,
金과 水는 凶神이다.
그러나, 丑土는 沃土가 아니므로 좋은 작용이 아니다.

☯ 四柱의 特徵

乙 일간이 丑(자갈 밭)에 앉아있고, 辰酉 酉丑으로 沃土인
辰土마져 자갈밭으로 변해서 어려운 역경을 뚫고 나가야
한다.
여기서, 甲木은 藤蘿繫甲하므로 필요한 존재이기도 하지만
내 땅이며, 돈인 戊土를 노리고 있으므로 때로는 劫財 작용을
한다.

☯ 命主의 性格

乙木이 큰 산인 戊土를 正財로 삼으니 재물에 대한 꿈은 크고,
큰 산에 오르기 위해 부단한 노력을 하는 끈덕진 성격을
지녔고, 劫財의 성질도 가졌다.

☯ 六親 關係와 刑 沖 合 및 殺星의 應用

乙木의 正財인 戊土는 甲木 劫財 아래에서 透出되었으므로 내
마누라는 남이 올라타고 있었던 여자다.
그리고, 나의 돈 벌이 처(戊土)는 남(甲木)이 먹는 밥이다.
즉, 甲에서 辰중 戊土는 偏財이고, 偏財는 음식이고 돈인데,
甲木 剋 辰土되니 남이 먹는 밥이고, 물건이다.
戊土가 父親이고, 辰중 癸水가 母親이다.
月柱에 甲辰白虎殺이고, 甲木이 戊土 偏財를 노리고 있으므로
부친과 이별하게 되고, 妻와도 이별하게 되고, 辰酉合金은
자식 아닌 자식이 되므로 배다른 자식을 둔다.
甲辰이 年柱 丁酉와 合을 하여 生 丁火하므로 貪生亡剋한다.
그러나, 丁火가 없어지면, 甲木은 戊土를 노리게 된다.

☯ 大運

- 壬 대운은 丁壬合으로 丁火를 묶어주므로 戊土 父親이 剋된다.
  이런 運 중에 乙卯(19세)년을 만나 甲木이 太旺해지고, 戊土는
  욕패지(浴敗地)를 만나므로 부친이 사망했다.
  아마도, 肝이나 위장병으로 갑작스럽게 사망했을 것이다.
  寅대운 甲木이 得祿하고, 時干 戊土가 長生을 얻게 되므로
  새로운 삶이 시작되는 때다.

- 辛 대운은 生木이 칼(辛金)을 만나 잘리는 운이므로 27세(癸亥
  년)에 직장에 사표를 내고 말았다.
  生木이 金을 보면 직장생활이 염증이 나고, 견디기 어렵게
  된다.
  그 후, 85(乙丑)년에 서울로 올라와 야채장사를 시작하였으며,

86(丙寅)년부터 돈을 벌었는데, 92(壬申)년이 오자 주인이
가게를 내 놓으라고 하여 힘들어졌다.
癸亥년은 丁火를 치니 어둠이 찾아온다.
丑대운은 자갈 밭 속에서 삶을 도모하게 되고, 丑 암금살 발동
되므로 신변에 흉액이 닥치게 된다.
따라서, 丑중에 있는 己土가 나타나는 己丑년은 큰 액이 따르는
데, 32세인 己丑년에 강원도에 놀러갔다가 대형 교통사고를 당
하였다.

- 庚子대운의 庚金 역시 불미스럽다.
  子 대운은 乙木 日干의 天乙貴人이고, 子丑으로 日支와 合을
  하므로, 남의 도움을 받을 수 있으나 庚子대운과 時柱 戊寅이
  2급 소용돌이를 구성하므로 실패와 사고, 그리고, 이별 등으로
  갈등을 겪는다.
  45세 되던 辛巳년 역시 丑土 암금살 발동이고, 乙木이 칼(辛金)
  을 만나 잘리게 되므로 흉한 운이라 택시를 타고 가다가 택시가
  중앙선을 넘는 바람에 대형사고가 나서 큰 부상을 입었다.

- 己대운 역시 日支 丑(암금살) 발동이고, 己土가 月干 甲木과
  甲己合하므로 妻가 남(甲)따라 가는 일이 생기게 되거나,
  그렇지 않으면, 부부불화가 극심하고, 어떤 형태든지 이별이다.

- 앞으로 오는 戊 대운은 여기 저기 바쁘게 설치며, 돈벌이 할 운
  이고, 안정이 될 것이다.

- 酉 대운부터는 나쁘다.

제 2 장 乙木日干 巳月

<table>
<tr><td>丙</td><td>乙</td><td>己</td><td>甲</td><td rowspan="3">남
자
대
운</td></tr>
<tr><td>戌</td><td>亥</td><td>巳</td><td>辰</td></tr>
</table>

74 64 54 44 34 24 14 4

丁 丙 乙 甲 癸 壬 辛 庚
丑 子 亥 戌 酉 申 未 午

☯ 四柱의 旺衰

巳月에 乙木이 年上에 劫財를 보았고, 日支에 印星, 年支
辰중에 乙木을 보았으나 약간 身弱하다.

☯ 格局과 用神

乙木일간이 巳月생으로 時干에 丙火가 透出되어 眞傷官格이다.
乙木이 辰土에 뿌리가 있고, 亥水의 生을 받으므로 生木이다.
따라서, 日支 亥水가 喜神이고, 年支 辰土도 喜神이며, 火도
희신이다.

☯ 四柱의 特徵 및 命主의 性格

이 命主는 대구 태생으로,
月支 巳火가 日支 亥水를 冲함이 두려운데, 다행히, 月干
己土가 年干 甲木과 合하므로 巳火 역시 辰土를 火生土하면서
가므로 巳亥冲이 보류되고 있다.

木火通明格이 되어 총명수재형이고, 年支 辰이 活人星이 喜神이
되어 의약계통으로 진출하며, 밝고 명랑한 성격이다.
그러나, 辰巳戌亥로 天羅地網이 되어 구속당하게 되며, 역학 및
종교철학에 인연이 있다.

☯ 六親 關係와 刑 沖 合 및 殺星의 應用

眞傷官用印格인데, 이렇게 되면, 財星은 印綬를 剋하므로
忌神이 된다.
따라서, 부부 운이 불길하다.
年支 辰중 戊土가 妻인데, 日支 亥水와 辰亥鬼門이고 怨嗔殺
이므로, 妻와는 냉전으로 서로 원망하다가 원수가 된다.
辰土가 喜神이 되어 妻는 좋은 여자이고, 나를 도울 수 있는
능력을 지니고 있으나 멀리 떨어져 怨嗔殺이 되어 문제다.

☯ 大運

- 庚午대운은 眞傷官에 傷官運이 되어 건강에 큰 문제가 생길
  것이나, 乙木이 午火에 長生이 되어 위험을 벗어 날 것이다.

- 辛未대운의 辛金은 乙木을 剋하나, 丙辛合되어 剋하지 않는다.
  未 대운은 亥水가 剋을 당하므로 불리하나, 亥未로 木局을
  이룰려고 하므로 乙木의 뿌리가 되어 무난하나, 애로사항은
  있게 된다.

- 壬 대운은 길하고, 申 대운은 亥水를 생하니 길하여 치과의사로
  출발하였다.
- 癸 대운도 치과운영이 잘 되어 많은 돈을 벌었으나,
  酉 대운 年支 辰과 辰酉合하여 妻가 변심하게 되고, 乙木이
  絶을 만나 일신이 고달프다.

- 甲 대운에 甲己合이 성립되어 妻와 이별 수 있게 되고,
  戌 대운에 亥水를 剋하여 크게 불리할 것이다.
- 乙亥대운에 乙亥일주가 乙亥대운을 만나 伏吟인데, 용신과

길신에 해당하므로 나쁘지 않다.
- 丙子대운도 나쁘지 않고,
- 丁丑대운은 丑戌刑이 되어 丑중 辛金이 튀어나와
  丙辛合水를 하긴 하나 乙辛沖하면 나쁘다.

<table>
<tr><td>乙</td><td>乙</td><td>辛</td><td>乙</td><td>남</td></tr>
<tr><td>酉</td><td>酉</td><td>巳</td><td>未</td><td>자</td></tr>
</table>

76 66 56 46 36 26 16 6

癸 甲 乙 丙 丁 戊 己 庚
酉 戌 亥 子 丑 寅 卯 辰　대운

☯ 四柱의 旺衰

巳月에 乙木이 年上, 時上에 比肩를 보았고, 年支 未중에
乙木이 뿌리 역할을 하나 身弱하다.

☯ 格局과 用神

乙木 巳月生으로 年支 未土에 뿌리가 있으나 일점 水氣가 없어
바짝 메마른 풀 더미가 되었다.
따라서, 死木이다.
死木은 生火하여 땔감이고, 金을 만나야 쓰일 데가 있다.
日支 酉金이 巳酉로 合된 중에서 透出이므로 秀氣이다.
그래서, 辛金을 日干代行으로 하니 쓸모없는 것을 제거함에
공이 있다.
日干代行格이 되면, 財運과 官運이 와야 발복한다.

☯ 四柱의 特徵 및 命主의 性格

乙木이 메마른 풀 더미가 되어 死木인데, 巳酉金局을 해서
日支 酉중에서 月上 辛金이 表出하여 日干代行格이 되었
으므로 辛金을 日干으로 통변해야 한다.
또, 死木은 生火하여 땔감이고, 金을 만나야 쓰일 데가 있다.
그리고, 이렇게, 辛金을 日主代行으로 하면, 乙木이 財星이
되어 富를 가름하는 잣대가 된다.
巳酉金局을 해서 辛金이 表出했으므로 이 辛金은 자기 잘난
맛에 살게 되는데, 대게, 辛金은 성격이 깔끔하고, 까다로운
데가 있으며, 酉金을 두 개나 갖고 있어 정확한 것을 좋아
하는 성격이기 때문에 사람을 사귈 때도 아무나 사귀지
않는다.

☯ 六親 關係와 刑 沖 合 및 殺星의 應用

巳중 丙火가 妻이고, 土가 자식이며, 乙木은 부친과 부친의
형제이고, 妻의 모친이다.
巳酉金局은 형제 아닌 형제이고, 母親인 丙火가 酉중 辛金과
여러 번 合을 했고, 乙木 父親이 여러 명이라서 가족관계가
복잡할 것으로 보이는데, 실제적으로는 확인치 못하여 아쉽다.
乙未는 白虎殺인데, 未중 乙木이 表出했으므로 白虎殺 발동
이다.
또, 未土는 日主를 기준으로 空亡이다.

☯ 大運

- 초년 庚辰대운에 乙木을 乙庚合하여 合去시키는 劫財운이라
가난하게 지낸다.

- 己卯대운은 木이 뿌리를 얻어 강해지므로 財運이 좋다.

- 戊대운은 月支 巳火의 透出神이 되어 직장이 생기고, 마누라가
생긴다.
寅 대운은 乙木의 뿌리가 되고, 巳火를 生하므로 직장운이

괜찮다.

- 丁 대운에도 직장생활을 하나 丁辛沖剋 되어 고달프고, 身厄이
  있게 된다.
  丑대운에 巳酉丑金局이 되는데다가 巳火가 丑 濕土를 만나 힘을
  잃게 되므로 퇴직운이고, 巳酉丑으로 동업사나 공동사가
  들어온다.

- 丙 대운은 辛金의 官星이 나타나 번쩍거리니 빛이 나고,
  관청일이 찾아온다.
  좋은 大運이고, 歲運까지 좋은 壬午년에 아파트 재건축조합
  간부로 일했었다.
  子 대운은 金氣가 洩되므로 답답함이 풀어져 시원한 때다.

- 乙 대운에 돈이 생기는 운이고,
  亥 대운에는 日支 巳火를 沖하여 巳酉金局을 깨므로 나쁜
  운이다.

※ 이 사주를 종전 방식대로 풀면 어떤 이는 "身弱殺强하니
  制殺하는 火로 용신해야 한다"고 할 것이고,
  또, 어떤 이는 "乙木이 3개이나 年支 未土에 뿌리만 있을
  뿐이고, 巳酉로 合局한 辛金이 왕강하므로 從殺格이다"로 말할
  것이다.
  그러나, 모두가 정답이 아닌데, 물상적 관법에 익숙치 못하고,
  고정된 틀에만 매달린 결과로 빚어진 것이다.

壬　乙　丁　癸　여

午　卯　巳　卯　자

78 68 58 48 38 28 18 8　대

乙 甲 癸 壬 辛 庚 己 戊

丑 子 亥 戌 酉 申 未 午　운

☯ 四柱의 旺衰

巳月에 乙木이 年上, 時上에 印綬를 보았고, 年支와 日支에
卯木 祿을 가져 身旺하다.

☯ 格局과 用神

乙卯이 巳月에 태어났고 月上에 食神이 旺하게 表出하였으므로
木火傷官格이다.
身旺하여 喜洩하므로 火를 用神으로 한다고 쉽게 단정 할 수
있다.
그러나, 乙木은 生木이므로 金을 忌하고, 土를 좋아하는데,
이는 착근을 해야 하기 때문이다.
이런 점만 이해하고 있다면 위 사주는 보는 즉시 정확하게
짚을 수 있다.
따라서, 이 사주는 火와 土가 필요한 사주이고, 干上의 水는
凶神이다.

☯ 四柱의 特徵 및 命主의 性格

이 사주는 身旺하고, 洩氣도 잘 되므로 사주가 좋아 보인다.
그러나, 가만히 들여다보면, 印星인 壬, 癸水가 食神을 沖하고
있고, 나무가 착근할 土가 없어서 生財가 안 된다.
성격은 인정많고, 착한 성품이나 가난한 사람이다.

☯ 六親 關係와 刑 沖 合 및 殺星의 應用

壬, 癸水는 母親이고, 이모인데, 凶神이므로, 母親과
공부와는 인연이 멀고, 丙, 丁火는 자식이며 用神이라서
좋아하는 자식이나 자식의 입장에서 보면, 土가 없으므로
똑똑하다고 볼 수는 없다.
巳중 庚金이 乙庚 明暗合하므로 남편인데, 火가 용신이므로
좋은 남편이다.
年上의 癸水는 도삽도화라서 나이 차가 많이 나는 남자 또는
나이가 적은 남자와 인연이 많다.

☯ 大運

- 戊午대운은 戊癸合火하고, 土가 등장하여 재정적으로 유복하여
  부모 밑에서 귀하게 자랐다.

- 己未대운도 무난하여 공무원인 남편과 결혼하였는데,

- 庚申대운부터는 생명을 자르는 金運이 등장하여 天沖支沖하므로
  운이 없으나 壬, 癸水가 있어 대흉은 면했다.

- 辛酉대운 중 甲申, 乙酉년에 죽을 맛이다.
  자기는 부부관계가 원만하다고 말하고 있으나, 실제로는 그렇지
  못할 것이다.
  특히, 05 乙酉년에 卯酉沖하므로 더욱 나쁘다.
  甲申, 乙酉년에 우울증이 오기도 했다.

- 壬대운에 丁壬合하여 반길 반흉이고,
  戌대운은 안정이 될 것이다.

제 2 장 乙木日干 午月

戊 乙 壬 庚　남

寅 未 午 寅　자

73 63 53 43 33 23 13 3　대

庚 己 戊 丁 丙 乙 甲 癸　운
寅 丑 子 亥 戌 酉 申 未

☯ 四柱의 旺衰

午月에 乙木이 月上에 印綬를 보았고, 年支와 時支에 旺地를
얻었으나 身弱하다.

☯ 格局과 用神

乙木 午月생으로 木火傷官格이다.
傷官格에 年干에 正官을 보므로 군인 아니면 경찰직으로 간다.
乙木이 日支 未土, 年支와 時支의 寅木에 뿌리가 있으나 바짝
말라있어 한 방울의 물이라도 절실하게 요구된다.
다행히, 月干 壬水가 年干 庚金의 生을 받아 목마름을 풀어
주니 傷官用印格이다.
즉, 官과(庚金)과 印(壬水)이 미약하지만 내게 有情하다.
따라서, 庚金이 뿌리를 얻는 운과 壬水가 힘을 얻는 운이 와야
발전한다.

☯ 四柱의 特徵

이 命主는 경남 고성 태생으로,
乙木이 한 여름에 태어나 地支가 너무 燥熱한데, 印星인
壬水와 庚金 官星이 맥을 못추는 형국이다.

☯ 命主의 性格

乙木일주는 꽃이라서 부드러운 성격이고, 食傷이 旺하여
洩氣가 旺盛하므로 情도 많은 사람이다.
그러나, 寅未鬼門殺을 갖고 있어 신경질적인 성격도 갖고
있다.

☯ 六親 關係와 刑 沖 合 및 殺星의 應用

年柱 庚寅은 壬午와 寅午로 合을 짓고, 壬午는 乙未일주와
午未合하여 有情하게 다가온다.
壬水는 母親이고, 庚金은 자식이며, 戊土는 正財로 妻가 된다.
그런데, 戊土 妻는 劫財인 寅木 위에 앉아있어 生을 받고
있으므로 다른 남자의 도움을 받는 격이므로 다른 사람의
여자가 내 妻가 된다.
壬水 母親은 寅木에 死地, 午火에 胎地, 未土에 陽地이므로
허약하기 짝이 없고, 官星 庚金 또한, 寅木에 絶地이고,
寅午火局 위에 앉아있어 녹아내릴 지경이다.

☯ 大運

- 초년 癸未대운은 癸水가 時支의 戊土와 戊癸合火되어
  좋지 못한데다가, 未土가 病이라 운이 저조하였고,

- 甲申대운은 天干의 甲木이 乙木의 그늘을 지워 좋지 못하나
  地支 申金이 用神 壬水의 長生地라서 뿌리가 되므로 調喉를
  시켜주어 좋았으므로 지방에서 대학을 다녔다.

- 乙酉대운 중 酉金에는 물이 없어 크게 좋지 못하였으나 공직
  으로 출발하였다.

- 丙戌대운에 寅午戌火局이 되어 寅木을 태우고 용신인 壬水를
  증발시키므로 운이 저조하여 큰 발전을 못하다가,

- 丁亥대운의 亥 대운에 壬水가 得祿하므로 발전하는 운이라서
  승진과 명예가 따른다.

- 戊 대운 들어 壬水를 剋하여 불리한데, 03 癸未년에는 승진을
  하기위해 노력을 많이 했으나 허사였고, 오히려 구설수만 생겨
  고생을 했으며, 甲申, 乙酉년도 어렵다.
  子 대운은 旺神인 午火를 沖하여 불길하다 할 것이나 天乙貴人
  이고, 壬水의 帝王地가 되어 好運이나 午未合을 깨어 官, 印과
  나와의 관계가 끊어지니 퇴직을 할 것이다.

- 己丑, 庚寅 대운은 길운이 아니다.

부인 사주

癸　癸　辛　乙　　여

丑　未　巳　未　　자

75 65 55 45 35 25 15 5　　대

己 戊 丁 丙 乙 甲 癸 壬
丑 子 亥 戌 酉 申 未 午　　운

巳月에 癸水가 丑土에 根氣를 가졌으나 丑未沖하여 깨졌으므로
뿌리가 없어서 從해야 하는데, 日支 未중에 乙木이
表出했으므로 이 사주도 乙木을 日干으로 하는 日干代行格으로
봐야한다.
그래서, 水가 용신이고, 辛金이 病이며, 地支에 더 이상 火가
오는 것은 좋지 못하다.

戊　乙　庚　己　　남

寅　丑　午　巳　　자

79 69 59 49 39 29 19 9　　대

壬 癸 甲 乙 丙 丁 戊 己

戌 亥 子 丑 寅 卯 辰 巳　　운

☯ 四柱의 旺衰

午月에 乙木이 時支에 寅木 뿌리를 가졌으나 月令이
午月인데다가 年上과 時上, 日支에 財星을 가졌고, 食傷을
두 개, 月上 庚金 官星 하나를 가져 太弱하다.

☯ 格局과 用神

午月에 태어난 乙木이라 食神格이다.
태어난 계절이 여름이라서 調喉하는 印綬인 水가 우선 필요
한데, 水氣라고는 丑중에 癸水가 전부이니 調喉가 너무 부족
하다.
水 正用神이나 없어서 木이 假用神이고, 水는 吉神이다.
金이 病神이고, 土는 凶神이며, 天干 火는 藥神으로 쓸 수
있으나 地支 火는 凶神이다.

☯ 四柱의 特徵

午月은 나무가 무성하게 자랄 계절인데, 乙木이 寅木에
뿌리를 내리긴 했으나 乙庚合이 되어 나쁘고, 財星인 戊
己土가 너무 많아 財多身弱이 되어 사주가 탁하다.
이렇게, 사주가 財多身弱이 되면, 돈과 아버지와의 인연이
멀고, 한 때 돈을 만져도 쉽게 나갈 수 있는 운명이다.

☯ 命主의 性格

午月의 乙木이라서 진취적이고, 활달한 성격이나 乙庚合이
되어 망상에 젖어있다.
또, 사주에 正偏財가 널려있어 이 여자, 저 여자 생각에
마음이 산란하다.

☯ 六親 關係

남자 사주에서 妻를 볼 때, 財星의 吉凶여부를 살피는데,
이 사주에서는 財星이 많아 財多身弱이 되었으므로 많은
여자와 인연을 맺어야한다.
또, 日支 丑土에는 辛金이 있어 부부 궁이 불안함을 말해준다.

☯ 刑 沖 合 및 殺星의 應用

乙庚合이 되어 日主이며 用神인 乙木이 묶여있어서 정신이
올바르지 못하고, 丑午가 鬼門이며 湯火殺인데, 身弱하므로
노이로제 또는, 신경이 예민하다.
또, 여기서, 庚金은 원래 官星이나 나와 合을 했으므로
여자로도 해석한다.

☯ 大運

- 초년 己巳대운에 己土 財星인 여자가 등장한데다가 地支 巳火가
巳丑合金이 乙庚合金을 더욱 강하게 묶어 주므로 운이 좋지
못하다.
등치가 크고 인물이 잘생겼는데, 초년 己巳대운 13세 己巳년에
살이 너무 쩌서 지방간 때문에 고생을 하였고,
중3 때인 04 甲申년에 용신인 寅木을 치니 친구들과 싸우다가
다쳐 기브스를 하는 등 官災가 있었다.
05년 乙酉년에는 연애만 하고 다녀 부모의 속을 태우고 있는데,
문자메세지를 하루 평균 50건씩 1년간 1500건을 보냈다고 한다.
06(丙戌)년에 18세로 고등학교 2학년인데, 官이 病이고

財가 많아 공부에는 취미가 없다.
이 男命은 공부는 안하고 마술에 취미를 가져 마술을 배우고
있다.
- 戊辰대운 중 辰대운은 濕土가 오니 다소 나아질 것이고,
- 丁卯대운에 丁火가 庚金을 녹여 乙庚合을 깨므로 제 정신이
  들것이다.
- 丙寅대운은 地支가 너무 燥熱하게 되므로 좋지 못하나 다행히
  寅木이 용신이므로 덜 나쁠 것이다.
- 乙丑대운에 巳丑金局이 되니 午火가 있어 寅木을 자르지
  못하고, 丑중에 癸水가 있어 調喉를 시켜주므로 운이 풀기기
  시작하는 대운이다.
- 甲子, 癸亥 壬대운까지가 좋고, 戌대운이 오면 나쁘다.

辛　乙　庚　甲　여
巳　卯　午　辰　자
　　　　　　　　대
74 64 54 44 34 24 14 4　운

壬 癸 甲 乙 丙 丁 戊 己
戌 亥 子 丑 寅 卯 辰 巳

☯ 四柱의 旺衰

午月에 乙木이 年上에 甲木을 보고, 日支에 卯木 뿌리를
가졌으나 太弱하다.

☯ 格局과 用神

午月에 乙木으로 태어나 食神格이다.
午月은 한 여름이라 나무를 기르기 위해서는 물이 가장 필요
한데, 이 사주는 물이라고는 辰중 癸水뿐이지만 日主가 濕木
이므로 자랄 수 있는 木이다.
木이 用神이고, 水가 吉神이며, 金이 病神이고, 濕土는 吉神
이며, 干上의 火는 藥神이다.

☯ 四柱의 特徵

이 女命은 午月에 乙卯일주로 태어나 身弱하긴 하나 日主가
힘이 있고, 여름이라서 불이 충분하므로 月上 庚金과 時上
辛金만 제거하면 자랄 수 있다.
乙木 꽃이 官殺混雜을 이루므로 富티나게 잘 생겼으며, 일반
직장인이다.

☯ 命主의 性格

이 女命은 여름에 태어난 乙木이라서 여성적이나 庚 辛金이
日主 양쪽에서 剋을 하므로 무척 예민하고, 地支에 食傷이
混雜하여 생각의 변화가 많은 사람이다.

☯ 六親 關係

女命에서 남편을 볼 때는 우선 官星의 吉凶을 봐야하는데,
이 사주에서는 官星이 病神이라서 남편 덕이 없고, 두 남자와
인연이다.
또, 이 사주의 官星은 각기 地支에 食傷을 깔고 앉아있어
밑에서 剋을 받으므로 불안하기 짝이 없는 官星이다.
그러나, 大運이 잘 가니 상대방의 운세여부에 따라 달라질
수는 있지만 백년해로 하기는 어려울 것이다.

☯ 刑 沖 合 및 殺星의 應用

干上의 乙辛沖, 乙庚合은 서로 合과 沖을 하려하므로 견제를
받아 合도 하고, 沖도 하는 묘한 구조이다.
卯午破인데, 日主가 濕木이라서 나무가 잘 자라므로 凶작용이
크지 않다.
甲辰은 白虎殺인데, 辰중 乙木이 表出했으므로 白虎 발동이다.

☯ 大運

- 초년 己巳대운은 甲己合하여 土生金하므로 좋지 못하고,
  地支 巳火는 사주를 燥熱하게 하므로 운이 저조하다.

- 戊辰대운은 辰土가 습기를 제공하여 木을 잘 자라게 해주므로
  좋다.

- 丁卯운은 丁火가 庚申金을 견제해 주어 좋고, 卯木이 甲, 乙木
  의 뿌리이므로 운이 좋다.

- 丙寅대운은 丙辛合水되어 木을 도우므로 좋고, 寅木이 火勢를
  도운 점은 나쁘고, 寅巳刑도 되나 身弱사주에 寅木도 用神이므
  로 큰 탈은 없을 것이다.

- 乙巳대운에 干上의 乙木은 좋고, 地支의 丑土가 巳丑合金이
  되어 나쁠 것 같으나, 地支가 燥熱하므로 괜찮다.

- 甲子대운은 調喉를 시켜주어 좋으나, 旺神인 午火를 沖하므로
  분주하고 신상에 변동이 있을 것이다.

- 癸亥대운은 좋으나 壬戌대운 중 戌대운은 나쁘다.

제 2장 乙木日干 未月

己　乙　己　戊　남

卯　巳　未　戌　자

74 64 54 44 34 24 14 4　대

丁 丙 乙 甲 癸 壬 辛 庚

卯 寅 丑 子 亥 戌 酉 申　운

☯ 四柱의 旺衰

未月에 乙木이 時支에 卯木하나가 있을 뿐 도와주는 세력이
없어 매우 太弱하다.

☯ 格局과 用神

乙木이 未月에 태어나 干上에 己土를 보아 內格인 偏財格인데,
사주 8글자 중에서 土가 다섯 글자를 차지하므로 土가
病이라서 이 사주는 木을 病藥用神으로 쓰고, 운에서 水가
오면 吉神이며, 土는 病神이고, 火는 閑神이며, 운에서 金이
오면 凶神이다.
여기서, 火를 閑神이라 함은 사주가 일점 水氣가 없어 燥熱
하기 때문인데, 그렇다고 火가 없으면 乙木 나무가 아름다운
꽃을 피우지 못하므로 火를 閑神이라고 하였다.

☯ 四柱의 特徵

이 命主는 전남 고흥태생으로, 病神인 土가 너무 많다.
그래서, 그 病을 치유하는 藥用神운에 발복하는 것이다.

☯ 命主의 性格

乙巳일주가 여자라면, 孤鸞殺로서 나쁘나 남자는 괜찮다.
乙木은 원래 부드럽기 때문에 성격이 다소 부드러운 여성적인
면이 있으나 내면은 강인하다.
또, 사주에 病이 旺해서 의지할 데가 없으므로 자수성가해야
하므로 부지런하고 성실한 사람이다.

☯ 六親 關係

사주에 온 천지가 財星인 土 글자라서 여자와 돈이 많다.
그래서, 이 여자와 돈을 잘 다스리면 부자로 잘 살 것이고,
반대로 잘 다스리지 못하면 가난하고 女難에 시달릴 것인데,
이 男命은 잘 다스릴 힘을 갖고 있으므로 거부다.
그러나, 많은 여자를 상대할 것임에는 틀림없다.
日支 妻宮에 巳火를 갖고 있어 때에 따라서는 마누라가 운에서
丑이나 酉金이 올 때 巳丑合金이나 巳酉合金하여 卯木을 칠 수
있으므로 갈등의 요인을 안고 있으나, 이 사주의 대운이 잘
흘러가므로 부부문제는 없다.

☯ 刑 沖 合 및 殺星의 應用

年 月支에 戌未刑인데, 戌未는 病神끼리의 刑이 작용한
것이고, 또, 부모와 조상 代에서 일어난 사항이므로 별 일이
발생하지 않으나 조상과 부모의 음덕이 없다.
巳戌鬼門은 정신적인 노이로제 또는, 신경성이다.

☯ 大運

- 초년 庚申, 辛酉대운이 고달픈 대운이라서 가난한 가정에서
  태어나 공부도 못하고 어렵게 성장하였다.

- 壬戌 대운에도 干上에 壬水가 오긴 했으나, 地支에 戌土 病神을
  달고 와서 별 도움이 되지 않으므로 남의 가게 종업원으로
  일했고, 늦은 나이인 33살 때인 90년 庚午년에야 결혼을
  하였다.
- 癸亥대운에 吉神운이 오니 乙木나무가 잘 자라 財를 다스리므로
  운이 들어 컴퓨터 관련 제품 사업을 해서 많은 재산을 모았다.

- 甲子대운에 甲木이 등장하여 長木之敗가 되어 다소 나쁘나
  地支에 吉神 子水를 달고와 나무에 물을 대주므로 사업이
  확장일로에 있다.
  04 甲申, 05 乙酉년이 대단히 나쁠 듯 하나 土가 통관 시키고
  대운이 좋아서 큰 어려움은 없었다.
  그러나, 06 丙戌년에는 사주 원국에 戌未刑이 되어있는데
  歲運에서 戌土가 들어와 재차 戌未刑이 성립하므로 지붕을
  손질하러 사다리를 타고 지붕에 올라갔다가 떨어져 발목을 다쳐
  2달간 치료를 받은 바 있었다.
  또, 08 戊子年에는 제품 생산창고에 화재가 발생하여 50억원의
  손실을 입었은데, 子卯刑작용이다.
  이 男命은 현재의 재산만으로도 수백억대가 넘는다.
- 乙丑 대운에 용신인 乙木이 나타나 좋긴 하나 丑土가 日支와
  合하여 巳丑金局을 이루고, 원국의 戌未刑과 歲運의 丑土가
  合하여 丑戌未三刑이 성립하므로 건강에 이상이 올 수 있다.

- 丙寅대운은 丙火가 乙木을 키우므로 괜찮고, 다만, 寅木이
  寅戌火局으로 사주를 燥熱하게 하여 흉하나 寅木도 용신이므로
  큰 흉이 없을 것이다.
- 丁卯대운도 용신이 등장하여 편안한 노후가 될 것이다.

庚　乙　乙　丙　　남

辰　巳　未　申　　자

71 61 51 41 31 21 11 1　　대

丁 戊 己 庚 辛 壬 癸 甲

亥 子 丑 寅 卯 辰 巳 午　　운

☯ 四柱의 旺衰

未月에 乙木이 月上에 比肩을 보았고, 未중, 辰중에 뿌리가
있으나 太弱하다.

☯ 格局과 用神

乙 일주가 未月에 태어났으므로 偏財格이다.
乙木이 辰土에 뿌리가 있고, 辰중 癸水가 있어서 살아있는
나무인데, 문제는 사주가 燥熱하므로 水가 필요하다.
또, 時上에 庚金이 있어 乙木의 生長을 방해하므로 金이
病이고, 年支의 申金은 申중에 壬水가 들어있어서 큰 해가
되지 않는다.
濕土인 辰土가 吉神이고, 未土는 큰 도움이 안 되지만 未중에
乙木 뿌리를 갖고 있어서 나쁘지 않다.

☯ 四柱의 特徵

乙 일주가 未月에 태어났으나 立秋가 코 앞이라 金氣가
강하다.
乙木은 辰土, 未土에 뿌리가 있고, 年支 申중 壬水가 있어
調喉가 되니 음양조절은 잘 되어있다.
그런데, 土, 金의 세력은 强하고, 日主는 弱하므로 財, 官에
임할 수 있을까 ? 하는 것이 문제다.
물상적으로 보면, 未月 乙木은 강인해지는 때이고, 立秋를 눈
앞에 둔 시점에서는 乙木의 성질이 더욱 강인해 진다.

乙巳 일주가 年干에 丙火로 表出되었으므로 처음엔 자유분방한
삶(예술계통이나 프리랜서)을 꿈꿨으나 가까이에 있는 庚金
正官을 따랐으므로 조직사회인 직장으로 진출하게 되고,
나중에는 개인 사업으로 가게 된다.

☯ 命主의 性格

乙木이 日支 巳중에서 表出한 丙火 傷官을 보았으므로 개성이
강하고, 똑똑하며, 또한, 日支 巳중에서 表出한 官星인 庚金과
乙庚合하였으므로 명예에도 집착이 强하다.

☯ 大運

- 초년 甲午대운은 형제 사망 아니면, 형제에게 사고가 있던지
  질병이 크게 있게 되는 때이나 자신은 무난하다.
- 癸巳대운 중 癸 대운은 자신의 총명함이 발휘되기 어려운
  때이고,
  巳 대운에는 돌발적인 사고가 있는 때이나 총명은 발휘된다.
- 壬辰대운중 壬 대운에는 年支 申金(正官)의 透出神이므로
  직장운으로 건축 관련 회사에 취업하였으며,
  辰 대운은 乙木이 沃土를 만나는 格이 되어 좋은 여자를 만나게
  되며, 안정을 찾는 운이다.
- 辛 대운은 불리하나 자신의 재치와 밝은 안목으로 위기를 탈출
  하게 되며, 자신의 존재를 남에게 알리는 운이다.
  卯 대운에 卯未合을 지어 재정적 기반을 잡게 되고, 돈이 되는
  때이다.
  庚金에서 乙木은 財星이고, 卯未는 재산증식이며, 땅이나
  건물로 인해 득을 보는 일이 생긴다.
- 庚 대운은 月干 乙木과 合하므로 누이 좋고 매부 좋은 격이나
  접촉사고가 있게 된다.
  寅 대운은 年支 寅과 日支 巳와 더불어 寅巳申三刑殺이 되므로
  옛 것을 정리하고, 새 출발을 해 보려고 하며, 교통사고 및
  노상액도 있게 되고, 밀정을 둘 수 있다.
  다소 어수선한 혼란이 따르는 때로 자식의 진로가 막히게 되고,
  외국이나 타향에 가는 자식이 있게 된다.

- 己丑대운은 전원이나 시골 땅을 매입하여 후일에 편안함을
  기하려 할 것이고, 病魔가 따라 붙게 되며, 문서계약사에
  시비가 발생한다.

戊　乙　辛　甲　　남

寅　亥　未　午　　자

77 67 57 47 37 27 17 7　　대

己 戊 丁 丙 乙 甲 癸 壬　　운
卯 寅 丑 子 亥 戌 酉 申

☯ 四柱의 旺衰

未月에 乙木이 年上에 劫財를 보고, 日支에 印星인 亥水를
보며, 時支에 寅木을 보아 身弱으로 보이나, 地支에 寅亥合木,
亥未合木하여 오히려 身旺해졌다.

☯ 格局과 用神

未月에 乙木으로 태어나 偏財格이다.
火旺節에 나무가 身旺하나 調喉가 필요하므로 水가 용신이고,
地支 金은 吉神이며, 土는 調喉하는 水를 剋하므로 凶神이고,
木은 더 이상 필요하지 않으며, 地支 火도 凶神이다.
亥水 用神이 虛弱하다.

☯ 四柱의 特徵

乙木이 辛金을 보면, 원래는 凶하나 이 사주에서의 辛金은
뿌리가 없고 地支가 덥고 燥熱하여 힘이 없는 金이라서 큰
피해가 없다.
여름 화초가 열매인 辛金이 있어 자기 먹을 것은 있다.
불이 있고 身旺하면, 金은 열매로 본다.

☯ 命主의 性格

未月에 乙木 꽃나무라서 부드러우며, 희망에 차 있고, 진취적
이나 月上의 偏官 辛金이 剋을 하므로 성격이 예민하다.
그러나, 자신이 적을 대적할 수 있다는 자신감도 많아서 위축
되지 않는다.

☯ 六親 關係

男命에 妻를 볼 때, 우선 財星의 길 흉신을 보고 판단하는데,
이 사주는 干上의 財星은 凶神이고, 地支의 財星 未土는 乙木
뿌리를 갖고 있고 日支 亥水와 亥未木局이 되어 吉神이 되므로
有情하다.
다음으로 日支 妻宮을 보는데, 妻宮에 용신인 亥水가 앉아있어
妻宮이 좋으므로 妻와의 관계는 좋으나, 妻宮에서 양쪽으로
合을 하므로 불안요소를 안고 있다.

☯ 刑 沖 合 및 殺星의 應用

月上에 辛金이 身弱한 日干인 乙木을 乙辛沖하여 凶하나
辛金이 허약하므로 큰 해는 없다.

時支 寅木과 日支 亥水가 寅亥合하자고 하고, 月支 未土가
亥未合하자고 하므로 日支 亥水가 양쪽으로 合하느라고
바쁘다.
또, 午未合土하여 地支가 온통 合이라서 섭외에 강한 사람
이다.
이런 사주가 만약, 여자였다면 合으로 인한 폐단이 클 수
있는데, 이 사주는 다행이 남자라서 덜 나쁘다.

☯ 大運

- 초년 壬申대운에 壬水가 吉神이라 좋고, 申중에 壬水가 들어
  있어서 調喉를 시켜주고 天乙貴人이라서 좋다.
  여기서, 寅申沖을 볼 수 있는데, 地支에 火가 많아 申金이 힘을
  못쓸 뿐만 아니라 亥水가 통관시켜주므로 寅木을 자르지 못한다.

- 癸酉대운도 癸水가 吉神이고, 酉金은 午火를 보면 힘을 못쓰므로
  좋지는 않아도 크게 나쁘지는 않다.

- 甲戌대운이 흉하다.

- 乙亥대운이 용신운이므로 好運이고,

- 丙子대운에 모 지방에 있는 학교에 근무하고 있는데, 丙戌年에
  財星인 戌土와 未土가 戌未刑하여 妻와 갈등이 생겨 이민을 가려고
  한다.
  그런데, 印綬가 용신이라 한국에 있는 것이 더 좋다.
  用神이 虛弱하므로 내 한테 문제가 있다.

- 丁丑대운에 濕土가 등장하여 調喉를 시켜주어 좋으나 財星을
  丑未沖하므로 妻宮의 변화가 있을 수 있다.

- 戊寅, 己卯대운은 무난하다.

제 2장 乙木日干 申月

辛　乙　戊　壬　　여

巳　酉　申　寅　　자

72 62 52 42 32 22 12 2　　대

庚 辛 壬 癸 甲 乙 丙 丁
子 丑 寅 卯 辰 巳 午 未　　운

☯ 四柱의 旺衰

申月에 乙木이 年上에 印星을 보고, 年支에 印星인 旺地를
얻었으나, 巳酉合, 申, 辛, 戊가 있어 官星이 太旺하므로
身弱하다.

☯ 格局 用神과 四柱의 特徵

乙木이 申月에 태어났으므로 正官格이다.
그런데, 乙木의 뿌리는 年支 寅에 있는데, 寅申沖으로
파괴되어 뿌리 역할을 못 한다.
따라서, 從殺할 수 밖에 없다.
이렇게 되면, 辛金이 体가 된다.
金으로 從을 했으므로 水運이 좋고, 火運은 크게 나쁘며,
金運은 평길하고, 乾土는 凶神이고, 濕土는 吉神이 될 수
있다.

☯ 命主의 性格

辛金으로 從했으므로 辛金이 体가 되었기 때문에 辛金의
성격을 나타내게 되는데, 辛金은 성격이 깔끔하고, 정확한
것을 좋아하는 성격이며, 또한, 巳酉合金에서 表出했으므로
잘난 사람이다.

☯ 六親 關係와 刑 沖 合 및 殺星의 應用

年支 寅木은 父親星이며, 時支 巳중 丙火가 남편이다.
그리고, 壬水는 자식이고, 戊土는 母親星이면서 부친의 表出神
을 겸하고 있다.
그런데, 年支 寅木이 旺金에 沖去되고, 日支 酉金이 寅木을
劫殺시키므로 내가 태어난 4 - 9년 안에 부친이 급살맞고
죽는다.
남편은 점잖을 떨며, 모친처럼 자상하게 굴며, 잔소리가
심한데, 辛金이 巳火 위에 앉아 巳에 居하므로 살기 싫은 능력
없는 남자인데, 天干에 丙火가 透出되었으면, 행세깨나 할 수
있는 남자지만 時支에 앉아 巳酉로 合을 하여 그렇다.
巳酉 合하면, '나는 죽어도 너와는 안 떨어진다'며 뱀처럼
휘감고, 놓아주지 않는다.
壬水 자식은 戊土가 沖剋하니 父子간에 의가 좋지 않고,
자식이 교통사고로 골병든다.
壬水 자식은 寅木 文彰星에 앉아있어 총명, 영리하며, 군인
이나 경찰 및 법관을 꿈꾼다.

☯ 大運

- 초년 대운이 巳午未 南方運이 되어 고통스런 세월이었다.
  특히, 丁未대운은 日主 乙酉와 2급 소용돌이까지 발동하므로
  大凶하다.
  丁 대운은 年干 壬水를 合去시키므로 寅木의 生氣가 끊어지게
  되는데, 甲辰(3살)년 만나 부친의 表出神인 戊土를 剋하므로
  부친이 급사하게 된 것이다.

또, 壬寅生으로 태어나 寅申沖하므로 출생시 죽었다가 살아나서
태어난 날도 잘 모를 정도였다.

- 丙午대운에 火가 金을 녹여주는 것은 좋으나, 한편으로, 壬水를
  말리므로 크게 좋지 않아서 집이 가난해서 어렵게 성장
  하였으며, 女商을 졸업했다.
  또한, 이렇게, 어린 나이에 桃花 官星인 午火가 오면, 성추행을
  당하게 되고, 일찍 異性에 눈 뜨게 되니 午 대운에 속도위반
  하여 19살에 장남인 남자를 만나 20세인 辛酉년에 결혼하였다.

- 乙 대운은 내 몸이 돈이 되므로 돈벌이 하게 되는 운이고,
  巳 대운은 흉하나 巳酉金局이 되어 면흉이다.

- 甲 대운은 戊土를 剋하니 모친에 有故가 생기고, 조금의 돈
  맛은 본다.
  辰 대운은 辰酉合되어 발전 운인데, 壬水 자식이 入庫 운이라
  자식으로 인해 속을 태웠을 것이다.

- 癸 대운은 戊土를 합해 주므로 발전운이나 딸 자식이 바람난다.
  또, 丙火 偏財가 辛金 거울을 얻었으므로 財名이 사방에 비추게
  된다.
  丑 대운은 年支 子水와 子丑合하여 물길을 막게 되나 丑이 月支
  酉와 酉丑半金局을 이루므로 子丑合이 풀렸다.
  즉, 六合보다 三合이 더 강하므로 三合이 우선인 것이다.

- 壬 대운 역시 水運이 되어 길하나 丁火 하나를 두고, 爭合
  하므로 日干 壬水가 혼란에 빠지며, 爭財현상이 일어난다.
  그러나, 吉한 운이다.
  寅 대운은 旺神인 申金을 寅申沖하므로 大凶하다.

甲　乙　壬　己　　남

申　亥　申　丑　　자

72 62 52 42 32 22 12 2　대

甲 乙 丙 丁 戊 己 庚 辛

子 丑 寅 卯 辰 巳 午 未　　운

☯ 四柱의 旺衰

申月에 乙木이 月上에 印星인 印綬를 보고, 時上에 劫財를
보았으며, 日支에 亥水가 있어 甲木이 長生하므로 身弱하나
사주가 寒濕하여 身旺과 같다.

☯ 格局과 用神

申月에 乙木으로 태어나 申중에 壬水가 干上에 透出하였으므로
正印格이다.
申月은 태양의 餘氣가 아직 남아있는 계절이기 때문에 불이
있으면 나무는 자랄 수 있다.
그러나, 이 사주는 한습하고 냉하여 꽃이 없는 나무다.
火가 正用神인데 없기 때문에 木이 假用神이고, 金과 水는
흉신이며, 土는 나무가 뿌리를 내려야 하고 습을 제거해야
하므로 吉神이다.
火運에 가장 좋다.

☯ 四柱의 特徵

가을 나무는 불이 없으면 한습하고 냉하므로 꽃이 없기 때문에
벌 나비가 안 오므로 열매가 없는 나무다.
그래서, 이 사주는 시급히 불이 필요한데 原局에 없어 아쉽다.
原局에 태양이 떴으면 사주가 훨씬 더 아름다웠을 것인데,
불이 없어서 큰 영화가 따르지 않는다.

☯ 命主의 性格

이 사주는 乙亥 일주라서 여자 같으면 花甁의 꽃이라서 만인의
꽃이 되었을 텐데 남자 사주라서 여자와는 다른 점이 있다.
성격은 부드럽고 합리적이라서 좋은데, 食傷이 없어 표현력이
부족하고 베풀지 않은 성격이다.

☯ 六親 關係

日支 妻宮에 凶神인 가을 찬물로 水生木하려 하나 劫財인
甲木만 生해주고 있다.
부모 궁인 申金이 天乙貴人이므로 부모의 음덕이 있으나
크지는 않다.
財星은 己土로 乙木에 도움은 되나 멀리있고, 또한, 劫財인
甲木과 甲己合하려 하므로 凶이 있다.

☯ 刑 沖 合 및 殺星의 應用

乙亥일주에 申酉가 空亡인데, 空亡인 申金이 부모 궁과 자식
궁에 있어 부모덕과 자식 덕이 弱하다.
사주가 濕하여 당뇨나 신경통 및 혈액순환계통의 병이 오기
쉽다

☯ 大運

- 초년 辛未대운에 身弱한 乙木을 辛金이 자르려하므로 나빠서
  건강이 나빠 죽을 고생을 하기도 했으나 살아난 것은 未중에
  丁火가 있어서다.
- 庚午대운 중 午대운부터 火運이 등장하니 운이 좋아서 공부를
  잘 할 수 있었고,
- 己巳대운에 초등학교 교사에 임용되었으며,
- 戊辰대운이 凶運이라 큰 발전이 없이 지냈고,

- 丁卯대운도 傷官인 火가 약하게 들어왔고, 濕木이 등장하여
  편히 살긴 했으나 승진이 안 되었으며,
- 丙寅대운들어 好運이 왔으나 丙戌년까지 평교사로 재직중이다.
  歲運 甲申, 乙酉년이 凶運이라 집을 이사했다가 손해를 보게
  되었다.
  그 이유는, 비록, 木이 용신이긴 해도 이 사주에는 火가 와야지
  木도 더 이상 필요치 않기 때문인데, 더군다나, 甲, 乙木이
  地支에 申, 酉金 官인 病神을 달고 왔기 때문이다.
  丙戌년에 다시 이사를 하려고 하는데, 이사를 해도 괜찮겠다.
- 乙丑대운에 사주가 습해져서 운이 없고,
- 甲子대운도 마찬가지다.

<table>
<tr><td>己</td><td>乙</td><td>庚</td><td>戊</td><td rowspan="2">남
자
대
운</td></tr>
<tr><td>卯</td><td>亥</td><td>申</td><td>子</td></tr>
</table>

77 67 57 47 37 27 17 7

戊 丁 丙 乙 甲 癸 壬 辛
辰 卯 寅 丑 子 亥 戌 酉

☯ 四柱의 旺衰

申月에 乙木이 年支에 子水가 있고, 日支에 亥水, 時支에
卯木이 있어 身弱하나 身旺한 것과 같다.

☯ 格局과 用神

乙木이 申月에 태어나 申중에 庚金이 透干되어 乙庚合하므로
正官格이다.
申月에 乙木이 身弱한데 月柱에 庚申金이 있어 身弱한 日干을
剋하므로 水로 通關시켜 주어야 좋다.
따라서, 通關시켜주는 水가 用神이고, 木은 吉神이며, 운에서
오는 火는 藥神이고, 金은 病神이며, 土도 吉神이다.

☯ 四柱의 特徵

사주에 火가 없으면, 반드시 한 가지는 고민을 가지고 있다.
이 乙木은 申月生이나 亥卯木局을 이르고 있어 뿌리가 튼튼
하므로 生木이다.
따라서, 生木은 庚을 보면, 흉하다.
그러나, 직업은 乙庚合하여 官을 추구하므로 공직계통이다.
사주에 凶神이 많으면, 사는 것이 고달프다.

☯ 命主의 性格

가을 乙木이라 성격이 부드러우면서도 내성적이며,
또, 가을 나무가 불을 보지 못해 꽃이 안 피었으니 성격이
어둡고 우울하다.

☯ 六親 關係

남자사주에서 妻를 볼 때, 우선, 財星의 吉凶여부를 봐야
하는데, 이 사주에서는 財星인 土가 두 개라서 두 여인과
인연인데, 時上의 己土는 比肩 위에 앉아있어 과거있는 여자
이거나 남의 여자와 인연이다.
日支 妻宮을 보니, 通關시키는 用神이라 妻가 능력은 없어도
사이는 좋다.
교육계 공무원으로 10여년 前에 喪妻했는데, 재혼하려고 한다.
재혼을 해도 마누라가 건강이 약하다.

☯ 刑 沖 合 및 殺星의 應用

乙庚金은 나쁘다.
그러나, 乙木의 뿌리가 튼튼해서 合을 해도 나무는 자란다
申子水局이고, 亥卯木局으로 天干 地支 모두 合으로 이루어져
있어 局이 濁하다.
亥卯合하여 木局이 되므로 이것은 형제 아닌 형제이고,
申子水局은 모친 아닌 모친이거나 모친에 이복형제가 있다.

☯ 大運

- 초년 辛酉대운이 무척 나쁘다.
  건강이 나빴거나 하여 생명에 영향을 줄 수 있는 큰 사건사고가
  있었을 것이다.

- 壬戌대운에 壬水가 吉神이라 무난한데, 戌土가 凶神이라 운이
  저조하다.

- 癸亥대운이 용신운이라 好運이라서 안정된 직장에 취업하였다.

- 甲子대운도 무난하다.

- 乙丑대운에 乙木이 財星인 土를 剋하는데, 乙亥년 乙木이 財星인
  戊土를 공격하므로 喪妻하고 말았다.

- 丙寅대운에 丙火가 庚金을 火克金하고, 寅木이 申金을 寅申沖
  하므로 변화가 예고되어 있는데, 甲申, 乙酉年에 나무뿌리를
  잘라서 나쁜 변화가 온다.
  일이 어수선하거나 하는 일이 중단된다.

- 丁卯대운이 好運이라 편히 지낼 수 있을 것이고,

- 戊辰대운은 申子辰水局되어 물 천지가 되니 불운이다.

제 2 장 乙木日干 酉月

丁　乙　己　丁　　여

亥　酉　酉　酉　　자

79 69 59 49 39 29 19 9　대

丁 丙 乙 甲 癸 壬 辛 庚　운
巳 辰 卯 寅 丑 子 亥 戌

☯ 四柱의 旺衰

酉月의 乙木이 時支에 亥水를 보아 太弱하고, 年上과 時上에
丁火가 있으나 地支에 뿌리가 없어 虛火에 불과하므로 酉金
官星의 세력이 지나치게 크기 때문에 從殺하지 않을 수 없어서
身旺 身弱을 따질 필요가 없게 됐다.

☯ 格局과 用神

酉月에 乙木이 亥水에 근기를 갖고 있으나, 月令이 酉月이고,
丁火의 뿌리가 없어 虛火로 死木이라서 키울 수 없는 木이다.
月上의 己土는 丁火의 힘을 빼앗아 酉金을 도우므로 假從殺格
이므로, 洩氣하는 水가 用神이고, 金이 吉神이며, 火는 病神
이고, 水를 剋하는 土는 凶神이나 이 사주의 己土는 火氣를
빼서 土生金하므로 길신에 해당하고, 乙木은 死木으로 木生火
하므로 凶神이다.

☯ 四柱의 特徵

사주가 官인 從殺로 갔으니 직장 복이 있을 수 밖에 없다.
농협에 종사했으며, 지점장직에까지 올라갔다가 퇴직하였
는데, 수년 전만해도 여자 지점장이 흔치 않았는데, 從殺의
長點과 함께 大運의 흐름이 좋았기 때문이다.
또한, 남편도 좋은 직장의 대기업에 근무하고 있다.
여기서, 중요한 것은 日主인 乙木이 死木인데, 앞으로 오는
大運이 甲寅, 乙卯로 가면 죽어있던 木이 살아나려고 하면
金과 싸움을 하게 되는데, 그렇게 되면 운이 없다.
이를 生地空亡이라고 한다.
보통 사람의 경우 한쪽 방향으로 기운이 너무 치우치면
다른 쪽은 피해를 보게 되어 있는 것이다.

☯ 命主의 性格

이 女命은 乙木일주라서 여성적인데다가 從殺로 格이 변하여
얌전하고 좋은 성격이며, 정확한 것을 좋아하는 성격이다.
食神인 丁火가 있어 人情도 많고 感性도 풍부한 사람이다.

☯ 六親 關係

이 사주에서는 食傷인 자식이 吉神인데, 아들 하나를
두었으며, 자식 궁에 있는 亥水가 用神이니 자식 덕은 볼
것이다.
日支 배우자 궁에 吉神이 있으나, 酉金의 官星인 丁火 官星이
火運이 올 때 凶神으로 변하므로 부부관계는 좋지 못하다.

☯ 大運

- 초년 庚戌대운은 戌중에 丁火가 들어있어 나쁠 것 같으나,
  火氣를 墓에 가두어 버리므로 유복하게 성장하였다.
- 辛亥대운부터 用神운으로 흐르니 발복하기 시작하여 은행에
  입사하여,

- 壬子대운에 用神운이니 고속 승진하였으며,
- 癸丑대운 庚辰년(2000)년에 강북 요지의 지점장으로 발탁되어 근무하다가, 46세 되던 壬午년(2002년)에 歲運이 나쁘니 명퇴하였다.
- 甲寅대운은 하는 일 없이 지내고,
- 乙卯대운은 卯酉沖하여 格을 깨므로 대단히 흉하다.
- 丙辰대운중 辰 대운에 爭合이 되므로 凶하다.

丙　乙　辛　癸　　남

子　未　酉　未　　자

79 69 59 49 39 29 19 9

癸 甲 乙 丙 丁 戊 己 庚　　대
丑 寅 卯 辰 巳 午 未 申　　운

☯ 四柱의 旺衰

酉月의 乙木이 年上에 癸水를 보고, 時支에 子水를 보았고, 未중에 뿌리가 있으나 身弱하다.

☯ 格局과 用神

乙木 酉月生으로 偏官格이다.
乙木은 日支 未土, 年支 未土에 뿌리가 있고, 時支 子水를 얻어 生木이 되었다.
따라서, 辛金은 최대의 忌神이고, 이 사주의 病이다.
癸水는 旺金의 기운을 洩해주므로 喜神 역할도 한다.
時干의 丙火는 辛金을 유인하여 미인계로 달래주므로

吉神이다.
癸水는 丙火를 어둡게 하므로 忌神이나 위급할 때 써 먹는
역할도 하며, 地支의 子水는 좋다.
또, 印星인 癸水는 가을철에는 서리가 되므로 공부 복이 없고
부모덕도 없다.

☯ 四柱의 特徵과 命主의 性格

이 사주의 傷官 丙火는 病神인 辛金을 合하여 乙辛沖하지
못하도록 막아주므로, 이 사람은 관청 사람 및 적이 되는
사람, 그리고, 횡포를 부리는 사람에겐 미인계로 대한다.
즉, 술이나 여자를 대접하여 상대를 조정하려 하니 수완있는
사람이다.

☯ 六親 關係

癸水와 子水는 母親성으로 가을철 찬물이므로 乙木에 큰
도움이 안 되므로 공부 운과 부모덕이 적다.
傷官은 祖母이고, 丈母인데, 吉神이므로 좋고, 未土, 未土는
妻星인데, 妻德은 있으나 兩妻之命이라서 두 번 장가가거나
애인 두고 산다.
辛酉는 자식이니 자식이 말썽이고, 속을 썩인다

☯ 大運

- 초년 庚申대운에 病神운으로 집이 가난하여 배우지를
  못하였으며,
- 己未대운 제습을 시켜주므로 운이 들기 시작하였고,
- 戊午대운부터 대발하였는데, 午火가 驛馬라서 지방도시에서
  운수업을 하여 많은 돈을 벌었으나,
- 丁巳 대운 중 巳 대운에 巳酉金局이 되므로 배신, 배임으로
  골탕을 먹게 되는데, 손해가 많아 처분하고, 용산시장으로
  올라와 야채장사를 해서 자리를 잡았다.
- 丙 대운은 丙辛合하여 좋았다.
  그러나, 辰대운에 국가의 외환위기를 맞아 납품하던 대기업이

부도가 나면서 많은 손해를 봤으나, 壬午, 癸未년에는 부동산에
투자하여 재산을 불렸는데, 이 시기는 부동산을 사기만 하면
오르는 시기였다.
- 乙卯대운은 月柱를 乙辛沖, 卯酉沖하여 흉신을 건드려 金이
  대노하여 乙木을 꺽게 된다.
  따라서, 쇠붙이에 傷身인데, 乙酉年에 응기되어 乙酉년 음력
  9월 乙酉月에 길을 가다가 후진하던 트럭에 치어 2달간 입원
  하는 큰 부상을 입었다.
  酉年은 囚獄殺되고, 乙木 일주가 絶(酉)에 앉아서다.
- 甲寅대운까지가 좋다.

庚　乙　乙　庚　　남

辰　巳　酉　戌　　자
　　　　　　　　　대
76　66　56　46　36　26　16　6

癸　壬　辛　庚　己　戊　丁　丙
巳　辰　卯　寅　丑　子　亥　戌　　운

☯ 四柱의 旺衰

酉月에 乙木이 뿌리가 없어 身弱한데, 天干에 乙庚合이 두 개
이고, 地支에 巳酉合金이 되어 金体가 되었다.

☯ 格局과 用神

酉月에 乙木이 身弱한데, 天干에 乙庚合이 두 개이고,
地支에 巳酉合金이 되어 온통 金으로 변했으므로 從殺格이다.
旺者는 喜洩이라 洩氣하는 水가 있어야 좋은데, 사주 原局에는
없다.

火는 病神이고, 辰土는 吉神이나 戌土는 凶神이며, 干上으로
오는 金은 吉神이다.

☯ 四柱의 特徵

사주가 從殺格으로 金体가 되면, 水가 있어 洩氣를 해줘야
좋은데, 水가 없어 洩氣가 되지 않으니 둔금이다.
그런데, 초년에는 大運에서 水가 등장하여 洩氣를 해주므로
공부를 잘하여 금융회사에 취업하였으나 水運이 가니 사업한다
고 사직했다가 고전을 하였다.

☯ 命主의 性格

이 男命은 乙木 화초라서 근본적으로 성격이 부드럽고
유연한데, 從殺이 되어 젊잖다.
그러나, 洩氣가 안되므로 말주변이 없고, 베풀줄 모르는
사람이다.

☯ 六親 關係

남자 사주에서 妻를 볼 때, 우선, 財星의 吉凶여부를 보는데,
이 사주에는 從殺이 되었으므로 乙木이 妻가 되는데, 두 개
이므로 두 여자와 인연이라 결혼을 두 번 하거나 애인두고 살
것이고, 巳火 官星이 病神이므로 직장 복이 없으며, 이런
사주는 대게, 딸만 두기 쉽다.
地支에 辰土와 戌土는 母親星으로 辰土는 辰酉合金이 되어
格에 順勢를 하므로 좋은데, 戌土는 가을 土이긴 하지만
戌중에 丁火가 있어 土生金이 안되므로 吉神이 아니다.

☯ 刑 沖 合 및 殺星의 應用

干上에서는 年干과 月支, 日干과 時干이 모두 乙庚合이
되었는데 從殺이 되었으니 흉하지 않고, 地支 巳火도 酉金과
合하여 金이 되었다.

地支의 辰 巳 戌이 天羅地網殺인데, 이 殺을 가지면 영감이
발달했으며, 종교나 철학과 인연이라고 했다.
巳戌은 鬼門殺로 이런 殺을 가지면, 집착성이 강하고, 운이
나쁠 때는 정신적인 불안증세도 있다.

☯ 大運

- 초년 丙戌대운은 格을 역세하므로 나쁘나,

- 丁亥대운은 地支 亥水가 金을 씻어주므로 운이 좋아서 공부를
  잘 하였고, 졸업한 후 하나은행에 취업하여 직장생활을 하다가,

- 戊子대운 庚辰년에 부동산 개발회사에 근무하는 가족의 알선
  으로 다니던 직장을 그만두고 부동산회사에 취업하여 辛巳,
  壬午, 癸未년에 돈을 벌었다.
  甲申년까지는 부동산사업이 됐으나, 乙酉년이 되자 정부의 부동
  산 억제대책 등의 영향으로 어려워지고, 회사가 국세청의 조사
  를 받자 자신이 법적인 책임을 지고 회사를 그만두었다.

- 己丑대운 丙戌년에 유흥업을 시작했는데, 大運은 旺金이 入墓
  하는 운이라 흉하고, 歲運도 나빠 실패하고, 음식장사를 시작
  하였으나 실폐하고, 다시, 직장생활을 한다.

- 庚寅대운에 寅木이 살아나면 格이 깨지므로 좋지 못하고,

- 辛卯대운도 마찬가지다.

- 말년인 壬辰대운은 좋다.

제 2장 乙木日干 戌月

丙　乙　庚　丁　　남

戌　亥　戌　亥　　자

75 65 55 45 35 25 15 5　　대

壬 癸 甲 乙 丙 丁 戊 己　　운
寅 卯 辰 巳 午 未 申 酉

☯ 四柱의 旺衰

戌月에 乙木이 年支와 日支에 亥水를 보아 太弱하다.

☯ 格局과 用神

戌月에 乙木이 亥水를 보고 태양을 보아 꽃이 피었으니 필시
가을 국화꽃이 활짝 핀 형국과 같다.
乙木이 正財月인 戌月에 태어났으므로 內格인 正財格이다.
木이 用神이고, 水는 吉神이며, 金이 病神이고, 戌土가 凶神,
火는 藥神이나 地支로 오는 火는 凶神이다.

☯ 四柱의 特徵

乙亥일주는 꽃병에 꽂아 둔 꽃과 같다고 하였는데, 더군다나,
가을이므로 가을국화와 같은데, 丙火를 보아 꽃이 활짝
피었으므로 빼어난 미남이다.

이 사주는 晩秋인 戌月의 乙木이 乙庚合되었고, 亥水 死地에
앉아있어 死木이라고 단정하기 쉬우나, 이 사람의 살아온
과거를 살펴보니 生木임에 틀림없었다.
따라서, 계절만 보고 무조건 生木이니 死木이니 단정을 지어
버리면 통변에 혼란이 온다.

☯ 命主의 性格

乙木은 대게 부드럽고 여성적이면서 예, 체능에 소질이 있는
사람이 많은데, 이 男命도 성격이 부드러운 사람이다.
또, 干上에 食傷이 혼잡해 있어서 아집은 강하지만 인정이
많아 퍼주기 좋아하는 사람이다.

☯ 六親 關係

日支에 길신인 印星을 갖고 있어 배우자와 사이가 좋다.
財가 비록 흉신이지만 부부사이는 좋으나, 돈은 많지 않다.
이 사주에 자식글자인 官星이 病神이라서 자식들이 속을 많이
썩인다.
부모 궁에 病神이 있어 부모도 가난했다.

☯ 刑 沖 合 및 殺星의 응용

干上에 乙庚合은 年上에 丁火가 火克金하고 있고,
時上에도 丙火도 있어 剋을 하므로 합이 잘 이루어지지
않는다.
地支 戌 亥는 天門星이라서 영감이 발달했다.
丙戌白虎殺이 時에 있고, 戌중 丁火로 발동이 되어 자식이
흉하다.

☯ 大運

- 초년 己酉, 戊申 대운이 凶하여 가난한 집안에서 태어나
  어렵게 성장하였고, 14살 때 부친을 잃어 더욱 家勢가 기울어

어려워졌다.

- 丁未대운에 丁火가 乙庚合을 하려는 庚金을 녹여주므로 좋았고,
  亥未合木하여 用神의 힘을 보태주니 좋았다.
  군대를 제대 후, 日支 亥水와 대운 未土가 合木하고,
  26세 壬子년에 歲運에서 吉神이 오니 결혼을 하였다.

- 丙午대운에 시골에서 농사를 짓던 중 午戌火局으로 吉神인
  亥水를 말리니 동네 이장일 본다고 돌아다니다가 빚을 많이져서
  80년 庚申년에 서울로 올라와 그 당시 중동건설 바람을 타고
  사우디에 나가 돈을 벌어 1년 만에 빚을 모두 청산하였다.

- 乙巳대운 용신인 乙木이 등장하여 힘을 보태주므로 좋은데,
  巳火가 印綬를 치므로 나쁘나, 85년 歲運에서 乙丑이 들어와
  대운의 巳火와 巳丑合하여 亥水를 치지 않아 好運이라서
  가락시장이 설립될 당시 들어와 돈을 벌기 시작하였으며, 97년
  丁丑년에 지금의 점포를 매입하였다.
  또, 歲運에서 庚金이 오는 해인 2000년 庚辰년에는 妻가 契主를
  하다가 부도를 내어 어려움도 겪었다.

- 甲辰대운에 대운에서 甲木이 등장하여 長木之敗하므로 좋지는
  못하나 甲庚沖하여 乙庚合을 완전히 떼어놓으므로 안정을
  찾았으며,

- 앞으로 오는 癸卯, 壬寅대운은 用神운이니 편히 지낼 것이다.

庚　乙　戊　辛　　남

辰　巳　戌　卯　　자대운

78 68 58 48 38 28 18 8

庚 辛 壬 癸 甲 乙 丙 丁
寅 卯 辰 巳 午 未 申 酉

☯ 四柱의 旺衰

乙木 戌月생으로 年支 卯木, 時支 辰土에 뿌리가 있다.
그러나, 年支 卯木은 卯戌合되었고, 年干 辛金의 극제를 받아
乙木의 뿌리 역할이 안 된다.
따라서, 時支 辰土에 뿌리를 둔 것만으로는 강왕한 土金의
세력에 임할 수 없으므로 從財에서 從官으로 갈 수 밖에 없다.

☯ 格局과 用神

月令이 戌月이고, 乙庚合을 따라 假從殺格 또는 日干代行格이
되었으므로 洩氣해 주는 水가 가장 필요하고, 金도 吉神이며,
土는 더 이상 필요하지 않고, 火도 凶神이며, 木도 凶神이다.

☯ 四柱의 特徵 및 命主의 性格

이 命主는 부산태생으로,
이런 假從格이 되면, 가면을 쓰고 생활하게 되니 없어도
있는 척, 모르는 것도 아는 척, 싫어도 웃는 얼굴을 보이는
삶을 살게 된다.
그리고, 庚金에 따르므로 권위를 좋아하고, 자신이 法인양
행동한다.
乙木이 庚金을 만나 有情한 合을 하므로 庚金이 일간대행을
한다.

☯ 六親 關係

庚金을 体로 보므로, 日干 乙木은 財星이 되고, 戊土는 印星이
되며, 年上 辛金은 劫財로 형제이고, 巳火는 官星으로
자식이다.

☯ 大運

- 초년 丁酉, 丙申대운은 평길했으며, 지방에서 어렵게
  전문대학을 졸업하였고,

- 乙 대운에 결혼운이다.
  未 대운 변동수인데, 戌未刑을 하니 卯木이 살아나므로 변신을
  꾀하게 된다.

- 甲午대운은 日主와 1급 소용돌이가 되어 실패, 좌절의 회호리가
  있게 되므로 일마다 실패가 많았다.
  특히, 甲木은 偏財(庚金에서 甲)가 되니 植木하려고 설치나
  炎木(火氣에 깡 마른나무)이 炎土(마른 土)를 만나므로
  이뤄지지 않는다.
  오히려, 甲 戊의 冲剋만 되어 財破되고, 문서가 상하는 일이
  생긴다.
  午 대운은 午戌로 火局이 되어 발바닥에 불란 듯 뛰어 다니나
  이뤄지는 것은 없다.

- 癸대운은 조후가 되니 妻家의 덕을 보던지 妻德으로 생계를
  꾸려가게 된다.
  巳 대운 火運이라 불길하지만 庚金이 장생하므로 새로운 삶을
  도모하게 되는 때인데, 돈 한푼 없음에도 불구하고, 향우회장
  관련 감투를 쓰고, 명함에는 거창하게 인쇄되어 있으나 속이 빈
  사람이다.
- 壬辰대운은 洩氣되므로 편안할 것이나 문서로 인해 손해 볼
  일이 생긴다.

- 辛卯대운에 絶命이다.

$$己\quad 乙\quad 庚\quad 壬$$

$$卯\quad 巳\quad 戌\quad 辰$$

여자대운

72 62 52 42 32 22 12 2

壬 癸 甲 乙 丙 丁 戊 己
寅 卯 辰 巳 午 未 申 酉

☯ 四柱의 旺衰

戌月의 乙木이 年上에 壬水를 보고, 時支에 卯木을 보아 太弱하다.
辰土에도 乙木 뿌리를 갖고 있으나, 辰戌沖하여 깨졌다.

☯ 格局과 用神

戌月에 乙木으로 태어났으니 偏財格이다.
가을에 乙木이 뿌리를 가져 살아있으므로 자라야 하는데,
나무가 자라기 위해서는 가을에 불이 가장 필요하다.
이 사주를 身弱하다고 木으로 용신을 잡으면 안 된다.
그래서, 火가 藥用神이고, 木은 吉神이며, 金이 病神이고,
土 凶神이며, 水도 凶神이다.

☯ 四柱의 特徵

이 女命의 사주는 地支가 따뜻하고, 卯木 뿌리가 있어서 生木
이라서 더 자랄 수 있는 나무다.
그래서, 生木은 金을 보면, 生長을 방해하므로 官星인 庚金이
病이다.

☯ 命主의 性格

이 女命은 천상 여성적인 성격이나 권위주의적인데가 있고,
地支가 辰戌沖을 하여 역동적이고 분주하다.

☯ 六親 關係

女命에서 남편을 볼 때, 官星의 吉凶여부를 보는데,
이 사주에서는 官星이 病神이다.
그런데, 남편인 官星과 乙庚合을 했으므로 남편과 유정하다.
壬水는 印星으로 母親이고, 己土는 財星으로 부친이며, 巳火는
傷官으로 자식이다.

☯ 刑 沖 合 및 殺星의 應用

干上의 乙庚金은 나무가 身弱하고 日主가 묶여 있으므로 좋지
않다.
만약, 이런 구조에서 火가 약하다면 열매를 익힐 수 없기
때문에 아주 나쁠 것인데, 운에서 火가 오면, 열매가 익어
소득으로 바뀌기 때문에 좋다.
身弱사주에 巳戌鬼門을 갖고 있어 운이 나빠지면 쉽게 우울증
같은 신경불안이 올 수 있다.
乙巳일주는 孤鸞殺로 과부가 되는 경우를 많이 봐왔다.

☯ 大運

- 초년 戊申, 己酉 대운이 저조하다.
- 22세 丁未대운부터 이 사주가 火勢가 등장하여 발복했다.
- 丙午 대운에 病神인 金을 쳐주므로 나무가 잘 자라고 사주의 病을
  치료하기 때문에 대발하였다.
- 乙巳대운도 吉神운이라 좋았으나 日主 伏吟運이라서 구설 수 있다.
- 甲辰대운도 吉한데, 甲申년에 대발하였다.
- 癸卯, 壬寅대운도 길운이라 편안한 노후가 될 것이다.

제 2장 乙木日干 亥月

癸　乙　己　丙　　여

未　酉　亥　辰　　자

77 67 57 47 37 27 17 7　대

辛 壬 癸 甲 乙 丙 丁 戊

卯 辰 巳 午 未 申 酉 戌　운

☯ 四柱의 旺衰

亥月에 乙木이 時上에 印星을 보아 身弱하나, 사주가 濕하고
辰중, 未중에 뿌리가 있어 身旺과 같다.

☯ 格局과 用神

乙木이 亥月에 태어났으므로 正印格이다.
亥月에 乙木이 身弱해도 未土와 辰土에 뿌리를 내리고 있고,
丙火가 있어 살아있는 木이라 키워야한다.
그래서, 火가 用神이고, 木이 吉神이며, 水가 病神이고,
金이 凶神이며, 土는 藥神이다.
따라서, 火가 가장 필요한데, 年上에 丙火가 뿌리가 없고,
己土에 熱을 빼앗기고, 地支 辰土에도 열을 빼앗겨 힘이
없으니 용신 무력이다.

☯ 四柱의 特徵

겨울에는 水가 필요없는데, 時上에 癸水가 있어 태양을 가리고
있고, 地支에 辰土와 酉金이 있어 寒氣와 濕을 더해 주어
나쁘다.
또, 印綬가 時에 있어 늦게까지 공부를 할 것이고, 亥月에
화초라서 인물이 예쁘다.

☯ 命主의 性格

亥月에 화초라서 여성적이고, 내성적이며, 年上에 丙火 傷官이
떠 있으나 힘이 없어서 성격이 활달하지 못하다.
또, 乙酉일주라서 정확한 것을 좋아하기 때문에 약속을 잘
지키는 성격이다.

☯ 六親 關係

여자 사주에 남편을 볼 때, 우선, 官星의 吉凶여부를 보는데,
이 사주에서는 亥月이므로 調喉를 역행하는 金이 凶神이고,
그 凶神이 日支 배우자궁에 앉아 있어 부부 궁이 나쁘다는
것을 알 수 있다.
이 女命은 庚辰(2000)년에 결혼하였다가 그 해에 이혼하고
말았다.

이는 대운이 凶神운이고, 官인 金이 凶神인데, 金운이며,
남편 궁에 흉신인 金이 있기 때문이다.
그래서, 부부운은 모두 배우자 글자와 배우자궁이 좋아야
하며, 大運 및 歲運이 좋을 때 해야 탈이 없는데, 사람마다
그렇지 못할뿐 아니라 설령, 나쁜 사실을 알더라도 여러 가지
조건이 결혼을 하게 만들어 결국, 큰 고통을 겪게 되는
것이다.
그것은 모두 자기의 운이니 누구를 탓하겠는가.
女命에 官이 凶神이면 남편과 직장에 불만족이다.

☯ 刑 沖 合 및 殺星의 應用

年支에 있는 辰土는 印綬 庫이며, 正, 偏印 混雜이라서
어머니가 두 분이라는 것인데, 이 女命은 養女로 갔으니 두
어머니가 맞다.

☯ 大運

- 이 사주에서 水가 病인데, 病이 부모궁에 있어 흉하나,
  戊戌대운이 藥神운이라 태어나자마자 養女로 입양되어 귀염
  받고 자랐으며,

- 丁酉대운에 丁火가 用神이고, 丁癸沖해 주어 좋아서 공부를
  잘하여 유명대학에 들어갔다.
  酉 대운 중 대학을 졸업을 하자마자 대기업에 취업하고,
  己卯(99)년에 부동산개발회사에 다니는 남자를 만나 결혼을
  했는데, 그 다음해인 庚辰(2000)년에 이혼하고 말았다.

- 丙申대운중 丙 대운에 재벌회사에 취업하였으나, 직장을 그만
  두고 외국에 공부하러 갔다 왔지만, 甲申, 乙酉년은 歲運이
  나빠 취업이 안 되다가 丙戌年에 학원 강사로 취업하였다.

- 37세 乙未대운부터 운이 오기 시작하여,

- 甲午대운이 가장 전성기다.

- 癸巳대운부터 기울기 시작하여,

- 壬辰대운이 아주 나쁘다.

己　乙　己　辛　　남

卯　卯　亥　丑　　자

73 63 53 43 33 23 13 3　대

辛 壬 癸 甲 乙 丙 丁 戊
卯 辰 巳 午 未 申 酉 戌　운

☯ 四柱의 旺衰

亥月에 乙木이 地支에 比肩인 卯 卯와 亥水가 있어 身旺하다.
더군다나, 亥卯合木하니 太旺하다고 볼 수 있다.

☯ 格局과 用神

乙木이 正印月에 태어났으므로 內格인 正印格인데, 乙木의
태어난 계절이 亥月일뿐만 아니라 나무는 반드시 불을 봐야
하는데, 불이 없어 下格이다.
亥月은 아직 물이 덜 차가운데, 나무의 뿌리가 旺하여 키울 수
밖에 없는 구조이다.
그래서, 火가 正用神이나 原局에 없어서 木을 用神하고, 地支
亥水는 凶神, 金이 病神이며, 土는 吉神, 운에서 오는 火는
藥神이다.

☯ 四柱의 特徵

原局에 불이 없어서 추위에 떨고있는 형국이고, 꽃이 안 핀
무화과와 같다.
또, 겨울나무는 약초로도 보지만, 이 사주는 旺하기 때문에
약초가 아니다.

☯ 命主의 性格

사주가 旺하면 일단 고집이 세고, 氣가 쎄서 성격이 급하다.
또한, 겨울에 불을 보지 못한 나무라서 자기 뜻대로 되는 게
별로 없기 때문에 불평불만이 많다.
食傷이 없어 잔정이 없다.

☯ 六親 關係

이 사주는 財가 日干을 중심해서 양쪽에 있어 마치 두
여자에게 양팔 베개를 하고 있는 것과 같다.
時上에 있는 財는 財의 입장에서 볼 때, 친구 위에 올라서
있는 것과 같으니 유부녀인데, 대문밖에 유부녀가 대기하고
있는 것과 같아 때가 되면, 이 여자를 한번 만나주고 가야
한다.
그런데, 日支에 比肩이라서 부부사이는 원만치 못하다.
또, 年上에 辛金은 나무를 자르는 성분으로 조상 궁에 있어
조상의 음덕이 없음을 말하고 있다.

☯ 刑 沖 合 및 殺星의 應用

干上의 辛金은 나무를 자르려고 해도 己土가 가로막아 주어
자르지는 못하고,
그렇지 않아도 木이 旺한데, 亥卯合木하여 또 다른 木을
만드니 이 사람은 욕심이 많은 사람이다.
또, 年支와 月支 사이에 子水가 가까이 있으며, 乙木을 기준
하여 申子가 天乙貴人인데 그중 子水가 해당한다.

☯ 大運

- 이 命主는 초년 戊戌대운에 地支 戌土가 있어 調喉를 해주어
  무난했다.
- 丁酉대운에 干上에 불이 와서 다행이나, 大運 支 酉金이 旺神
  인 卯木을 沖하므로 대단히 나쁜데, 고등학교 때인 77년 丁巳년

에 原局의 丑과 대운의 酉金 歲運의 巳火가 巳酉丑金局이 되어
旺木인 卯木을 공격하므로 사고를 쳐서 官災수가 생겼으나
다행히, 경찰서에는 가지않고 원만히 해결했다.

- 33세 乙未대운에 亥卯未合木이 되어 日支가 슴이 들어오므로
  35세 乙亥년에 은행에 근무하던 현재의 부인을 만나 연애를
  하다가 38세 戊寅년 12월에 결혼하였다.
- 甲午대운에 巨木인 甲木이 등장하여 木長之敗라서 좋지 않은데,
  歲運이 甲申, 乙酉로 가니 旺木을 치므로 운이 없어 증권투자로
  큰 손실을 입었다.
  또, 05 乙酉년에는 운동을 하다가 실수를 하여 다른 사람의
  갈비뼈를 부러뜨리는 사고도 냈다.

- 癸巳 대운 巳火가 불이라서 좋으나 巳丑合金이 되어 배반하므로
  빛 좋은 개살구와 같고,
- 壬辰대운도 좋은 운이 아니다.

丁 乙 丁 庚 　남

丑 亥 亥 寅 　자

71 61 51 41 31 21 11 1 　대

乙 甲 癸 壬 辛 庚 己 戊 　운
未 午 巳 辰 卯 寅 丑 子

☯ 四柱의 旺衰

亥月에 乙木이 年支에 寅木을 보고, 月支와 日支에 亥水를
보았으며, 寅亥合까지 하므로 身旺하다.

☯ 格局과 用神

乙木이 亥月에 태어났으므로 正印格이다.
乙木이 태어난 계절이 亥月이라 춥기 때문에 火가 있어야
좋은데, 다행히, 月과 時上에 丁火가 있고, 寅중에 火가 있어
丁火를 調喉用神으로 쓴다.
火가 용신이고, 木은 더 이상 필요치 않고, 金과 水는 凶神
이며, 土는 吉神이다.

☯ 四柱의 特徵

이 命主는 충남 대전 태생으로,
亥月에 화초가 살아있어 약초 또는 온실속의 화초다.
날이 추운데 日干 양 옆에 불을 피워놓았으나 뿌리가 없어
약하다.

☯ 命主의 性格

亥月의 화초가 인공불을 피워놓아 온실 속의 화초와 같아서
연약하여 따뜻한 것을 좋아한다.
여기서, 丁火는 食神이라서 인정이 많고, 노력파이며,
부드러우며, 불을 두 개나 피워 놓았으므로 有備無患의 정신이
강하다.

☯ 六親 關係

이 남자의 財星은 丑土로 半凶半吉이고, 日支 배우자궁을
보면, 日支의 亥水는 겨울이라 필요치 않는 물이며, 더구나,
寅亥合하여 寅중의 丙火를 끄므로 나쁘고, 亥亥로 子刑을 하고
있어 부부 궁이 나쁘거나 그렇지 않으면 부부가 많이 떨어져
생활하는 직업이다.
그런데, 이 男命은 대기업에 근무하고, 부인은 미용사인데,
부부관계도 원만하고 재물도 많다.
미용사의 남편이 제대로 된 경우는 매우 드문데, 이 경우는

그렇지 않다.

☯ 刑 沖 合 및 殺星의 應用

亥亥로 子刑을 하고 있어 凶하며, 이 사주에서 亥水는
凶神이다.
또, 年支 寅木과 月支 亥水가 寅亥合破인데, 이 사주에서는
寅亥合을 하면, 寅중 丙火가 꺼져 더 추워지기 때문에 凶하다.

☯ 大運

- 초년 戊子대운은 水운이라 凶했으며,

- 己丑대운은 나무가 뿌리내릴 토양이 생기므로 좋은데, 年 月에
  용신이 있어 부모의 덕이 있어 서울에 유학을 했다.

- 庚寅대운 乙庚合하여 직장이 생기는 운인데, 地支에 寅木을
  달고와 대기업에 입사하여 안정된 직장인으로 출발하였다.

- 辛卯대운이 저조한 운이라서 진급이 느렸고,

- 壬辰대운도 저조하나 歲運이 좋은 49세 98년 戊寅년에 승진
  하였다.

- 癸巳대운 甲申(05)년이니 얼마 후 정년을 앞두고 있는데,
  용신인 巳火운이 오니 또 다시 진급에 열을 올리고 있으나
  巳丑金局이 되어 배반하므로 어렵다.

- 앞으로 오는 甲午대운이 가장 좋은데, 年上에 官이 있어 명예에
  관심이 많은 사람으로 앞으로 정치에도 꿈이 있으나, 대운은
  받혀주지만 官이 凶神이라 어려울 것이다.

- 乙未대운도 편안하다.

제 2장 乙木日干 子月

<pre>
庚 乙 戊 乙   남
辰 卯 子 未   자

74 64 54 44 34 24 14 4   대

庚 辛 壬 癸 甲 乙 丙 丁
辰 巳 午 未 申 酉 戌 亥   운
</pre>

☯ 四柱의 旺衰

子月에 乙木이 年上에 比肩이 있고, 日支에 卯木이 있으며,
卯辰으로 半 木局을 하여 太旺하다.

☯ 格局과 用神

子月에 乙木이 태어났으므로 偏印格이다.
겨울나무가 아무리 身旺하다 해도 불을 보지 못하면 무슨
소용이 있겠는가.
木이 旺하면 旺할수록 오히려 제습하는 土를 剋하므로 운이
없다.
이 사주에 불이라곤 未中에 丁火뿐이다.
그래서, 乙木이 추위에 떨고 있는데, 時上의 庚金마져 마치
자기가 마치 열매인양 매달려 있으니 가관이다.
未중 丁火가 用神, 木 病神, 金 藥神, 土는 水를 막아주니
吉神이다.

☯ 四柱의 特徵

이 命主는 경기도 수원태생으로,
겨울에 乙庚合金은 우박이 매달려 있는 것과 같아서 흉하다.
이런 구조에서 만약, 天干에 火가 와서 庚金을 녹이면 좋을 것
같으나 乙庚合에서 풀려난 乙木이 戊土를 剋하므로 돈 손실이
있거나 배우자가 피해를 입는다.
사주가 이런 구조이면, 庚金이 官으로 희망이요, 직장이요,
자식이요, 보람인데, 金이 망상덩어리가 매달려있으니 만날
정치 꿈만 꾸는 사람이다.
子月의 화초가 月支에 桃花를 갖고 있어 인물이 잘 생겼다.

☯ 命主의 性格

이 男命의 本性은 인간적이고 착한 성격이나 日干이 官星인
庚金과 乙庚合이 되어있어 망상에 젖어 있는 사람이라서
권위주의적이고 과시하기를 좋아한다.

☯ 六親 關係

남자 사주에서 妻를 볼 때, 우선, 財星의 吉凶 여부를 살펴야
하는데, 이 사주에서는 未중에 丁火를 용신으로 쓸 뿐만
아니라 戊土가 제습을 해주고 있어 財星이 吉神이고, 유력
하므로 부인의 능력이 있다.
그러나, 日干의 세력이 너무 강해서 群劫爭財하므로 月上의
戊土가 위험하다.
또, 日支 妻宮에 比肩이 들어앉아있어서 妻를 들어오지 못하게
하므로 妻와의 갈등이 많을 것이다.

☯ 刑 沖 合 및 殺星의 應用

地支에 子卯刑은 桃花 病이니 여자 같으면 자궁에 이상이 있을
것인데, 本名은 남자이므로 성병에 걸릴 때가 있었을 것이다.
月支 기준 子水가 桃花라서 陽氣도 강하다.

☯ 大運

- 초년 丁亥대운에 亥卯未木局을 하여 未土가 剋을 받으므로
  凶하였다.
- 丙戌대운이 좋아 편하게 성장하였으며, 군대생활도 편하게
  하였다.
- 乙酉대운에 病神인 卯木을 쳐주므로 안정적인 직장에 들어가
  근무를 하다가,
- 甲申대운까지 그대로 근무를 하였다.
- 癸未대운에 운이 오기 시작하니 직장을 사직하고, 壬午(02)년
  국회의원에 출마하였으나 낙선하였다.
- 壬午대운에 火가 오므로 운이 좋다고 생각하나 불이 오면
  나무가 자라 土를 剋하므로 손재수이고, 妻한테 흉액이 따른다.
- 辛巳대운은 乙辛沖하여 길하지 못하고, 巳火가 卯木을 길러
  木剋土하면 吉중 凶이 있다.

戊　乙　丙　己　　여

寅　亥　子　酉　　자

74 64 54 44 34 24 14 4　　대

甲 癸 壬 辛 庚 己 戊 丁　　운
申 未 午 巳 辰 卯 寅 丑

☯ 四柱의 旺衰

子月에 乙木이 地支에 印星인 亥 子水와 寅木을 보아
身旺하다.

☯ 格局과 用神

乙木이 子月에 태어났으므로 偏印格이다.
나무가 겨울에 태어나 살아있으면, 身旺하냐, 身弱하냐 보다는
우선 調喉를 먼저 살펴야 하는데, 이 사주는 除濕할 土도 있고,
丙火도 있어서 좋다.
火가 用神이고, 木은 吉神이며, 水가 病神이고, 土는 藥神이며,
金이 凶神이다.

☯ 四柱의 特徵

子月에 화초가 丙火를 보아 인물이 잘났다.
그러나, 月上에 傷官을 보고 官星 酉金은 年支에 있어 남편을
우습게 본다.
회사에서 경리사원인데, 財가 藥神이라 경리업무가 맞다.
이런 구조는 寅亥合木하여 亥水가 寅木을 따라가므로 애인이
따라다니기 때문에 돈 빼 가는지 잘 봐야한다.

☯ 命主의 性格

이 女命은 성격이 여성적이면서도 활달한 성격이며, 또, 정확
하고, 약속을 잘 지키는 사람이라서 신용이 있다.

☯ 六親 關係

남편궁에 있는 亥水가 寅木을 生해 주어 다른 남자가 따라
다니는데, 부부사이는 괜찮다.
그러나, 官이 凶神이고 年支 멀리 있으며, 地支에 있어 능력이
약하다.

☯ 刑 沖 合 및 殺星의 應用

子酉破인데, 印星과 官星의 破이기 때문에 공부 운과 남편
덕이 弱하고, 寅亥合은 日支 妻宮의 亥중 壬水가 寅중의

丙火를 剋하므로 흉한데, 寅중 丙火가 꺼지면, 木剋土하여
寅중 戊土가 剋을 받고 덩달아서 時上의 戊土도 剋을 받으므로
나쁘다.

☯ 大運

- 초년 丁丑대운에 地支 丑土가 凶神이라서 운이 저조했고,
- 戊寅대운이 寅木이 있어 좋은 운이라서 공부를 잘 하였다.
- 己卯대운에 卯木이 官星인 酉金을 치므로 남편과 갈등이 생겼을
  것이다.
- 庚辰대운에 사주가 濕해져서 운이 저조하다.
- 辛巳대운에 辛金이 丙火를 丙辛合으로 묶고, 乙辛沖하고,
  寅巳刑하면 삶에 큰 변화가 오는데, 나쁜 변화다.
- 壬午대운이 좋은 운이다.
- 癸未도 그런대로 좋다.
- 甲申대운에 寅木을 申金이 치면 凶하다.

甲 乙 壬 壬　남

申 未 子 辰　자

77 67 57 47 37 27 17 7　대

庚 己 戊 丁 丙 乙 甲 癸　운
申 未 午 巳 辰 卯 寅 丑

☯ 四柱의 旺衰

子月에 乙木이 年月에 壬水 印星이 旺하고, 地支에 申子辰水局이
되어 太旺하다.

☯ 格局과 用神

乙木이 子月에 태어났으므로 偏印格이다.
비록, 子月에 水가 많아 太旺하나 未중에 丁火가 있어서 乙木이
살아있다.
그래서, 무조건 火를 用神으로 써야하므로 水는 病神이고, 金은
凶神이며, 乾土가 吉神이고, 겨울 木은 旺하면 旺활수록 제습하는
土를 剋하므로 凶神이다.

☯ 四柱의 特徵

印綬가 太旺하여 病이 되면, 봉급이 작고, 印綬가 吉神이면,
고귀한 학문을 가졌다.
이렇게, 印綬가 많은 사람들에 대한 감명을 해본 바, 결혼하기
전에 어떤 사람들은 엄마 품에서 떠날 줄 모르는 사람이 있는가
하면, 어떤 사람들은 엄마의 간섭이 많아 엄마를 무척 싫어하는
사람도 있다는 것을 알게 되었다.
그래서, 이 두 부류중에 어느 것이 맞는지를 문진한 후 설명을
해야 한다.

☯ 命主의 性格

근본적으로 사람이 착하고 선하며, 부드러운 성격이나 食傷이
없어 표현력이 부족하여 말이 없는 사나이다.
또, 日支에 用神이 들어있고, 財 속에 들어있어 짠돌이로 돈 밖에
모른다.

☯ 六親 關係

年 月에 丙 丙이 두 개 있으면, 조부가 인물이 너무 잘나서
바람을 많이 피웠는데, 이 사주는 年 月에 印綬인 壬 壬이 病神이
되어 조부가 풍파를 많이 일으켰다.

申子辰水局으로 모친 아닌 모친이 있거나 모친에 이복형제가
있으며, 劫財까지 있으니 분명히 어머니가 두 분일 것이다.
印綬가 旺하여 調喉를 깨면, 아버지가 집을 나가거나 건달처럼
살았다.
어머니 글자가 旺해서 아버지가 능력이 없다.
印綬太旺 者는 食傷을 剋하므로 활동성이 떨어진다.
水多木浮로 좋은 직업을 가질 수 없다.

☯ 刑 沖 合 및 殺星의 應用

子月에 辰子水局이라 凶하고, 子未怨嗔인데, 이렇게 되면,
妻와 시부모 사이가 나쁠 수 있다.
申子辰水局은 未土가 가로막고 있어서 성립하지 않지만,
운에서 未土를 묶거나 沖하여 없어지면, 그 때 水局이
성립하므로 그런 때에 잘 살펴야 한다.

☯ 大運

- 초년 癸丑대운에 습해져서 불운했다.

- 甲寅대운에 甲木은 좋지 않으나, 寅중에는 불이 들어 있어서
  괜찮다.

- 乙卯대운에는 木이 너무 많아지고 亥未木局하면, 未중에 丁火가
  꺼지므로 凶하여 고통을 겪는다.

- 丙辰대운에 丙火가 좋으나, 地支에 辰土가 濕土로 申子辰水局을
  이루므로 凶하다.

- 丁巳, 戊午, 己未대운도 좋다.
  大運이 食傷으로 가면, 내가 움직일 운이 있다.
  그래서, 나이 들어서도 일을 한다.
  겨울에 丁火 하나만 살아 있어도 온돌방에 불 땔 것이 있다.

- 庚申대운이 나쁘다.

庚　乙　壬　壬　여

辰　卯　子　辰　자

79 69 59 49 39 29 19 9　대

甲 乙 丙 丁 戊 己 庚 辛

辰 巳 午 未 申 酉 戌 亥　운

☯ 四柱의 旺衰

子月에 乙木이 뿌리를 갖고 태어났고, 印綬가 旺해
太旺하다.
그러나, 이 사주는 水草 사주이기 때문에 身旺身弱을 따지지
않는다.

☯ 格局과 用神

엄동설한에 乙木 화초가 火를 전혀 보지 못하고, 水가
太旺하므로 水草가 되었다.
水草는 일반격과는 다르게 봐야한다.
水草는 물속에서 크는 나무라서 火가 오면 말라 죽기
때문이다.
그래서, 木이 用神이고, 水는 吉神이며, 金이 病神이고,
土는 凶神이나 辰土는 辰子水局 또는 卯辰木局으로 변하므로
무난하며, 火는 凶神이다.

☯ 四柱의 特徵

乙木일주가 물이 太旺하고, 불이 전혀 없으면 水草사주다.
그런데, 地藏干에라도 불이 들어있어 불을 쓸 수 있으면
水草가 안 된다.
그런데, 이 사주는 불이 한 점 없어서 水草로 보기 때문에
感命을 잘해야 한다.
만약에, 이런 사주가 火運에 잘 살았다고 진단을 하면

엉터리다.

☯ 命主의 性格

이 사주는 乙木일주라서 여성적이고, 從格과 같은 水草라서
환경에 적응하는 능력이 뛰어나서 어디 가서도 남들과 잘
어울리는 스타일이다.

☯ 六親 關係

印綬가 吉神이고, 印星이 부모 궁에 있어 부모가 잘살았었다.
水草사주가 되면, 3불기라서 3가지가 안 된다.
하나는 남편이 안 되고, 두 번째는 자식이 안되고, 세 번째는
돈이 없다.
그래서, 이 사주가 지금이 丁未대운인데, 모두 망해 먹고
어렵게 살아가고 있다.

☯ 刑 沖 合 및 殺星의 應用

乙卯일주를 기준하여 子丑이 空亡인데, 子水 印星이 부모 궁에
있어 부모가 자기는 잘살았다고 해도 이 命主 부모덕이
약하다.

☯ 大運

- 초년 辛亥대운에 운이 좋아서 귀염받고 자랐다.

- 庚戌대운에 戌土가 辰戌沖하여 辰土가 깨져 물이 세므로
  부친한테 문제가 있었을 것이다.

- 己酉대운도 卯酉沖할 것 같으나 원국에 辰土와 水가 있어
  卯酉沖이 약하게 오기 때문에 큰 탈이 없다.

- 戊申대운도 地支가 申子辰水局이 되므로 좋다.

- 丁未대운에 水草가 불을 보면 죽는다고 했는데, 불을 보아
  나쁘다.
  辛巳년에 불이 들어오니까 운이 나빠져서 강남에 있는 집을
  팔고 경기도 용인으로 이사를 하여 壬午년부터 그곳에서
  부동산업을 시작하였으나 재미를 보지 못하고 곧 문을 닫고
  말았으니 水草사주의 운의 변화를 알 수 있다.
  아마도, 이 사주를 보는 대부분의 역술인들은 丁未대운부터
  대운이 들어왔다고 할 것이나 이 사주는 분명히 火運에 망했다.

※ 앞으로 오는 丙午대운이 가장 나쁘다.
  과연 버틸 수 있으려나 ?

남편 사주

丙　癸　丁　丁　　남

辰　卯　酉　戌　　자　대

74 64 54 44 34 24 14 4

乙 甲 癸 壬 辛 庚 己 戊
巳 辰 卯 寅 丑 子 亥 戌　　운

財多身弱이다.
酉月에 생명인 卯木이 있어 키워야 하는데 酉金이 자르고
있어 부부궁이 나쁘다.
癸水가 태약하고, 卯木을 살려야하므로 火가 用神이다.

제 2 장 乙木日干 丑月

丙　乙　丁　己　　남

子　巳　丑　丑　　자

71 61 51 41 31 21 11 1

己庚辛壬癸甲乙丙　　대

巳午未申酉戌亥子　　운

☯ 四柱의 旺衰

丑月에 乙木이 地支에 子水를 보았는데, 食傷과 財가 많아
太弱하다.

☯ 格局과 用神

乙木이 丑月에 태어났으므로 偏財格이다.
丑月에 乙木이 時支에 子水가 있고, 時上에 불을 보아 자랄 수
있는 조건을 갖추었으나, 濕土가 3개가 있어 財多身弱사주다.
그런데, 火가 旺한 것 같아 보이나, 日支에 巳火가 巳丑合金이
되었고, 月支 丁火도 年上에 己土와 月支 濕土에 열을 흡수
당해 힘이 없는데, 年上 丙火도 子水 위에 떠 있어 달빛과
같다.
木이 用神이고, 水는 凶神이며, 土도 凶神이고, 火는 吉神
이며, 운에서 오는 金은 凶神이다.

☯ 四柱의 特徵

이 命主는 경기도 안성 태생으로,
月令이 丑月이기 때문에 乙木이 살아있는 木이다.
그러나, 財星인 土가 旺하여 다스릴 수 없는 土라서 여러
여자와 인연을 맺었다.
또, 乙木이 丙 丁火를 보아 인물이 잘 생겼고, 손재주를 갖고
있어 목수 등 못하는 것이 없는 만능 재주꾼으로 인테리어직업
이다.

☯ 命主의 性格

이 男命의 성격은 부드럽고 人情이 많은 사람인데, 食傷이
많아 똥배짱을 부리다가 손해를 많이 보는 사람이다.

☯ 六親 關係

이 사주에서 財星이 많아 病이라 여러 부인을 만났으나 금방
헤어지고, 헤어지면 금방 또 만나는 사람이다.
己丑생으로 나이가 많은데도 이 男命은 하루라도 性生活를
안하면 못 베긴다고 한다.
丙戌년까지 男命과 부부인연을 맺은 여자만 해도 댓 명은 넘을
것이다.
그러나, 하나같이 오래 살지 못하고 금방 헤어지니 여자 복이
없는 사람임에 틀림없다.

☯ 刑 沖 合 및 殺星의 應用

丁丑 白虎殺이라 여자와 부모덕이 없고, 丑土 官庫를 두
개씩이나 가졌고, 巳丑合金하여 배다른 자식을 두고 있다.
또, 乙巳일주가 여자에서는 孤鸞殺인데, 남자에서는 孤鸞殺로
안 본다.
그런데, 日支 巳火와 財星인 丑土가 合을 하고 있어 이 사주는
내 여자건 남의 여자건 항상 여자가 붙어 다닌다.

☯ 大運

- 초년 丙子대운에 가난하였고,

- 乙亥대운도 가난했으나 지방도시에서 고등학교를 졸업하였다.
  乙木 일주라 끼가 있는데, 年, 月에 일찍 財가 떠 있고 20살
  되는 戊申년에 歲運에서 財星인 戊土가 등장하므로 연애를 해서
  자식을 낳고 나중에 결혼을 하였다.

- 甲戌대운에 甲木이 등장하여 木長之敗가 되고, 財星인 戊土가
  등장하여 丑戌刑을 하니 妻와의 갈등이 생겼다.

- 癸酉대운에 巳酉丑金局이 되어 金운으로 흐르니 운이 없어 아들
  하나를 낳고 헤어졌다.
  이 대운에 소금염전을 하였으나 운이 없어 실패하고 말았다.
  36살 때인 74년 甲寅년에 재혼하여 아들 하나를 또 두었으나
  4년 만에 또 헤어지고 말았다.

- 壬申대운 48세 丁丑(87)년에 3번째 부인을 만나 살았으나, 財
  官이 凶神이라 이 부인한테서는 자식이 없었고, 88(戊辰)년
  유통업을 하다가 단속이 심해 문을 닫고, 시골에 내려가
  유통업을 했으나 돈을 벌지 못하였다.
  3번째 부인과는 17년간 살았으나 종교에 심취하다가 결국 정신
  쇠약증에 걸렸다.

- 辛未대운중 癸未(03)년 가산을 정리하여 용인으로 옮겨와 일을
  했으나, 甲申, 乙酉년에 돈을 벌지 못하였으며,
  결국, 3번째 부인과도 헤어지고, 두 번째 부인이 다시 돌아와
  살다가 丙戌년에 3번째 부인과 또 헤어지고, 4번째 여인을 만나
  동거하고 있다.
  財 官이 凶神이라 돈에 대한 관념이 부족하고, 자식들과도 인연
  이 없어 떨어져 산다.

- 庚午대운, 己巳대운도 크게 좋을 것이 없다.

辛 乙 辛 丁　여

巳 酉 丑 未　자

75 65 55 45 35 25 15 5　대

己 戊 丁 丙 乙 甲 癸 壬
酉 申 未 午 巳 辰 卯 寅　운

☯ 四柱의 旺衰

丑月에 乙木이 年支 未土에 뿌리를 하였으나 丑未沖하여 깨져 뿌리가 없다.
陰일간은 너무 약하면 從을 잘 하는데, 이 사주도 乙일주가 뿌리가 없고 金기운이 너무 旺하여 從을 하지 않을 수 없어 從殺格이 되었다.

☯ 格局과 用神

丑月에 乙木이 月上과 時上에 辛金이 있고, 地支가 巳酉丑 金局이 되어 從殺하였는데, 月令이 丑月이므로 假從殺格이다.
이 사주가 만약, 月令이 酉月이었다면 眞從殺格이다.

☯ 四柱의 特徵

사주가 眞從殺이 되었더라면 局이 더 좋았을 것인데, 假從殺이 되어 그다지 귀하지 않다.
또, 從殺이 되었더라도 大運에서 운을 받쳐줘야 좋은데 운을 받쳐주지 못하면, 從格이 오히려 나쁘다.

☯ 命主의 性格

乙木일주라 여성적인데, 사주가 從을 하여 갔으므로 얌전하고 똑똑한 사람이다.

무슨 일이든지 깔끔하게 마무리를 잘하는 성격이다.
또, 부지런하여 잠시도 쉬지 않는다.

☯ 六親 關係

女命에 從殺格이 되면 남편한테 잘한다.
그러나, 이 사주에서는 丁火 官星이 凶神이고, 丑未沖하여
局을 깨므로 부부궁이 나쁘다.
官은 혈통인데, 官星이 凶神이므로 딸만 둘을 두었다.

☯ 刑 沖 合 및 殺星의 應用

乙일간을 辛金이 양쪽에서 沖을 해 대므로 乙木이 견딜 수
없고, 뿌리인 未土가 丑未沖하여 從하지 않을 수 없다.
이 사주처럼 사주에 丑未沖이 있으면, 丑月의 논갈이 해주는
것과 같아 굉장히 부지런한 사람이다.

☯ 大運

- 초년 壬寅대운에 乙일간의 뿌리가 나타나 從을 거부하므로
  운이 저조했다.
- 癸卯대운도 마찬가지다.

- 甲辰대운은 濕土가 들어와 從殺을 도우니 좋은데, 25세 辛未
  (91)년에 官星의 뿌리가 생기니 결혼하여 딸 두 명을 낳고,
  자신도 직장생활을 하여 직장에 다니는 남편에게 힘을 보탰다.
- 乙巳대운도 巳酉丑金局이 되므로 좋은데, 癸未년부터 호프집을
  차려 운영 중인데, 어려운 경기 임에도 운영이 잘되고 있다.
  巳酉丑金局이 된 덕분이다.

- 丙午대운이 오면 從殺을 깨니 나쁠 것이다.
- 丁未대운도 格을 깨니 나쁘다.

- 戊申, 己酉대운은 편히 지낼 것이다.

庚　乙　辛　辛　　남

辰　卯　丑　亥　　자

76　66　56　46　36　26　16　6

癸　甲　乙　丙　丁　戊　己　庚
巳　午　未　申　酉　戌　亥　子　　대운

☯ 四柱의 旺衰

丑月의 乙木이 地支에 卯木뿌리를 보고, 年支에 亥水 印星을
보았으나 官殺이 旺하여 身弱하다.

☯ 格局과 用神

乙木이 丑月에 태어났으므로 偏財格이다.
이 사주는 身弱, 身旺이 중요한 것이 아니라 춥기 때문에
調喉를 해주는 火가 시급히 필요한데, 火는 없고, 庚 辛金
官殺만 많으니 고통스럽다.
또, 겨울은 나무가 뿌리가 없거나 火가 없으면 死木으로 봐야
하는데, 이 사주는 나무의 뿌리가 旺하여 살았으니 키워야
한다.
火가 正用神이고, 木이 假用神이며, 火는 藥神이고, 金이
病神이며, 水는 凶神이고, 土도 凶神이나 辰土는 쓸 수 있다.

☯ 四柱의 特徵

이 사주는 乙木 화초가 불을 보지 못하여 꽃이 피지않는
나무라서 향기가 없고 열매도 없다.
男命에 官이 病이면 자식 덕은 보기 어렵고, 또, 官은 직장
이니 직장 덕이 없어 좋은 직장에 취업하기 어렵거나 또는
취업했다해도 진급이 잘 안 된다.

☯ 命主의 性格

이 男命은 여성적이고, 내성적이라서 말이 없는 사나이다.
그럴 수 밖에 없는 것이 食傷은 없고, 官殺만 많기 때문에
예민하고, 소극적이며, 겁이 많다.

☯ 六親 關係

이 男命의 財星은 丑土와 辰土가 두 개인데, 흉신이라서 妻德이
크지 않을 것이고, 官殺이 旺하여 심한 극을 받고 있는 상태
에서 대운마저 病神운으로 흐르니 사주 속에 있는 財星을 다룰
수 있는 여력이 없기 때문에 丁亥년까지 장가를 못가고 있다.
이 사주는 土가 마누라지만 운에서 火가 와야 財가 나타난다.

☯ 刑 沖 合 및 殺星의 應用

乙卯일주에 子丑이 空亡인데, 空亡인 丑土가 부모 궁에 있고,
부모 궁인 月柱가 凶神이므로 부모덕이 약하다.
日支가 자신의 뿌리로 用神인데, 사주에 불이 없어 자신이
성장하지 못하므로 위축된 삶을 살므로 여자가 나타났다가도
슬그머니 가버린다.
그러니, 어떻게 장가를 가겠는가 ?

☯ 大運

- 초년 庚子대운이 나빠서 공부를 잘하지 못하였다.

- 己亥대운도 저조하나 그래도 亥水와 亥卯合木을 하여 전문대학
  을 졸업하였다.

- 戊戌도 좋은 운은 아니나 戌中에 丁火가 있어 調喉를 돕고
  있어 전문대학을 졸업하고 몇 년 동안 자동차판매사원으로 활동
  을 하였으나 신통치 못하여 04 甲申년부터는 아예 자동차공장에
  취업을 하였다.

男命의 사주에 財가 凶神이니 처덕 보기가 어려운데, 37세 丁亥
년까지 결혼을 하지 못했다.

- 丁酉대운에 卯酉沖하여 卯木 뿌리를 자르면 凶하다.
  그러나, 原局에 辰土와 丑土가 있어 辰酉合, 丑酉合하느라고
  卯酉沖은 약하게 들어오므로 卯木이 잘려나가지는 않는다.

- 丙申대운도 凶하다.

- 乙未대운부터 운이 들기 시작하여,

- 甲午대운이 가장 좋은데 이때는 나이가 많기 때문에 그냥 편히
  지낼 수 있을 뿐이다.

- 癸巳대운은 저조하다.

제 3 장 丙火論

제 3 장 丙火日干 寅月

丁　丙　庚　辛　　남

酉　申　寅　丑　　자

79　69　59　49　39　29　19　9

壬　癸　甲　乙　丙　丁　戊　己
午　未　申　酉　戌　亥　子　丑　　운

☯ 四柱의 旺衰

寅月에 丙火가 時上에 劫財를 보았으나, 財星이 너무 旺하여 身弱하다.

☯ 格局과 用神

寅月에 丙火로 태어났으므로 偏印格이다.
寅月의 태양은 나무를 기를 목적으로 태어났으므로 임무가
있어 바쁘다.
財星인 金이 旺하여 病神이므로 火가 藥用神이고, 木이 吉神
이며, 金이 病神이고, 土는 病神을 生해주므로 仇神이며,
干上의 水는 凶神이나 운에서 地支에 水가 들어오면, 金과 木
사이를 通關시키는 吉神이다.
또, 年月上에 財星인 庚 辛金이 떠 있고, 日支와 時支에도
金이 있는데, 丑土까지 있어 土生金하니 財多身弱이라 金이

病神이다.

☯ 四柱의 特徵

寅月에 丙火가 나무를 기르고 있으니 바쁜 사람이다.
財多身弱은 밖에서는 잘난척 해도 집에 들어가 마누라
앞에서는 꼼짝도 못하는 공처가다.

☯ 命主의 性格

이렇게, 木旺節에 金이 많아 생명을 자르므로 성질이
괴팍한데가 있다.
身弱한 丙火 日主라서 보통 때는 젊잖은 듯 하나 자기 비위에
맞지 않으면 금방 안색이 변하면서 할 소리를 다해 버리는
성격이기 때문에 동료들로부터 미움을 산다.

☯ 六親 關係와 刑 沖 合 및 殺星의 應用

남자 사주에서 妻를 볼 때, 財星의 길흉여부를 보는데, 이
사주에서는 財星이 病神이고, 그 다음에는 日支 妻宮을
보는데, 日支에도 病神인 金이 앉아서 용신의 뿌리인 寅木을
때리고 있어 부부 궁이 매우 불안하다.
이렇게, 부부 궁이 불안안 사람들은 부부가 떨어져 지내는
시간이 많거나 주말부부가 좋다.
印星인 寅木이 寅申沖 당하여 잘려나갔으므로 부모 궁에
이상이 있음을 뜻하는데, 이 男命은 부친이 일찍 사망하였다.
이 사주에서는 財星인 金이 무서운 殺이다.
더군다나, 무서운 財星인 金이 寅申沖하므로 寅木이 살아남을
도리가 없어 일찍 꺾어졌다.

☯ 大運

- 초년 己丑대운에 己土가 丙丁火의 기운을 빼서 病神인 金에게
  土生金하므로 흉하고, 丑土가 丑酉金局하여 寅木이 공격하여

흉하여 14살 甲寅(74년)년에 寅申沖하여 부친이 사망한 후 집안
이 어려워져 시골에서 고등학교를 졸업하였다.
- 戊子대운에 申子合水하여 寅申沖을 말려주므로 운이 호전되어
  안정된 직장에 들어갔으며,
- 丁亥대운 30세 90 庚午년에 용신이 등장하니 결혼을 했고,
  94 甲戌년에 丙火가 무덤에 들어가고, 丑戌刑하므로 자동차가
  개울에 처박힌 사고가 있었고,
- 丙戌대운 용신이 入墓하므로 발전이 없어 고생을 했고, 03년
  癸未년부터 부인이 부업을 하여 가정 경제를 돕고 있으며, 46살
  되던 丙戌년에 승진을 하였다.
- 乙酉대운, 甲申대운이 나쁘고,
- 癸未, 壬午대운에 편히 지낼 것이다.

壬　丙　戊　乙　　여

辰　寅　寅　未　　자

71 61 51 41 31 21 11 1　대

丙 乙 甲 癸 壬 辛 庚 己
戌 酉 申 未 午 巳 辰 卯　운

☯ 四柱의 旺衰

寅月에 丙火가 年干에 劫財인 乙木이 떠있고, 未土와 辰土속
에도 乙木이 있어 身旺하다.

☯ 格局과 用神

丙火가 寅月에 태어나 偏印格이다.
寅月에는 丙火가 힘이 있어야 좋은데, 丙火든 丁火든
甲 乙木이 혼잡해 있으면 火熄 또는 火滯가 되기 쉬운데, 이
사주는 寅木 속에 丙火가 들어 있어 火熄이 아니다.
봄에는 나무를 길러야 하므로 火가 用神이고, 木은 吉神이며,
水는 病神이고, 土는 吉神이다.

☯ 四柱의 特徵

丙火가 寅月에 태어났으므로 자기 계절이라서 임무가 많기
때문에 바쁘다.
또, 丙火가 巨木을 기르고 있기 때문에 보람도 있다.

☯ 命主의 性格

봄의 태양이라서 성격이 활달하고 명랑하며, 화끈하다.
또, 태양은 거짓말을 싫어하고, 올 곧기 때문에 정직하다.

☯ 六親 關係

女命 사주에 남편을 볼 때, 우선, 官星의 吉凶여부를 살펴야
하는데, 이 사주에서는 偏官星인 壬水가 있어 壬水는 땅의
물이라 나무를 기르는데 크게 나쁘지 않으나, 일단, 용신과는
정반대의 성분이므로 凶神이다.
또, 日支에 寅木을 갖고 있어 용신을 잘 도와주므로 吉神이다.
그래서, 火運에는 남편 덕이 있으나, 金 水運이 오면,
없어진다.

☯ 刑 沖 合 및 殺星의 應用

이 사주에서는 특별한 殺星을 논할 게 없다.
단지, 未土 印綬 庫와 辰土 官庫를 갖고 있는데, 그 중 官庫가

좋지 않아 보인다.
왜냐하면, 壬辰 魁罡이고, 庫에 해당하기 때문이다.

☯ 大運

- 本名은 초년 己卯대운이 好運이라 귀염받고 성장하였으며,

- 庚辰대운에 사주가 습해지고, 辰辰子刑을 이루어 辰土 庫가
  발동하여 이성관계가 많았을 것이다.

- 辛巳대운 丙辛合하여 결혼운이라 증권회사에 다니는 남편을
  만나 결혼하여,

- 壬午대운까지 자녀 두 명을 낳고, 남편이 지점장까지 올라가는
  등 편히 살았다.
  대운이 용신운인 火運으로 흐르니 편했던 것이다.

- 癸대운 들어 癸水가 丙火 태양을 가리므로 97(丁丑)년 외환위기
  를 맞아 나라가 IMF구제 금융을 받으면서 기업들이 구조조정을
  당해 남편이 퇴직한 후, 살림이 어려워져 庚辰(2000)년부터
  옷가게를 하였으나 재미를 보지 못했으며, 특히, 癸未대운 말인
  甲申(04년)년부터 현상유지가 어렵게 되자 옷 가게를 정리하고
  식당을 열었는데, 그것마저 시원찮다.

- 甲申대운 부터는 운이 보이지 않는다.

癸　丙　壬　壬　　여

巳　子　寅　寅　　자

71 61 51 41 31 21 11 1　대

甲 乙 丙 丁 戊 己 庚 辛

午 未 申 酉 戌 亥 子 丑　운

☯ 四柱의 旺衰

寅月에 丙火가 年月支에 印星인 寅木 두 개를 보고,
時支에 祿인 巳火를 보니 身旺한 것처럼 보이나, 이 사주를
身旺으로 보면 안 되고 身弱으로 봐야한다.
왜냐하면, 寅月은 아직 날이 추운데, 年 月上에 壬 壬을
보았고, 時上에 癸水를 보았는데, 日支에 子水를 보았으니
오히려 身弱해졌다고 본다.

☯ 格局과 用神

이 사주는 壬癸水가 많고, 그 뿌리인 子水가 있어 봄 장마가
진 것과 같다.
그래서, 날이 추워졌으므로 火의 조력이 필요하며, 偏印格
으로, 內格인 調候用神이다.
火가 用神이고, 木이 吉神이며, 水는 病神이고, 運에서 오는
戊土가 藥神이 된다.

☯ 四柱의 特徵

이 사주는 남자 글자인 官星인 壬 癸水가 混雜해 있으니
운이 나빠지면, 이 사주 속에 있는 들어있는 남자들을 모두
만나줘야 하므로 남편 덕을 보기는 틀렸다.
또한, 日支 子중에서 干上에 壬, 癸水가 透干하여 더욱
나쁘다.
사주가 언뜻 보기에는 아름다워 보이나, 正官인 癸水까지 있어

濁格이다.

☯ 命主의 性格

寅月에 丙火이니 인물이 잘났고, 자존심은 강하나 성격이
활달하고 좋다.
그러나, 官殺의 剋을 심하게 받으니 신경이 예민하고 두뇌가
좋다.

☯ 六親 關係

이 女命은 남편글자인 官殺이 混雜하고 旺하여 病이 되었으니
남편과의 관계가 나쁨을 한눈에 알 수 있는데,
더군다나, 日支 남편자리에 子水 病神을 깔고 앉아있어 기회만
되면 이혼할 수 있음을 나타내고 있으며, 再婚, 3혼격이다.
또, 年 月上에 壬壬이 두 개이면 조상이 파도를 많이
일으켰음을 나타난 것이니, 필시 조상이 바람을 많이 피웠을
것이다.
그러나, 年 月支에 巨木의 뿌리이며, 용신의 뿌리인 寅木을
두 개를 갖고 있어 조상과 부모 代에 잘살았음을 나타난다.

☯ 合 沖 刑 破 및 殺星의 應用

이 사주에는 나쁜 殺이 없는 대신 官이 큰 殺이다.
女命에 官殺이 많으면, 인물이 잘났으나, 大運이 나쁘게
흘러가면 거의 이혼한다.
寅巳刑이 있으나 떨어져 있어 작용력이 약한데, 이런 刑은
대운에서 申金이 와서 三刑이 성립될 때라든가, 大運 및
歲運에서 日支 子水를 묶어두거나 쳐서 없앨 때 寅巳刑의
작용이 생긴다.

☯ 大運

- 초년 辛丑대운에 용신인 丙火를 辛金이 合하여 凶하고,

地支 丑土가 丙火의 祿인 巳火를 묶어 金局으로 만들어버리므로
凶한데, 이때는 나이가 어려 부모님의 보살핌을 받으므로 그냥
넘어간다.

- 庚子대운도 날을 더 춥게하므로 좋지는 않으나, 地支 水는
  水生木하여 寅木을 생해주므로 크게 나쁘지 않다.

- 己亥대운에 큰 회사에 취업하여 근무하던 중, 30세인 辛未년에
  丙辛合하여 이혼한 남자와 결혼하였다.
  日支 子水는 좋은 점도 있지만, 결국, 火를 극하므로 나쁘다.

- 戊戌대운은 좋은 운이다.
  戊土가 病神인 壬水를 눌러주어 좋고, 癸水를 合하여 火氣를
  만들어 주므로 좋으며, 戊土가 子水를 쳐 주어 사주의 病을
  모두 제거해 주므로 운이 좋아서 접객업소를 경영하는데
  장사가 잘 되었다.

- 丁酉대운 丁火는 좋으나, 酉金이 巳酉合金시켜 寅木을
  공격하므로 나쁜데, 歲運이 甲申, 乙酉년으로 흐르면서 寅木을
  공격하고, 巳火를 묶어 용신이 힘을 못 쓰게 하므로 다른 남자
  와 눈이 맞아 노골적으로 연애를 하다가 06(丙戌년)에 결국
  이혼하고 말았다.

- 丙申대운에 巳火를 묶고 旺神인 寅木을 치면 대란이 일어나므로
  나쁜 운이고,

- 乙未대운은 편히 지내는 운이며,

- 甲午대운에 大運의 午火가 旺神인 子水를 때리면 그 때는
  세상과 안녕이다.

제 3 장 丙火日干 卯月

<pre>
辛   丙   丁   甲   여
卯   寅   卯   午   자
                      대
72 62 52 42 32 22 12 2
                      운
己 庚 辛 壬 癸 甲 乙 丙
未 申 酉 戌 亥 子 丑 寅
</pre>

☯ 四柱의 旺衰

卯月에 丙火가 月上에 劫財를 보고, 年支에 羊刃을 보았으며,
印星이 4개씩이나 있어 이 日干인 火로 모든 힘이 집중되어
있다.

☯ 格局과 用神

卯月에 태어난 丙火라서 할 일 많은 계절이라서 좋은데,
印星과 比劫으로 이루어져 있고, 財星인 辛金은 뿌리가 없는
데다가 丙辛合이 되어 없는 것이나 마찬가지로 힘이 없는
財다.
그래서, 從하지 않을 수 없어 從旺格이다.
火가 用神이고, 木이 吉神이며, 金이 病神이고, 운에서 오는
水는 凶神이다.

☯ 四柱의 特徵

사주 8글자는 골고루 있어서 균형과 조화를 이루어야 좋은데,
이렇게, 從旺格이 되면, 운이 안 좋아질 때 힘들어진다.
官은 남편인데 從旺格이 되어 남편이 들어갈 자리가 없다면
결국, 남편 덕이 없으므로 내가 벌어서 먹고살아야 한다.
이런 구조에서는 차라리 남편글자가 안 나타나는 것이 좋다.
이 命主는 설령, 남편이 있다고 해도 힘을 못 쓰는 남편이므로
남편의 하는 일이 잘 안되거나 그렇지 않으면 건달이다.

☯ 命主의 性格

丙火가 劫財를 갖고 있고, 본성 때문에 자존심이 강하며,
從旺格이라 사람은 순수하다.
그러나, 성격은 그 사람의 현재 처해있는 환경 때문에 항상
가변적이므로 운이 나쁠 때는 성격도 나빠진다.

☯ 六親 關係

이 女命의 財星이 辛金인데, 辛金이 나와 合하여 없어졌으며,
이 사주에서 財星이 病神인데, 나와 合했으므로 辛金이 남편에
해당하기 때문에 남편 덕이 없음을 나타낸다.
官星이 없을 때는 용신으로 남편을 볼 수 있으나, 合神이 나타
났기 때문에 본래의 육친인 財星으로도 보지만 남편으로도
본다.
그래서, 이 사주에서는 官星이 나타나 있지 않으므로 日干과
合하는 合神이 남편이다.
따라서, 辛金 남편입장에서 보면, 丙火가 妻이고, 丁火는
애인이므로 再婚하거나 애인 두고 살 팔자다.

☯ 刑 沖 合 및 殺星의 應用

丙辛合水하여 財星이 없어졌는데, 辛金은 財星이긴 하나
日干과 合神이므로 官으로도 본다.

日干과 月干을 기준하여 卯木이 桃花殺이라서 이 女命은 양기가 넘쳐난다.
또한, 丙일주에 卯木은 沐浴殺에 해당하므로 자신도 양기가 강하지만 卯木은 印星인데, 그 印星이 부모 궁에 있으므로 어머니가 두 분이거나 재혼했을 것이다.

☯ 大運

- 초년 丙寅대운이 火勢를 더욱 강하게 해 주므로 좋고,

- 乙丑대운은 濕土인 丑土 속에 辛金이 들어있어서 財星의 뿌리가 되어 動하므로 좋지는 않지만 별 탈이 없었다.

- 甲子대운은 무난하여 안정된 직장인 국영기업체에 입사하였 으며, 81년 辛酉년에 결혼하였다.

- 癸亥대운에 干上의 癸水가 丁癸沖하여 좋지 않으나, 地支 亥水 가 寅亥合하여 水生木해주므로 좋았다.

- 壬戌대운에 丁壬合木하고, 丙壬沖하여 丙辛合을 깨므로 44세 丁丑년에 본 남편과 이혼하고, 그 이듬해에 재혼하였으나 재혼 한 남편과도 성격이 안 맞아 02년(壬午년)에도 이혼을 고려하다 그대로 살고 있다.
  甲申, 乙酉년에 빌려 쓴 돈을 갚지 못해 월급에 차압을 당하는 창피를 당하기도 했다.

- 52세부터 辛酉대운인데, 辛金이 또 등장하여 丙辛合하고, 酉金 이 旺神인 卯木을 沖하면 대란이 일어날 것이다.

- 庚申대운도 마찬가지로 寅申沖하여 나쁘다.

己　丙　癸　丁　남

丑　戌　卯　亥　자

71 61 51 41 31 21 11 1　대

乙 丙 丁 戊 己 庚 辛 壬　운
未 申 酉 戌 亥 子 丑 寅

☯ 四柱의 旺衰

卯月에 丙火가 年上에 劫財를 보고, 年支에 卯木을 보았으니
身弱한데, 月上의 癸水가 年上의 丁火 劫財를 丁癸沖하여 깨고
癸水가 태양을 가리므로 太弱사주와 마찬가지다.

☯ 格局과 用神

卯月에 태양으로 태어났으니 正印格이다.
2월은 나무가 자랄 계절인데, 태양으로 태어났으니 임무가
막중한데, 이런 구조에서는 하늘에 비가 내리지 말아야하는데
비가 내려 농사를 망치고 있다.
火가 用神이고, 木이 吉神이며, 水가 病神이고, 金이 仇神
이며, 土는 藥神이다.
水가 病이어서 天干에 있을 때는 불을 끄므로 나쁘지만,
地支에 오면 卯木을 生해주므로 괜찮다.

☯ 四柱의 特徵

이 사주는 浴地에 태어난 丙火인데, 癸水가 빛을 막고 있고,
또, 丙戌일주라서 自庫를 갖고 있으며, 食傷의 洩氣가 심하기
때문에 허약하기 짝이 없다.
그래서, 자신은 열심히 일을 한다고 해도 성과가 안 나타나는
사주다.

☯ 命主의 性格

丙일간이라서 성격이 밝고 쾌활한데, 正官星이 剋을 하므로
예민한데가 있고, 傷官이 旺하여 개성이 강하다.
亥卯木局을 하여 旺한 많은 濕木을 기르려 하므로 욕심이 많다.

☯ 六親 關係

水는 官인데, 水가 조상과 부모 궁에 있으니 부모덕이 크지
않다고 볼 수 있으나, 地支의 卯木과 亥水가 합하여 잘 자라고
있으므로 부모덕은 있다고 본다.
月支 卯木은 丙火의 浴地이고 桃花라서 陽氣가 강하기 때문에
자신이 바람을 피우기 쉽고,
또한, 卯木이 印綬이므로 印綬가 浴地 桃花면 어머니가
再嫁했거나 애인이 있을 수 있다.
이 男命의 妻星은 戌중의 辛金과 丑중의 辛金 두 개가 있어
刑을 하고 있으므로 두 번 장가갈 수 있는 인연을 갖고
태어났다.

☯ 刑 沖 合 및 殺星의 應用

丑戌刑으로 日支와 時支가 刑을 하고 있어 부부 궁이 산란함을
말하고 있고, 年支와 月支가 亥卯合木하여 무성하게 자라고
있고, 卯戌合火하여 有情하다.

☯ 大運

- 초년 壬寅대운은 寅중에 용신의 뿌리가 들어있어 운이 좋았고,
- 辛丑대운이 태양을 合하여 기반시키므로 저조하였다.
- 庚子대운부터 子水가 木을 生해 주어 대형건설회사인 현대건설
  에 취업하였다.
- 己亥대운이 좋아 무난히 승진하여 큰 회사의 부장 직에
  있었는데,
- 戊戌대운들어 회사가 점점 어려워져 93년 癸酉年에 하는 수

없이 퇴사하고, 투자자문회사를 설립했는데 경영이 시원치
않다.
- 丁酉대운 중 丁대운까지는 그런대로 버텼으나, 酉대운부터는
印星이며 길신인 卯木을 沖하므로 운이 나쁜데, 특히, 乙酉년에
印綬인 卯木을 치므로 자기 집을 담보로 잡히고 돈을 빌려
사업을 하고 있는데 운이 보이지 않는다.
丙戌년에 용신이며 日干인 丙火가 墓에 들어가므로 사무실
마저도 폐쇄하였다.
- 丙申대운도 아주 나쁘다.

<table>
<tr><td>癸</td><td>丙</td><td>癸</td><td>壬</td><td rowspan="2">여
자
대
운</td></tr>
<tr><td>巳</td><td>辰</td><td>卯</td><td>寅</td></tr>
</table>

74 64 54 44 34 24 14 4

乙 丙 丁 戊 己 庚 辛 壬
未 申 酉 戌 亥 子 丑 寅

☯ 四柱의 旺衰

卯月에 丙火가 時支에 祿을 하고, 寅卯辰方合을 하고 있어
太旺하나, 干上에 正偏官星이 3개나 있어 剋이 심하므로
거꾸로 身弱과 같다.

☯ 格局과 用神

卯月에 태어난 丙火라서 正印格이다.
天干에 壬癸水가 많고, 日支에 辰土가 있으며, 月令이
卯月이라 濕해져서 도리어 火가 필요하다.
木을 키우기 위해서 火生木의 원리를 적용해야 한다.

火가 用神이고, 木이 吉神이며, 水가 病神이고, 金이 仇神
이며, 土는 藥神이다.

☯ 四柱의 特徵

이 사주는 官星인 壬 癸水가 혼잡해 봄비가 내리는 격이니
사주가 탁하다.
女命에서 官星은 남자인데, 이 女命은 官殺이 混雜하므로 많은
남자와 인연을 맺어야 할 운명이다.
또, 女命에 官殺혼잡 사주는 보통 미녀가 많은데, 이 여인은
인물이 못났다.

☯ 命主의 性格

자기 계절에 태어난 태양이라서 本性이 착하고 활달하나
官星이 혼잡하여 剋이 심하므로 주위환경의 영향을 받아
성격이 예민하다.
그러나, 나무를 기르는 임무를 수행하고 있어서 성실하고
부지런하다.

☯ 六親 關係

女命은 官星이 남편인데, 混雜하여 여러 남자와 인연이
있음을 나타내고 있는데, 日支에 濕土를 갖고 있어 부부 궁이
산란하다.

☯ 刑 沖 合 및 殺星의 應用

이 사주는 官星이 가장 흉한 殺星이기 때문에 남편 덕이 없다.
또, 辰巳가 天羅地網殺이라 종교나 철학과 인연이고, 卯木이
浴地이고 方合局을 이루었으므로 어머니가 두 분이기 쉽다.

☯ 大運

- 壬寅대운은 寅중에 丙火가 들어 있어 좋았고,

- 辛丑대운이 아주 저조하였다.

- 庚子, 己亥대운이 나빠 자신은 가정교사로 일하고 있다.

- 戊戌대운에 日支 辰土를 沖하고, 方合을 깨면 좋지 못하다.
  이런 운에 남편궁에서도 辰戌沖이 성립되니 부부 궁이 불안
  하다.

- 丁酉, 丙申대운이 오면 寅卯木을 쳐서 方合을 깨면 운이 좋지
  못하다.

제 3 장 丙火日干 辰月

壬　丙　庚　乙　　남

辰　午　辰　巳　　자

76 66 56 46 36 26 16 6　대

壬 癸 甲 乙 丙 丁 戊 己
申 酉 戌 亥 子 丑 寅 卯　운

☯ 四柱의 旺衰

辰月에 丙火가 年上의 印星인 乙木을 보고, 年支에 祿을
하였으며, 日支에 羊刃을 보았으나, 月令이 辰月이고, 사주가
濕해서 身弱하다.

☯ 格局과 用神

辰月의 丙火이므로 食神格이다.
月上의 庚金은 火가 旺하거나 나무가 旺하면 큰 열매로도 볼
수 있으나, 辰月은 아직 열매를 맺을 계절이 아닌데다가 火가
약하니 열매로 볼 수 없고 우박으로 본다.
火가 用神이고, 木이 吉神이며, 水는 病神이고, 金이 仇神
이며, 土는 凶神이다.

☯ 四柱의 特徵

이 男命은 辰月의 丙火가 아직 庚金 열매를 맺을 능력이
안되는데도 불구하고 매달고 있으므로 마치 자기가 부자인 양
또는, 큰 열매를 매달고 있는 양 착각하고 사는 사람이다.

☯ 命主의 性格

근본 성격은 밝고, 명랑하며, 거짓말을 싫어하는 사람인데,
食神에 열을 다 빼앗겨 사주가 濕해졌고, 大運이 나쁘니
말수가 없고 표정이 어둡다.

☯ 六親 關係

이 男命의 財星은 庚金인데. 庚金은 年支의 祿인 巳중에서
나왔고, 月支 辰土의 生을 받아 튼튼하므로 자신은 능력이
더 커져야 金을 다룰 수 있다.
이 男命은 아직 財星인 金을 다룰 여력이 부족한데, 日支 妻宮
에 羊刃을 가져 日干을 도와주므로 내조를 잘 해주는 친구
같은 마누라다.
그러나, 돈 복은 적다.
壬水 官星이 病神이므로 직장 복 및 자식복은 약하다.

☯ 刑 沖 合 및 殺星의 應用

年 月干의 乙庚合은 아직 열매가 아니므로 우박을 매달고
있는데, 열매를 매달고 있는 것으로 착각 속에 산다.
또, 辰月은 木旺節이라 나무를 키워야 하는데, 키워야 할
乙木을 庚金이 合하여 묶여있어 나빠졌다.

☯ 大運

\- 초년 己卯대운은 吉神운이니 좋았고,
\- 戊寅대운도 좋았다.

- 丁丑대운 중 丑대운부터 病을 돕는 운으로 가니 하향길이다.
- 丙子대운 大運 支 子水가 원국의 午火를 沖하면 아주 나쁜데,
  가정에 불안이 온다.
  강남에서 부동산 중개업을 하고 있는데, 부동산 경기가 워낙
  좋았고, 壬午, 癸未년 歲運이 좋아 다소 돈을 벌었으나,
  甲申(04), 乙酉(05)년은 부동산 경기 하락과 함께 재미를
  못봤다.
  특히, 乙酉년에는 용신의 뿌리이기도 한 巳火를 묶으니
  중개물건에 사고가 발생하여 큰 손실을 입었다.
- 乙亥대운도 巳亥沖하므로 나쁘고 변동수다.
- 甲戌대운에 다소 안정이 될 것이나, 그동안 어렵게 지내왔기
  때문에 별 비전이 없다.
- 癸酉, 壬申대운은 희망이 없다.

戊　丙　甲　壬　　남

戌　申　辰　辰　　자

75 65 55 45 35 25 15 5　대

壬 辛 庚 己 戊 丁 丙 乙
子 亥 戌 酉 申 未 午 巳　운

☯ 四柱의 旺衰

辰月에 丙火가 戌土에 根氣를 갖고 있으나, 食神에 洩氣를
너무 많이 당하여 太弱하여 印星인 甲木에게 의지하는 수 밖에
없다.

☯ 格局과 用神

辰月의 丙火는 食神格이다.

辰月의 태양은 그 목적이 나무를 기르는 것이기 때문에 丙火는
할 일이 굉장히 많은 태양이다.
그러나, 아무리 할 일이 많아도 내가 힘이 있어야 좋은
법인데, 土한테 힘을 너무 빼앗겨 허약하다.
그래서, 土를 누를 수 있는 甲木을 쓴다.
木이 用神이고, 干上의 水는 凶神이며, 干上의 戊土는 除濕을
해주므로 吉神이나 地支 辰土는 濕하게 하므로 吉凶을 동시에
갖고 있으며, 金이 凶神이고, 火가 吉神인데, 火運이 가장
좋다.

☯ 四柱의 特徵

丙火의 임무가 막중하기 때문에 자기는 열심히 일을 한다고
하는데, 결과가 신통치 않다.
그래서, 이 男命은 재주는 많아도 밥 빌어먹는 사람인데,
다행히도, 초년에 운이 좋아 공무원이 되었으니 밥은 안 빌어
먹겠다.

☯ 命主의 性格

陽八通이라 그릇이 크고 성격도 화통하다.
그러나, 운이 받쳐주지 않으므로 자기의 본성대로 못사는
사람이다.
그래서, 이렇게, 운이 나쁘게 전개되면 불만이 많게 된다.

☯ 六親 關係

男命에 妻를 볼 때 財星의 吉凶 여부를 보는데, 財星인 申金이
凶神인데, 그 申金이 日支 妻宮에 앉아 있어 부부궁이 나쁘다.
부모 궁에 있는 巨木을 用神으로 쓰므로 부모 代에 한 때는
잘살았을 것이나 辰土가 空亡이므로 큰 덕은 없다.
官星이 病神이므로 직장 복과 자식 복이 약하다.

☯ 刑 沖 合 및 殺星의 應用

年支에 辰土, 月支에 辰土가 있고 時支에 戌土가 있어 때에
따라서는 辰戌沖을 할 태세를 갖추고 있다.
이런 구조에서는 申金이 묶이거나 沖당하여 없어지면 그 때
辰戌沖이 발생하는데, 辰戌沖이 발생하면 甲木 용신이
흔들리므로 운이 없다.

☯ 大運

- 초년 乙巳대운이 무난하여 귀염받고 성장하였다.
- 丙午대운이 火運이라 일찍 나무에 꽃이 피어서 공부를
  잘하였으며,
- 丁未대운에 지방직 공무원으로 출발하였다.
- 戊申, 己酉 대운에 나무가 자라기에 부적합한 가을 찬바람이
  불므로 되는 게 없다.
- 庚戌대운에 甲庚沖, 辰戌沖하므로 大亂이 일어나는데, 丙戌년에
  옷을 벗었을 것이다.
- 辛亥대운 이후는 큰 희망이 없다.

壬　丙　甲　丁　　남

辰　寅　辰　亥　　자

74 64 54 44 34 24 14 4　　대

丙 丁 戊 己 庚 辛 壬 癸

申 酉 戌 亥 子 丑 寅 卯　　운

☯ 四柱의 旺衰

3월의 丙火가 年上에 劫財인 丁火를 보고, 月上에 印星인

甲木을 보았으며, 日支에 寅木을 보아 生을 받고 있으나
月令이 辰月이고 습해서 身弱하다.

☯ 格局과 用神

丙火가 食神月인 辰月에 태어났으므로 食神格이다.
이 사주는 天干에 壬水가 있고, 地支에 辰土가 두 개, 亥水가
하나 있어 물기가 많아 습해졌다.
봄에는 나무가 자라야 하기 때문에 丙火의 기운이 강해야
한다.
火가 용신이고, 木이 길신이며, 水는 병신이고, 土가 약신
이어야 하는데, 辰土는 藥神으로 쓰기가 어렵다.

☯ 四柱의 特徵

나무를 기르는 구조에서는 丙火만이 필요하지 劫財인 丁火는
필요없는데, 丁火는 나무에 상처만 주기 때문이다.
원래, 甲木과 丙火가 떠서 吉神이면 리더격이라서 남한테
지고는 못사는 사람이다.
그러나, 운이 안 받쳐준다면 그것도 안 된다.

☯ 命主의 性格

이 男命은 밝고 명랑하며 거짓을 싫어하며, 한마디로 성격이
좋다.

☯ 六親 關係

丙寅 일주는 좋은 日主다.
地支 寅木속에 丙火가 들어있어 도와주니 마누라가 내조를
잘해준다.
또, 月上의 甲木이 日支에 寅木 뿌리를 갖고 잘 자라고 있어
부모가 부자다.

☯ 刑 沖 合 및 殺星의 應用

日干을 기준하여 戌亥가 空亡인데, 空亡인 亥水가 年支에
있어 조상 덕은 크지 않다.
月柱가 白虎殺이고, 時柱가 魁罡殺인데, 寅木을 사이에 두고
辰辰子刑을 할 태세라서 그 자형이 발동하면 사고가 날 수
있음을 예고하고 있다.

☯ 大運

- 초년 癸卯대운은 天干의 壬癸가 용신을 치니 나쁘나, 地支에
  卯木이 있어 귀염받고 성장하였으며,

- 壬寅대운은 寅중에 丙火가 들어있어 운이 좋았다.

- 辛丑대운에 운이 저조하였으나, 다행히도, 안정된 직장인
  국영기업체에 입사하였다.

- 庚子대운은 子水가 水生木하므로 좋았으며,

- 己亥대운은 己土가 甲木과 합이 되어 길신이 묶이고, 亥水가
  寅木을 합하니 子刑이 발동하여 큰 교통사고를 당하여 고통을
  겪었다.

- 戊戌대운은 土 藥神이 病인 水를 극해주어 좋아서 58세
  甲申년에 정년퇴직하였다.

제 3 장 丙火日干 巳月

丁　丙　辛　庚　　남

酉　申　巳　子　　자

80 70 60 50 40 30 20 10　대

己 戊 丁 丙 乙 甲 癸 壬　운
丑 子 亥 戌 酉 申 未 午

☯ 四柱의 旺衰

巳月에 丙火가 時上에 劫財를 봤고, 月支에 祿을 하였으나,
日干과 月干이 丙辛合水가 됐고, 日支와 月支가 巳申合水 되어
從財로 갔다.

☯ 格局과 用神

從財格이므로 水가 藥用神이고, 金이 吉神이며, 火는 病神이고,
운에서 오는 木과 土는 凶神이다.

☯ 四柱의 特徵

남자는 從財로 가면, 사업을 하거나 기술직 공무원이 많은데,
이 男命은 건축직 공무원이다.

格은 從財로 갔지만 사주에 病神이 旺해서 局이 작다.

☯ 命主의 性格

巳月에 丙火라서 활달하고 명랑한데다 從財로 갔으므로 머리가
좋고, 현실을 보는 안목이 탁월하다.

☯ 六親 關係

남자사주에 부인을 볼 때, 財星의 吉 凶 여부를 살피는데,
이 사주는 從財로 갔으므로 부인도 잘났고,
또, 日支에 財星을 깔고 앉아있어 부부관계가 좋다.

☯ 刑 沖 合 및 殺星의 應用

巳申刑도 되고 合도 되는데, 이 사주에서는 從財로 따라
갔으므로 刑은 보지 않고 合만 보아도 무방하다.
왜냐하면, 刑殺은 주로 흉작용을 볼 때 보기 때문이다.

☯ 大運

- 초년 壬午대운중 壬 대운에 丁火를 묶어주므로 좋았으나,
  午 대운이 火運으로 病運이어서 운이 좋지 못하였다.
- 癸未대운도 未중에 丁火가 들어있어 土生金이 잘 안되므로
  크게 좋지는 않으나, 干上에 病神을 치유하는 藥用神인 癸水가
  있어서 무난했다.
- 甲申대운에 干上의 甲木은 좋지 않으나, 地支 申金이 巳申合水
  하므로 좋다.
- 乙酉대운도 巳酉金하여 좋으나, 酉金桃花가 등장하여 수년 전부터
  바람피우고 있는데, 이혼은 안 된다.
- 丙戌대운이 다소 나쁘다.
- 丁亥대운도 干上의 丁火가 나쁘며, 亥水가 있어서 무난할 것으로
  볼 수도 있지만 巳亥沖 하면 格을 깨므로 변화가 있다.
- 戊子, 己丑 대운이 무난하다.

$$\begin{array}{cccc} 丁 & 丙 & 己 & 甲 \\ 酉 & 午 & 巳 & 子 \end{array}$$

남자대운

78 68 58 48 38 28 18 8

丁 丙 乙 甲 癸 壬 辛 庚
丑 子 亥 戌 酉 申 未 午

☯ 四柱의 旺衰

巳月의 丙火가 比劫이 많고 甲木 印星까지 도우니 太旺하다.

☯ 格局과 用神

巳月에 丙火이나 建祿格이다.
火가 旺하여 시급히 식혀줘야 하므로 水가 用神이고,
金이 吉神(金은 火克金당해서 깨졌다)이며, 火는 病神이고,
木이 仇神이며, 土도 凶神이다.
이 사주에서는 用神인 水가 오면, 水火相剋이 되므로 오히려
濕土가 오는 것이 좋다.

☯ 四柱의 特徵

巳月 丙火는 甲木을 키워야 하는데, 己土가 나타나면 甲己合을
하여 甲木을 썩혀버리므로 망쪼다.
丙火가 가장 싫어하는 것은 己土, 癸水이나 이 사주에서의
己土는 다소나마 熱氣를 흡수하여 洩氣해 주므로 크게 나쁘지
않다.
전문학교를 졸업한 후, 회사에 취업하였다.

☯ 命主의 性格

巳月에 丙火가 建祿을 하고 日支에 羊刃을 깔고 앉아

太旺하므로 고집이 쎄고 자존심이 너무 강하여 남에게 지는
것을 가장 싫어한다.

☯ 六親 關係

남자 사주에 妻를 볼 때 財星의 吉凶 여부를 살피는데,
이 사주에서 財星인 酉金은 旺한 火에 녹을 지경으로 극을
받아 힘이 없는 財星이나 일단 吉神임에는 틀림없다.
그리고, 日支를 봐야하는데, 이 사주의 日支에는 病神인 火가
있어 부부 궁이 나쁘다.
또한, 年支 子水가 用神인데, 巳火가 合을 하거나 沖하여
없어지면 子午沖하여 부부인연이 깨지기 쉽다.

☯ 刑 沖 合 및 殺星의 應用

이 사주는 年支와 日支가 子午沖을 할 태세여서 凶한데,
午火는 囚獄殺이고, 月支와 時支는 巳酉合金을 하려 하는
구조인데, 酉丑金局은 吉하나 午火가 가운데서 가로막고 있어
合이 쉽지 않다.

☯ 大運

- 초년 庚午 대운에 子午沖하여 용신인 子水를 깨면 큰 혼란이
  오는데, 어릴 때는 주로 건강문제나 크게 놀랄 일이 발생한다.
- 辛未 대운도 나빠서 공부를 안 했다. 날라리다.
  巳月 丙火라서 사람은 멀쩡한데, 빈둥빈둥하면서 공부는 안
  한다.
  또, 巳月에 丙火가 劫財인 丁火를 보면, 공부를 안한다.
  나쁜 친구가 따라다닌다.
- 壬申대운부터 운이 들기 시작한다.
- 癸酉대운도 吉하다.
- 甲戌대운에 戌土가 子水를 剋하므로 좋지 못하다.
- 乙亥대운도 좋다.
- 丙子, 丁丑대운은 무난하다.

己　丙　丁　癸　여

亥　寅　巳　巳　　자

77 67 57 47 37 27 17 7　대

乙 甲 癸 壬 辛 庚 己 戊
丑 子 亥 戌 酉 申 未 午　운

☯ 四柱의 旺衰

巳月에 丙火가 劫財가 旺하고, 寅木이 도와주므로 太旺하다.

☯ 格局과 用神

巳月 丙火라서 建祿格이다.
여름 丙火가 太旺하므로 調喉가 우선이기 때문에 年上 癸水와
時支 亥水를 用神으로 써야 하는데, 癸水는 巳火 胎地 위에
앉아 丁癸沖당하였고, 亥水는 寅亥合하여 亥중 壬水가 丙壬沖
을 당하여 약해졌으므로 用神이 허약하다.
水가 用神이고, 干上의 金이 吉神이며, 火는 病神이고, 土도
凶神이다.

☯ 四柱의 特徵

用神인 年上의 癸水가 丁癸沖당하여 깨졌는데, 조상과 부모
궁인 年, 月柱에 病神이 있어 조상과 부모덕이 없으므로 평생
자기가 벌어서 먹고살아야 한다.
大運에서 申 酉金이 남편 궁에 있는 寅木을 때리니 남편이 일이
안 된다.

☯ 命主의 性格

巳月의 丙火라서 활기차고 밝고 명랑한데, 劫財가 많아
자존심이 강하고 성질이 급하다.

또, 比劫이 太旺하여 調喉하는 水를 말리니 하는 일이 잘 되지
않으므로 매사 불만스럽게 사는 사람이다.

☯ 六親 關係

丙寅일주는 애당초 丙火가 寅木을 키울 수 있는 조건을 갖고
태어나 좋은 日主다.
그러나, 日主가 아무리 좋아도 局이 좋아야 하고, 大運에서도
밀어줘야 좋은데 大運에서 밀어주지 않으면 어렵다.
이 사주는 日支 寅木이 火를 生해주므로 부부 궁이 좋지 못하나
日支에 좋은 글자가 앉아 있으면 이혼이 안 되고, 또, 時에서
日支를 도와주면 이혼이 안 된다.

☯ 刑 沖 合 및 殺星의 應用

天干에서 丁癸沖하여 調喉를 깨므로 凶하고, 寅巳刑이 있어
凶神이므로 凶한 刑작용이 있다.
比劫과 印綬가 刑이므로 돈 문제, 건강문제 또는, 문서문제가
올 수 있다.

☯ 大運

- 초년 戊午대운이 調喉하는 水를 증발시키므로 凶하다.
- 己未대운도 마찬가지로 좋지 않다.

- 庚申대운에 調喉를 시켜주는 듯 하나, 寅巳申三刑殺이 작용하여
  부부 궁이 산란하고,
- 辛酉대운도 寅酉怨嗔이라서 寅木이 다치므로 부부 궁이 불안하다.

- 壬戌 대운에 寅戌되어 寅木이 타고 亥水를 치니 남편이 일이
  안 된다.
- 癸亥대운에 調喉用神이 등장했으나, 旺神을 天沖支沖하므로 삶에
  변화가 많다.

- 甲子, 乙丑대운은 무난하므로 편안한 노후가 될 것이다.

제 3 장 丙火日干 午月

乙　丙　庚　甲　　남

未　午　午　申　　자대

79 69 59 49 39 29 19 9

戊 丁 丙 乙 甲 癸 壬 辛　운

寅 丑 子 亥 戌 酉 申 未

☯ 四柱의 旺衰

午月에 丙火가 干上에 正 偏印이 돕고 있고, 地支에 火勢가
旺하여 太旺하다.

☯ 格局과 用神

午月의 丙火라서 羊刃格이다.
여름이라 나무가 무성하게 자랄 계절인데, 사주에 물이 없어
갈증이 심한 사주다.
그런데도, 나무가 未土에 뿌리를 박고 살아있어 나무를 키워야
한다.
申중 壬水 用神이고, 金이 吉神이며, 火가 病神이고, 木은
凶神이며, 乾土 凶神이고, 운에서 오는 濕土는 좋다.

☯ 四柱의 特徵

午月의 丙火가 太旺하여 갈증이 심하고, 調喉를 시켜주는
庚申金이 熱氣에 녹을 지경이라서 마누라가 건강이 약할 수
있다.
또, 이 男命은 財에 의지하고 살아가기 때문에 돈과 마누라를
애지중지하게 된다.

☯ 命主의 性格

午月의 丙火가 月支 羊刃과 日支에 日刃을 갖고 있어 太旺
하므로 자존심과 아집이 대단히 강하고 급한 사람이다.

☯ 六親 關係

財星이 用神이라 마누라가 잘났으며, 능력도 있다.
그러나, 日支에 病神이 앉아있어 財星을 거부하고 있으므로
妻와 성격이 안 맞다.

☯ 刑 沖 合 및 殺星의 應用

午午自刑인데, 日支와 月支에 있어 부부 궁이 凶하다.
午未合土는 이 사주에서는 火勢가 워낙 旺하여 火로 봐도
무방하다.

☯ 大運

- 초년 辛未대운에 地支 未土는 凶하나, 干上에 用神이 있어
  有福하게 성장하여,
- 壬申대운부터 用神운이니 학교 다닐 때 공부를 잘하여 은행에
  입사하여,
- 癸酉대운까지 근무하다가,
- 甲戌대운에 火勢가 旺해지므로 퇴직하였으며,
- 乙亥대운부터 소형 병원의 이사장직으로 있다.

- 丙子대운에 子水가 調喉는 시켜주나 旺神이며 羊刃인 午火를
  沖하면 旺神大怒하므로 나쁜데, 丙戌년은 나쁠 것이고, 歲運
  戊子년이 오면 크게 나쁠 것이다.
- 丁丑대운에 丑土가 濕土라서 熱氣를 흡수하므로 무난하고,
- 戊寅대운이 아주 나쁘다.

癸　丙　庚　甲　　남

巳　申　午　午　　자

80 70 60 50 40 30 20 10　대

戊 丁 丙 乙 甲 癸 壬 辛
寅 丑 子 亥 戌 酉 申 未　운

☯ 四柱의 旺衰

午月에 丙火가 干上에 印星인 甲木이 있고, 地支에 羊刃과
祿이 있어 太旺하다.

☯ 格局과 用神

午月에 태어난 丙火라서 羊刃格이다.
여름에 丙火가 太旺하니 세상이 온통 더위에 지쳐있어, 年上의
甲木은 말라있고, 月上의 庚金도 녹을 지경이며, 時上의 癸水
는 火多水蒚이다.
사주가 너무 더우므로 시급히 물을 써야하는데, 癸水는 너무
약해서 用神으로 쓰지 못하고, 金을 쓰는 수 밖에 없다.
水 正用神이고, 金 假用神이며, 火가 病神이고, 木이 凶神

이며, 水는 藥神인데 水運이 金運보다 좋다.

☯ 四柱의 特徵

羊刃月에 태양이 火勢가 旺하여 財星인 金을 녹일 지경이므로
돈과 마누라가 불안하다.
또, 癸水 官이 火多水渴되어 말랐으니 자식이 무력하다.
이 사주는 用神을 金을 쓰니 직업이 주로 金을 다루는 설비업
이다.

☯ 命主의 性格

이 命主는 충남 공주 태생으로,
羊刃月에 태어난 丙火라서 자존심이 대단히 강하고, 사주에
火가 많아 성질이 불같다.
調喉가 부족하여 술을 입에 대면 정신을 못 차릴 정도로 많이
마신다.
또, 用神이 녹을 지경이라 허약하니 술을 마시면 성격이
통제력을 잃고 거칠어진다.

☯ 六親 關係

남자 사주에서 財星의 吉凶여부와 모양새를 보고 마누라의
形象을 보는데, 月上의 財星인 庚金은 殺星위에 앉아 불안
하고, 日支에 있는 財星인 申金이 用神이니 처음 만난 여자
와는 해로하기 어렵고, 두 번째 만난 여자라야 만이 해로 할
수 있다.

☯ 刑 沖 合 및 殺星의 應用

午午自刑인데, 조상과 부모 궁에 있는 刑이라서 조상과
부모덕이 없고, 또, 比劫이므로 형제 덕도 없다.
日支 申金과 時支 巳火가 巳申合, 刑하므로 부부 궁이
산란함을 예고하고 있다.

☯ 大運

- 초년 辛未대운에 干上에 용신이 있어 무난하였으나 공부를 많이 하지 못했다.

- 壬申대운이 좋아서 有福하게는 살았으며,

- 癸酉대운도 어려움 없이 살았다.

- 甲戌대운이 오면서 調喉가 깨져 어려워지기 시작하여
  설비사업이 잘 되지 않았고,
  또, 財인 마누라와 甲庚沖하고, 午戌火局이 되어 火剋金하니
  이혼을 하고, 새 마누라를 맞았다.
  이렇게, 妻宮에 用神이 있어도 原局이 워낙 燥熱하니 어쩔 수
  없이 이혼을 하였다.

- 乙亥대운에 用神운이나 甲戌대운에 워낙 바탕이 없으니
  궁색하다.
  壬午(02)년은 歲運까지 나쁘니, 대통령 후보를 보좌했는데,
  결국, 낙선하여 자신도 할 일이 없게 되었다.

- 丙子대운에 子水가 用神이긴 하나 旺神인 午火를 沖하면
  凶하고,

- 丁丑대운은 무난하다.

- 戊寅대운은 아주 凶하다.

```
戊　丙　甲　丙　남
午　辰　午　戌　자
79 69 59 49 39 29 19  9　대
壬 辛 庚 己 戊 丁 丙 乙
寅 丑 子 亥 戌 酉 申 未　운
```

☯ 四柱의 旺衰

午月의 丙火가 干上에 印星과 比肩이 있고, 地支에 羊刃
2개와 戌土가 있어 太旺하다.

☯ 格局과 用神

午月의 태양이라 羊刃格이다.
午月은 한여름이라 나무가 무성할 때인데 물이 없어 아쉽다.
사주가 타는 듯이 熱氣가 강하나 甲木은 辰土에 뿌리를 내려
자라고 있어 키워야 한다.
辰中 癸水가 用神이고, 金이 吉神이며, 火가 病神이고,
木이 凶神이다.

☯ 四柱의 特徵

이 命主는 서울 태생으로, 丙火는 주작이라 말하는 직업인
중앙 일간지 신문사 기자출신이다.
또, 用神을 庫속에 있는 癸水를 쓰므로 용신이 허약한 듯하나
마르지 않는 물이다.

☯ 命主의 性格

원래, 태양은 이 세상에 하나뿐이라 자존심이 매우 강하다.
그런데, 天干에 두 개가 떠 있고, 地支에 劫財가 두 개,
戌중에 丁火까지 있어 太旺하여 경쟁심도 강하여 남한테 지지
않으려는 성질이 강하다.

☯ 六親 關係

남자 사주에서 妻를 볼 때, 우선 財星의 吉凶 여부를 봐야
하는데, 財星은 戌중의 辛金이다.
그 다음, 日支를 봐야하는데, 日支 辰土중에 있는 癸水를
용신으로 쓰므로 부부 궁이 좋다.
만약, 이 사주가 日支에 辰土가 없었다면 부부관계가 달라질
수 있다.
또, 丙辰 日主는 日德格이다.

☯ 刑 沖 合 및 殺星의 應用

午戌火局으로 火勢가 旺하고, 月支 午火와 時支 午火가 辰土를
사이에 두고 있어 自刑이 성립이 안 되나 辰土가 묶이거나
沖당하면 自刑이 발생한다.

☯ 大運

- 초년 乙未대운에 乾土가 등장하여 어려운데, 15세
  69(己酉)年에 부친의 나이 56세에 돌아가셨다.
  이 운명에 부친이 일찍 돌아가신 것은 比劫이 旺해서 財인
  戌中의 辛金이 녹아버리기 때문으로, 대운도 저조하였다.
- 丙申대운부터 발복하여 지방 명문대를 졸업하고, 큰 신문사의
  기자를 거쳐,
- 丁酉대운 32세 丙辰년 日支 妻宮의 글자인 辰土가 등장하여
  부인을 만나 그 이듬해인 77년에 혼인하였고, 이 대운에
  모 신문사 기자로 근무하였다.
- 戊戌대운은 사주가 燥熱해져서 위기가 있었고, 傷官이 강하게
  들어와 官을 거부하여 직장에서도 큰 위기가 닥쳤으나 외국
  특파원생활을 하는 등 위기를 잘 넘겼다.
- 己亥대운에 신문사 논설위원을 지냈으며,
- 庚子대운 04 甲申년에 신문사 사장을 갔다가, 05 乙酉년
  癸未月에 퇴직하였다.

제 3 장 丙火日干 未月

丙　丙　丁　丁　　남

子　午　未　亥　　자

76 66 56 46 36 26 16 6　대

己　庚　辛　壬　癸　甲　乙　丙

亥　子　丑　寅　卯　辰　巳　午　　운

☯ 四柱의 旺衰

未月에 丙火가 比劫이 混雜하고 많아 太旺하므로 調喉가
급선무다.

☯ 格局과 用神

이 사주는 丙火가 未月에 태어났으므로 원래 傷官格이나
未중에 丁火가 干上에 透出했기 때문에 劫財格이라 해야
맞으나 劫財格은 없으므로 身旺用官格이라 해야 옳다.
未중에 乙木, 亥중에 甲木 생명이 있어 길러야 하나, 너무
燥熱하니 시급히 調喉를 해 주는 水가 있어야 하는데, 年支
亥水와 時支에 子水가 있어 다행이나, 설상가상으로 年支
亥水는 月支 未土와 亥卯卯木局 되어 용신이 묶였고, 時支
子水는 日支 午火와 子午沖되어 깨져서 용신으로 쓰기에는
너무 약하다.

☯ 四柱의 特徵

사주가 이렇게 偏枯되어 調喉가 안 되면, 천한직업에 어려운
삶을 살아가는 것이 운명의 이치이니, 어떻든 좋은 사주를
타고나야 한다.
또, 사주는 調喉가 최우선일 뿐만 아니라 오행이 골고루
있어야 좋은데, 偏枯되면 편고된 만큼 고달픈 삶을 살아야
한다.

☯ 命主의 性格

사주가 調喉가 안되고 偏枯되면 성격도 偏枯되었다.
사주가 中和가 되어 있어야 합리적인 사고를 하는데, 사주가
이렇게, 偏枯되어 燥熱하므로 성격이 급하고 이기주의며
한마디로 고약하다.

☯ 六親 關係

이 男命는 태왕 사주인데, 사주에 財星인 金이 없고, 日支
妻宮에 病神이며 羊刃인 火가 들어앉아 있어 妻德이 없음을
나타내고 있다.
그래서, 이 男命의 妻는 日支 午중 丁火와 合神인 年支의 亥중
壬水와 時支 子중 壬水 2명이다.
그런데, 이 男命의 첫 번째 여자가 年支 亥중 壬水는 干上의
丁火와 明暗合하고 있고, 月支 未土와 합하고 있으므로 劫財와
情을 통하여 한 몸이 되어 있으므로 남의 妻나 마찬가지다.
또, 두 번째 여자가 時支 子중의 壬水인데, 子午沖하여 두
번째 여자와도 헤어질 수 있다.
그 시기는 大運, 歲運에서 말해 줄 것이다.

☯ 刑 沖 合 및 殺星의 應用

年支 亥水와 月支 未土가 合木하여 用神인 亥水가 힘이 없고,
月支 未土와 日支 午火가 六合하였고, 日支 午火와 時支

子水가 子午沖하여 부부 궁이 깨지는 등 地支가 온통 合과
沖으로 이루어져 있어 어지럽다.

☯ 大運

- 초년 丙午대운이 나빠 가난한 가정에서 출생하여 공부를 제대로
  못하였고,

- 乙巳대운도 마찬가지로 어려운데 巳火가 年支 亥水를 沖하여 깨
  고, 巳午未火局을 이루므로 무척 어려웠다.

- 甲辰대운에 濕土인 辰土가 등장하여 열기를 흡수해 주고 子辰
  水局을 이루어 어느 정도 調喉에 도움을 주므로 낳아지기 시작
  하므로 남의 가게 종업원으로 들어가 닥치는 대로 일을 했다.

- 癸卯대운에도 크게 낳아지진 않았으나 돈을 모아 정육점을 운영
  하였는데, 성격이 偏枯되어 있어 이웃과 트러블이 심하였다.

- 壬寅대운에 寅木이 사주를 더욱 燥熱하게 하므로 돈을 벌지 못
  하였으며, 辛巳년부터 惡運인데, 壬午년(02년)에 壬水가 등장
  하니 亥중 壬水가 干上의 丁火와 合을 하여 妻가 자기돈, 남의
  돈 모두를 가지고 도망을 가버렸다.
  甲申년 申金이 水를 生해주니 어려운 문제들은 해결이 되었으나
  가진 게 없어 재혼도 못하고 혼자 어렵게 살아가고 있다.

- 辛丑대운에 다행히 調喉를 시켜주므로 고통은 덜하나 가진 돈이
  없어 고생이다.

- 庚子대운이 子午沖하여 旺神인 午火를 沖하면 대책이 없어진다.

甲 丙 癸 乙　남

午 戌 未 巳　자

78 68 58 48 38 28 18 8　대

甲 乙 丙 丁 戊 己 庚 辛

戌 亥 子 丑 寅 卯 辰 巳　운

☯ 四柱의 旺衰

未月에 丙火가 干上에 印星 2개가 돕고, 地支에 比劫이 있어
巳午未火局을 이루고 午戌火局을 이루고 있어 地支가 온통
불바다라서 太旺하다.

☯ 格局과 用神

未月에 丙火가 태어났으므로 傷官格으로 보이나 午戌火局을
하고, 巳午未火局을 하므로 從旺格이다.
年上의 乙木과 時上의 甲木이 未土에 뿌리를 내려 자라려고
하나 戌未刑되어 뿌리도 깨졌고, 月上의 안개와 같은 癸水는
나무가 먹을 물이 못된다.
따라서, 木이 順勢하므로 吉神이고, 火도 吉神이며, 水는
病神이고, 土도 順勢하므로 吉神이다.

☯ 四柱의 特徵

調喉를 하는 癸水가 火多水渴되어 허약하기 이를 데 없을
뿐만 아니라 巳중의 庚金, 戌중의 辛金 財도 녹아내릴
지경이므로 調喉용신으로 쓸 수 없다.
언뜻 보기에는 未月에 甲 乙木이 干上에 떠 있어서 살려야 할
나무로 보이나 더위에 말라 死木이다.
필자는 이 사주를 처음 몇 년간은 調喉用神으로 봐 왔는데,
나중에야 이 사주가 從旺格이고, 死木이라는 것을 깨달았다.

☯ 命主의 性格

從旺格이 되어 印星이 吉神이고, 洩氣도 잘 되므로 성격이
원만하고, 조용하며, 합리적이다.

☯ 六親 關係

이 사주는 印星이 吉神이라서 부모의 도움이 큰데, 부모가
지방에서 잘 살므로 그 도움을 받아 어려움없이 생활을 꾸려
가고 있다.
또, 財星이 나타나 있지 않고 巳중에 庚金, 戌중에 辛金으로
地藏干에 숨어 있는데, 日支 戌중 辛金 財星과 明暗合되어
있어 妻와 다정하며, 癸水 官星은 凶神이나 약하기 때문에
凶이 크지 않다.

☯ 刑 沖 合 및 殺星의 應用

이 사주의 地支에 午戌火局이고, 戌未刑이며, 巳午未火局인데,
戌未刑 즉, 官星과의 凶厄은 戊子年까지는 발견하지 못하였다.
丙戌일주는 自庫인데 그 속에 財星인 辛金이 들어 있어 妻의
건강이 나쁘거나 또는, 자신의 폐나 대장이 나쁠 수 있다.

☯ 大運

- 초년 辛巳대운은 운이 저조했고,
- 庚辰대운은 濕土가 들어와 調喉에 도움을 주니 괜찮아서 대학을
  졸업하고, 건설회사에 들어가 근무하다가
- 己卯대운 34세 98(戊寅)년에 戊癸合하여 官星인 癸水가 合去
  되므로 퇴사하고 건설회사를 차렸는데,
- 戊寅대운에 사업이 무난했다.
- 丁丑대운에는 대체로 무난할 것이나 丑戌未三刑殺의 작용이
  일어날 것인데, 官災口舌 또는 수술 등이다.
- 그 후 丙子, 乙亥대운은 格을 깨고 旺神을 沖하니 旺神大怒할까
  두렵다.

辛　丙　丁　壬　　남
卯　辰　未　寅　　자

77 67 57 47 37 27 17 7　　대

辛 庚 己 戊
亥 戌 酉 申　　운

☯ 四柱의 旺衰

未月에 丙火가 月上에 劫財를 보고, 地支에 印星인 寅 卯木을
보아 身旺한데, 地支에 寅卯辰木局을 하여 太旺해졌다.

☯ 格局과 用神

未月에 丙火로 태어났으므로 傷官格이다.
사주 原局을 분석해 보면, 天干에 丙辛合, 丁壬合이 되어
있고, 地支에 未土 때문에 완전하지는 않지만 寅卯辰木局이
되어 있고, 未중에도 乙木이 들어있어 온통 木으로 이루어져
있다.
그래서, 火가 用神이고, 金이 凶神이며, 木은 吉神이고, 土는
凶神이며, 水가 凶神이다.

☯ 四柱의 特徵

이 命主는 42세인 陰曆 甲申년 乙丑월 癸巳일에 뇌출혈로
갑자기 사망한 사람인데, 독자들의 공부에 도움을 주고자 이
책에 실었다.
原局에 丙辛合이 되어있는 상태에서 大運의 辛金이 등장하므로
絶地에 앉아있는 辛金이 丙辛合으로 財星이 合去되고, 大運의
地支 申金이 寅木과 沖하여 申金이 들어오지 못하므로 사망한
것이다.

☯ 命主의 性格

未月에 丙火라서 밝고 명랑하며, 자존심도 강한 사람이나
日干인 자신을 포함하여 合多하여 주관이 뚜렷하지 않고,
印星이 太旺하여 환경이 답답하므로 불평불만이 많다.

☯ 六親 關係

財星인 辛金과 合하여 부부관계는 有情하였으나, 財星이 힘이
없고, 日支에 濕土를 깔고 앉아 日干의 火氣를 흡수하므로
성격이 안 맞고, 印星이 太旺하여 凶神이므로 부모덕도 크지
않으며, 공부도 잘 하지 못했다.

☯ 刑 沖 合 및 殺星의 應用

이 사주는 丙辛合, 丁壬合, 寅卯辰方合 등 온통 合으로
구성되어 있고, 丙일주에 寅木은 紅艶殺이며, 年柱를 기준하여
時支 卯木이 眞 桃花殺인데, 眞 桃花인 卯木위에 있는 辛金
財와 合하였으므로 연애결혼이다.

☯ 大運

- 초년 戊申대운이 용신이 들어있는 寅木을 寅申沖으로 印星을
  沖하므로 공부 운이 없었다.
- 己酉대운 己 대운에 旺勢를 洩氣해주므로 무난했으나,
  酉 대운에 卯酉沖하여 印星인 卯木이 제거되므로 키워야 할
  나무가 잘리어 좋지 않으므로, 고교를 졸업한 후 고향을 떠나
  서울에서 음식점 종업원으로 들어가 근무를 하다가,
- 庚戌대운 중 戌대운에 火氣를 보태주어 다소간의 돈을 쥐게
  되자 결혼도 미룬 체 동거생활을 하면서,
- 辛亥대운 壬午년에 조그마한 식당을 차렸는데, 辛金과 丙火가
  丙辛合되고, 亥水가 亥卯未木局을 이루니 더욱 더 財星의 힘이
  약해지므로 장사가 되지 않아 과도한 신경을 쓰다가 뇌출혈로
  갑자기 쓰러져 사망한 것이다.

제 3 장 丙火日干 申月

```
庚  丙  壬  甲      여
寅  戌  申  寅      자
                    대
72 62 52 42 32 22 12 2   운

甲 乙 丙 丁 戊 己 庚 辛
子 丑 寅 卯 辰 巳 午 未
```

☯ 四柱의 旺衰

申月에 丙火가 印星인 甲 寅木 3개가 도와주고 있으나 月令이
申月이므로 身弱하다.

☯ 格局과 用神

丙火가 申月에 태어나 일반적으로 偏財格이며, 自庫 위에서
태어나 日墓格이라고도 한다.
여자가 傷官 무덤을 日支에 가지고 있으면, 운이 없다.
丙火가 用神이고, 木이 吉神이며, 金이 病神이고, 土가 仇神이며,
水가 喜神이다.

☯ 四柱의 特徵

木이 旺해도 마른 나무만 있어 木을 凶神으로 보지 않는데,
그 이유는 생명인 甲寅木이 生木이기 때문이다.
日墓格으로 태어나 財 官이 凶神이면, 무조건 이혼한다.
정상 남편을 못 만나는데, 이 女命은 대기업 회장의 비서로
근무하고 있으며, 丙 甲을 가져 영리하고 잘 생겼다.

☯ 命主의 性格

사주가 陽八通이라 화통하고 시원시원하다.
자존심도 강하고, 활동적이며, 머리가 늘 깨어있어 자신감이
넘친다.

☯ 六親 關係

이 女命은 官이 病神이라 남편 덕이 없고, 더군다나,
日墓格이라 官이 못 들어오므로 결혼해도 곧 이혼한다.
日墓格은 남편 무덤 위에 내가 있는 格이라 獨身이나 後妻사주다.
年柱 祖上 궁에 甲寅木 생명이 살아있어 조부 代에 잘 살았다.

☯ 刑 沖 合 및 殺星의 應用

日墓格은 남편 무덤 위에 내가 있는 격으로 官이 못 들어오므로
결혼해도 곧 이혼하기 때문에 독신으로 살거나 後妻사주다.
地支에 寅申沖은 申金이 寅木을 잘랐으므로 조상 代에서 물려받은
재산을 아버지인 財가 망해먹은 것이다.
寅戌은 곡식을 태웠으므로 애써 모은 재산을 잘 관리하지
않으면 태워먹을 수 있음을 나타낸다.

☯ 大運

- 초년 巳午未 대운이 전성기다.
- 辰 대운에 辰戌沖하여 튀어나온 丁火 劫財가 丁壬合하면 내 남자를 다른 사람이 낚아 체간 것이기 때문에 이별 운이 온다.
- 丁卯 대운 이후 혼자 살면서 여걸소리 듣고 산다.
- 丙寅대운이 好運이라 잘산다.
- 乙丑대운에 丑戌刑하여 卯 庫를 깨고 겨울바람이 불기 시작하니 이제 운이 다 갔다.

丁　丙　庚　癸　　남

酉　子　申　丑　　자

80 70 60 50 40 30 20 10　대

壬 癸 甲 乙 丙 丁 戊 己　운
子 丑 寅 卯 辰 巳 午 未

☯ 四柱의 旺衰

申月에 丙火가 태어났으나 뿌리가 없고, 丁火 劫財를 갖고 있으나 劫財 역시 뿌리가 없으며, 나무도 없어 키울 수도 없으니 하는 수 없이 從하는 수 밖에 없다.

☯ 格局과 用神

申月에 丙火가 태어났으나 뿌리가 없고, 丁火 劫財를 갖고

있으나 劫財역시 뿌리가 없으니 하는 수 없이 從하는 수 밖에
없는데, 계절이 申月이고, 庚金이 떠 있으며, 金이 旺해서
언뜻 보면 從財格으로 보이나, 日支 子중 癸水가 干上에 透出해
있어 日干代行格이다.
또한, 日干代行格이 되면, 癸水가 体가 되는데, 日干代行格은
일반 格局과는 용신 쓰는 법이 다른데, 金과 水는 쓰지 않고,
火운과 土運이 와야 발복하며 木運도 좋다.

☯ 四柱의 特徵

초년운이 좋아서 모 재벌회사에 근무하는데, 직업도 잘 가졌다.

☯ 命主의 性格

日干代行格이 되면, 사람이 똑똑하여 현실감각이 탁월하므로
주위 사람들로부터 호감을 산다.

☯ 六親 關係

癸水를 体로 보므로 財가 混雜되어 두 여자와 인연이다.
印星이 튼튼하므로 공부도 잘하였다.

☯ 刑 沖 合 및 殺星의 應用

申子水局되어 형제 아닌 형제가 있다.

☯ 大運

- 초년 己未대운이 好運이라 귀염받고 성장하였다.
- 戊午대운에 財와 官이 등장하여 好運이므로 吉운이다.
- 丁巳대운에 巳酉丑金局이 되어 다소 운이 저조해지나 무난하고,
- 丙辰대운에도 辰酉合金, 申子辰水局이 되고 体인 癸水가 入墓
  하므로 좋지 않다.
- 乙卯대운에 乙庚金하여 괜찮으나 卯木이 酉金을 沖하여 損財수

또는 건강에 문제가 생길 수 있다.
- 甲寅대운이 寅申沖하고, 木生火하여 從하는 것을 거부하므로 삶에 안 좋은 변화가 생긴다.
- 癸丑대운부터 나쁘다.

戊　丙　庚　戊　　여

戌　戌　申　戌　　자

80 70 60 50 40 30 20 10　　대

壬 癸 甲 乙 丙 丁 戊 己
子 丑 寅 卯 辰 巳 午 未　　운

☯ 四柱의 旺衰

申月에 丙火가 食神과 財星이 旺하여 太弱하기 때문에 從할 것 같으나 3개의 戌土에 丁火가 들어있어 根氣가 되므로 從하지 않는다.

☯ 格局과 用神

申月에 丙火가 申중에 庚金과 戊土가 透出해 있으나 申月은 庚金이 本氣로 세력이 旺하므로 偏財格으로 본다.
丙火는 9월에 무덤에 들어간다.
太弱하므로 火가 用神이고, 운에서 오는 木은 吉神이며,
金이 凶神이고, 土가 病神이다.

☯ 四柱의 特徵

이 사주는 印星인 木이 들어가려고 하면, 金이 剋을 하기
때문에 原局이 나빠서 팔자가 엄청쎄다.
食神이 凶神이라 몸이 천하게 태어났으며, 지금, 미장원을
하고 있다.
食傷(자식)이 凶神이라 돈을 벌어도 다 나가 버린다.
月上에 財가 뿌리가 있어 돈을 만지지만 다 빼앗긴다.
前生에 빚을 많이 졌다.

☯ 命主의 性格

이런 사주는 丁火가 많아 꿈이 잘 맞고, 또, 食神도 많아 情이
많으며, 사람은 좋은데, 몸은 賤하게 태어났다.
또, 戌土가 많아 영감이 발달해 있고, 財가 旺해서 현실감각이
발달하여 돈 버는데 관심이 많다.

☯ 六親 關係

食傷이 많은 것은 할머니가 많은 것이라서 윗 代에 바람을
피웠다.
친정 엄마가 일찍 사망해서 새 엄마 밑에서 살았는데, 남편이
친정재산 다 망해먹고 巳대운(10년 전)에 일본으로 도망
가버려 이혼도 못하고 산다.
財가 旺해서 부모가 잘 살았다 해도 결국 망한다.

☯ 刑 沖 合 및 殺星의 應用

丙火가 自庫에서 태어나 남편의 무덤에서 태어났으므로
남편 덕이 없고, 또, 戌土는 天門星이라 영감이 발달해
있으며, 종교나 철학에 관심이 많다.

☯ 大運

- 초년 己未, 戊午대운이 好運이라 귀염받고 성장하였다.

- 丁巳대운도 좋으나 巳申合 刑하여 운을 다 받아먹지 못한다.

- 丙辰대운에 濕土인 辰土가 용신의 뿌리를 갖고 있는 戌土를 沖하여 나쁜데, 더군다나 日支 남편 궁을 치면 부부문제가 올 수 있는데, 庚辰년이 아주 나쁘다.

- 乙卯대운에 印星인 乙木이 오면 乙庚合金하는 것은 좋지 못하나 木剋土하므로 다소 운이 좋아진다.

- 甲寅대운에 甲庚沖, 寅申沖하여 月柱를 沖하면, 이사문제 등이 생길 수 있으나, 凶神을 쳐주므로 좋고, 木剋土하는 것도 좋다.

- 癸丑, 壬子대운은 廢運이다.

제 3 장 丙火日干 酉月

己　丙　丁　辛　　남

丑　午　酉　卯　　자

79 69 59 49 39 29 19 9　　대

己 庚 辛 壬 癸 甲 乙 丙
丑 寅 卯 辰 巳 午 未 申　　운

☯ 四柱의 旺衰

酉月의 丙火가 月上에 劫財를 보고, 日支에 旺地를 얻었으나
月令이 酉月이라서 身弱하다.
酉月의 丙火는 해가 떨어질 무렵의 태양이기 때문에 원래 힘이
없는데다 印星인 濕木이 年支에 있어 身弱하다.

☯ 格局과 用神

丙火가 酉月에 태어났고, 酉金중에 辛金이 透出하였으므로
正財格이다.
身弱하므로 火가 藥用神이고, 木이 吉神이며, 金이 病神이고,
土는 凶神이며, 운에서 오는 水도 凶神이다.

☯ 四柱의 特徵

이 命主는 서울 태생으로,
酉月은 태양이 지기 직전의 계절이고, 농사를 거둘 시기
이므로 火多益善이라 했는데, 身弱하고, 또한, 가을까지
길러놓은 卯木 나무를 酉金이 싹둑 잘라버려 헛농사 지었다.

☯ 命主의 性格

酉月의 태양이라서 막바지 농사를 거두는데 필요한 태양이라서
임무가 막중하므로 자존심이 강하고, 거짓말하는 것을 싫어
하는 성격에 傷官이 旺해서 자기주장이 강하고 시간관념이
강하다.

☯ 六親 關係

男命에서 妻를 볼 때, 우선, 財星의 吉凶여부를 봐야 하는데,
이 사주에서 財星인 辛金은 酉金에 뿌리를 가져 旺하나
年支의 卯木을 자르므로 病神에 해당하나,
다행히, 日支에 羊刃이 있어 身弱한 日主를 돕고 있어 좋은
듯 보이나 대운이 나빠지니 日支에 좋은 글자도 소용이 없고
두 번을 이혼한 사주다.
또한, 月支 酉金이 생명인 卯木을 卯酉沖하여 자르니 財가
病이라 아버지 덕이 없어서, 丙申대운 어린 나이에 아버지를
여의고, 홀어머니 밑에서 자랐다.

☯ 刑 沖 合 및 殺星의 應用

年上의 辛金은 身弱한 日干과 遠合을 이루고 있고, 年支
卯木을 月支 酉金이 卯酉沖하여 잘랐으며, 丑午가 鬼門殺이라
신경쇠약 등의 까다로운 성향을 갖고 있다.

☯ 大運

- 초년 丙申대운 중 丙 대운에 丙火가 卯木 絶地 위에 앉아있는
  財星인 辛金을 丙辛合水하여 合去하므로 年支라 어린 나이에
  아버지를 여의고, 홀어머니 밑에서 자랐다.

- 乙未대운에 卯 桃花가 발동하고, 日支가 午未合하므로 79년
  己未년에 결혼하였다.

- 甲午대운이 用神운이라 好運이라서 국영기업체에서 좋은 보직을
  맡아 잘 나갔으나 歲運에서 病神인 財星運이 오니 30세 庚申년
  부터 妻와의 사이가 나빠져 갈등을 겪어 오다가 31세 辛酉년에
  어린 아들을 두고 이혼을 하였다.

- 癸巳대운 39세 己巳년에 같은 회사에 근무하는 미모의 여자를
  만나 결혼하여 아들 하나를 더 두고 살았다.

- 壬辰대운 庚辰년 50세에 다니던 직장에서 명예퇴직을 하였으며,
  그 후 부인이 요식업체를 운영하며 살았는데, 본인은 운이 없어
  되는 것이 없다.
  甲申년에 대형 교통사고로 큰 부상을 입는 사고도 있었는데,
  驛馬殺인 申金이 발동했기 때문이다.
  또, 그 해에 마누라와 사니 안사니 하면서 큰 갈등이 생겼는데,
  남자의 운명에 財가 病이니 이런 고통을 겪고 사는 것이다.
  乙酉년에 妻가 다른 남자를 만나고 있는 것을 확인하고는 결국
  丙戌년에 두 번째 이혼을 하고 말았다.

- 辛卯대운에 丙辛合되고 月令을 沖하므로 신상변동이 많을
  것이고,

- 庚寅대운에 다소 호전 될 것이나 나이가 많아져서 好運을
  기대하기는 어렵고,

- 己丑대운에 濕土가 火氣를 흡수하면 終命이다.

丁　丙　癸　己　　여

酉　辰　酉　亥　　자

73 63 53 43 33 23 13 3　대

辛　庚　己　戊　丁　丙　乙　甲

巳　辰　卯　寅　丑　子　亥　戌　운

☯ 四柱의 旺衰

酉月에 丙火가 時上의 劫財인 丁火 이외에는 도와주는
세력이 전혀 없으므로 從하지 않을 수 없다.

☯ 格局과 用神

酉月은 태양이 지는 계절이고, 또, 酉時라서 뿌리 없는
태양이기 때문에 석양노을에 불과하다.
일반적으로 보면, 酉月에 태어난 丙火가 뿌리가 없고, 辰酉合
되어 正財星인 金이 旺하므로 從財格으로 보이나, 수년간 이
命主를 지켜본 바, 日支 辰중에서 癸水가 表出되어 日干代行格
이다.
따라서, 財와 官인 火와 土運에 발전하고, 金과 水運에는
발전이 없으며, 木운에도 좋다.

☯ 命主의 性格

酉月 태양이라서 근본 성격은 밝고 명랑하며 자존심 강한
성격이며, 日干代行格이 되었으므로 癸水를 体로 보고 성격을
논해야 하는데, 대체로, 日干代行格은 사람이 똑똑하며, 또,
癸水는 성격 변화가 많다.
사주에 酉金을 가지면, 대게, 성격이 곧고, 정직하며, 원칙적
인데가 있다.

☯ 六親 關係

이 사주에서는 癸水가 体가 되므로, 己土가 官星으로 남편
이고, 丙, 丁火는 財星으로 부친과 시어머니를 나타낸다.
酉金이 母親인데, 辰酉合, 辰酉合되어 母親 아닌 母親이
있거나 母親에 이복형제가 있을 수 있다.
年支 亥水는 형제이고, 亥중 甲木과 辰중 乙木은 자식이다.

☯ 刑 沖 合 및 殺星의 應用

원래, 丙辰일주가 日德格이라 格이 좋으면, 좋은 日主인데,
癸酉가 体가 되었으므로 癸酉를 日主로 봐야하는데, 癸酉는
술과 인연이 많기 때문에 술을 좋아한다고 했다.
癸酉일주를 기준해서 亥水가 驛馬星이므로 亥水 위에 앉아
있는 己土 남편은 驛馬星이라 운수업 계통에 종사하거나
돌아다니기를 좋아하는 남편이다.

☯ 大運

- 초년 甲戌대운은 傷官星과 官星이 등장하였으므로 好運이라
  귀염받고 성장하였다.
- 乙亥대운은 무난하였다.
- 丙子대운 天干에 財星인 丙火가 떠 있으나 地支가 水運이라
  큰 발전 없이 살았으며, 가난한 월급쟁이 남편과 결혼하였다.
- 丁丑대운에 남편과 자영업을 하다가 丑 대운 97 丁丑年에
  旺神인 酉金이 入庫하므로 부도가 나서 큰 고통을 겪었고,
  징역살이도 하였다.
- 戊寅대운은 다소 낳아져 부도의 악몽으로부터 해방은 되었으나
  경제적인 바탕이 없어 고생을 했는데, 甲申년 驛馬運을 맞아
  경기도로 이사를 하여, 乙酉年에 애견 집을 차렸으나 경기가
  나쁘고 시골이라 운영이 어려웠다.
  丙戌년은 다소 낳아질 것이다.
- 己卯대운중 卯 대운에 旺神인 酉金을 卯酉沖하면 큰 흉액이
  따를 것이다.
- 庚辰대운 중 辰 대운에 癸水가 辰土에 入庫하면 크게 나쁘다.

壬　丙　乙　庚　여

辰　申　酉　戌　자

72 62 52 42 32 22 12 2　대

丁 戊 己 庚 辛 壬 癸 甲
丑 寅 卯 辰 巳 午 未 申　운

☯ 四柱의 旺衰

酉月에 丙火가 身弱하므로 從하지 않을 수 없다.

☯ 格局과 用神

丙火가 뿌리가 없고, 乙木이 있으나 乙庚合金이 되었으며,
戌중에 丁火가 있으나 申酉戌金局이 되어 火가 없는 것이나
마찬가지라서 從財하지 않을 수 없다.
水가 용신이고, 金은 吉神이며, 乾土는 病神이나 여기서의
土는 從財하는데 방해가 되지 않으므로 吉神이고, 火는 凶神
이며, 乙木은 吉神이다.

☯ 四柱의 特徵

대부분 從格은 머리가 좋다.
또, 女命에 從財格은 從財하여 끊임없이 財生官하므로 부부
사이도 좋고, 자신의 명예도 있으며, 현실감각이 탁월하다.
그러나, 從格의 단점은 나쁜 운이 오면 한꺼번에 무너진다는
것이다.

☯ 命主의 性格

이 女命은 밝고 명랑하며 머리가 좋아 현실감각이 탁월하다.
또, 從財되어 金体가 된 것을 잘 씻어주고 있어 성격도 원만

하고 합리적이다.

☯ 六親 關係

從財格이 되었으므로 金을 体로 보고 六親을 살펴야 한다.
따라서, 乙木은 財星으로 부친이고, 丙火는 官星으로 남편
星인데, 戌중 丁火가 있으므로 丁火가 남편이며, 丙火는
남편의 형제다.
水는 食神으로 자식이다.

☯ 刑 沖 合 및 殺星의 應用

年支 戌土가 日干 丙火의 뿌리가 될 듯 하나, 다행히, 地支가
申酉戌方合이 되어 從財하는데 지장이 없게 되었다.
日主를 기준하여 辰 巳가 空亡인데, 空亡인 辰土가 時柱에
있어 자식 덕이 약할 수 있다.
乙木은 庚金과 乙庚合을 하여 從하는데 도움이 된다.

☯ 大運

- 초년 甲申대운이 좋아서 귀염받고 성장하였다.
- 癸未대운에 未중에 丁火가 들어있는 燥土라서 그리 좋지는 않은
  데, 이 女命은 부친이 외교관으로 일본에서 고등학교까지 다녔
  고, 이화여대 미대 출신이다.
- 壬午대운은 저조하였으며, 午火 桃花가 오니 현재의 남편의
  여동생과 함께 외국에서 공부를 했는데, 그 여동생이 오빠를
  소개해서 결혼하였다.
- 辛巳대운에 통역과 번역관계 일을 하다가 乙酉년에 남편과 벤처
  기업을 창업했다.
  辛巳대운, 庚辰대운이 좋아 돈을 벌 것이다.
- 己卯, 戊寅대운은 天干의 戊己土가 壬水를 극하여 좋지 않으나
  地支의 寅卯木이 旺神인 申 酉金을 沖하면 格이 깨지므로 좋지
  않다.
- 丁丑대운에는 丁壬合木하고, 酉丑金局이 되니 무난할 것이다.

제 3 장 丙火日干 戌月

甲　丙　壬　癸　　남

午　午　戌　巳　　자

75 65 55 45 35 25 15 5　대

甲 乙 丙 丁 戊 己 庚 辛
寅 卯 辰 巳 午 未 申 酉　운

☯ 四柱의 旺衰

戌月의 丙火가 比劫이 많아 太旺하여 마치 불바다를 이룬 것과
같다.

☯ 格局과 用神

언뜻 보면, 戌月의 丙火이니 食神格으로 보이나 地支가 온통
불바다이고, 甲木도 木生火하고 있으며, 壬 癸水가 있으나
뿌리가 없어 水로서의 역할을 하지 못하므로 從旺格으로 본다.
그런데, 가을 불이기 때문에 그다지 강하지는 않다.
旺火는 자연스럽게 土로 洩氣를 해줘야 좋은데, 洩氣해 주는
土가 없다.
地支 戌土는 午戌로 火局을 이루었으므로 洩氣하는 土로 볼 수
없다.
土가 用神이고, 火는 吉神이며, 木도 吉神이고, 水는 病神
이다.

☯ 四柱의 特徵

戌月에 甲木이 있고, 壬 癸水도 있으며, 火가 旺해서 나무를
기를 수 있을 거라고 보기 쉬우나 甲木은 뿌리가 없으며, 午火
死地 위에 앉아 있어 死木이다.
火가 旺하면, 土로 洩氣하거나 金이 있어 녹여야 할 일이
있는 법인데, 녹일 金은 없고, 뿌리없는 官星 壬 癸水만 있어
할 일이 마땅치가 않다.
만약, 이 사주에 年 月上의 壬癸水마져 없었다면 종교인이
되었을 것이나 다행히 부족하지만 調喉를 해 주는 글자를
가지고 있어 속세에 살 수 있다.

☯ 命主의 性格

사주가 이렇게, 火多하고, 洩氣가 부족하면, 성질이 급하다.
또한, 丙火는 밝음의 神이라 남에게 굽히기를 싫어하는데,
身旺하면 더욱 더 심하다.
이 男命은 직장에서 윗사람의 잔소리를 싫어하여 받아주지를
못하여 자리를 자주 옮긴다.
사주가 調喉가 안 되어 偏枯되어 있으면, 생각도 偏枯되어
있기 때문에 偏枯된 성격으로 나타난다.

☯ 六親關係

남자 사주에서 妻와의 관계를 볼 때, 우선, 財星의 吉凶여부를
살펴야 하는데, 이 사주에는 財星이 나타나 있지 않고 巳중에
庚金과 戌중에 辛金으로 암장해 있다.
이 중에서 巳중의 庚金은 스쳐지나간 인연이고, 日干인 丙火와
合神인 戌중의 辛金이 本妻인데, 辛金 입장에서 보면, 從殺
했으므로 남편에게 잘해주는 부인이다.
그러나, 日支 妻宮에 羊刃인 午火가 앉아있어 부부관계가
험난함을 나타내고 있다.

☯ 刑 沖 合 및 殺星의 應用

自庫인 戌土위의 壬水와 丙壬沖하므로 壬水가 위험하고,
午午自刑이며, 午戌火局이라서 부부자리가 불안하고 財星인
巳중 庚金과 戌중 辛金이 녹기 일보직전이다.

☯ 大運

- 초년 辛酉, 庚申대운이 좋아 귀염받고 자랐으며, 공부도
  잘하였다.

- 己未대운에 巳午未火局이 되어 좋지 못하였고, 다행히 안정된
  직장에 들어가긴 했으나 官星이 뿌리가 없어 약하므로 진급이
  잘 되지 않았고, 또한, 진급할 생각도 안했다.

- 戌午대운도 나빠 부인이 이혼을 고려중이나 자식들 때문에
  결단을 못내린다고 한다.
  이 사주의 부인은 巳火와, 戌중에 들어있는데, 자신이 太旺하여
  妻가 들어갈 공간이 없어서 녹기 일보직전이니 妻가 스트레스를
  많이 받는다.

- 丁巳대운은 무난하게 보낸다.

- 丙辰대운 중 辰 대운에 濕土가 戌土를 沖하여 午戌火局을 깨면
  득이 되지 못하므로 흉하고,

- 乙卯, 甲寅도 木이 와서 卯戌合火, 寅午戌火局을 이루면,
  壬 癸水는 증발하고, 또한, 壬 癸水가 死地에 들어 官星이
  없어진다.

丁　丙　丙　庚　　남

酉　子　戌　子　　자

78 68 58 48 38 28 18 8　대

甲 癸 壬 辛 庚 己 戊 丁

午 巳 辰 卯 寅 丑 子 亥　운

☯ 四柱의 旺衰

戌月은 태양이 墓에 들어갈 계절이고, 金水가 旺하여
身弱하다.

☯ 格局과 用神

戌月의 丙火라서 食神格인데, 원래, 月支에서 透出한 地藏干이
있을 때는 그 地藏干으로 格을 잡는 것이 원칙인데, 그렇게 할
경우 戌중의 丁火가 透出해 있으므로 劫財格이라고 해야
맞는데, 劫財格은 없기 때문에 그냥 그대로 食神格이라고 해야
옳다.
이 사주에는 生命이 살고 있지 않으므로 抑扶用神을 써야한다.
사주가 身弱하므로 도와주는 火가 필요하다.
火가 용신이고, 水가 병신이며, 金이 구신이고, 土는 약신
이며, 운에서 오는 木은 吉神이다.

☯ 四柱의 特徵

年上의 庚金이 뿌리를 갖고 있어 旺하므로 丁火로 녹여야
하는데 時上의 丁火가 酉金 長生地 위에 있어 힘이 없는
불이다.
그러나, 남의 덕을 볼 수 있는 구조로 태어났는데, 丙火 입장
에서는 자신의 힘으로 金을 녹이지 못하고 남의 힘 즉,
劫財인 丁火의 힘으로 金을 녹여야 하므로 치사한데가 있다.

☯ 命主의 性格

火는 朱雀이라서 말을 잘하고 성격이 밝고 명랑하며, 자존심도
강하다.
또, 地支에 한가한 의미를 가진 戌土를 갖고 있어 낙천적
이기도 하고, 완성된 뜻의 글자인 酉金을 갖고 있어 챙기는
것도 잘한다.

☯ 六親 關係

男命에서 妻를 볼 때 財星의 吉凶여부를 살펴야 하는데, 이
사주의 財星인 庚金은 凶神이고, 또, 日支 妻宮에 있는 子水도
凶神이므로 부부사이가 원만치 못함을 나타낸다.
官은 자식인데, 凶神이므로 자식 덕이 弱하다.

☯ 刑 沖 合 및 殺星의 應用

日支와 時支가 子酉破라서 부부 궁이 나쁘고, 日主를 기준하여
申 酉가 空亡이라서 경제력이 弱하며, 時柱에 있어 자식 덕도
弱하다.

☯ 大運

- 초년 丁亥, 戊子대운이 좋지 못하여 운이 약했다.

- 己丑대운도 약했으나 좋은 歲運인 27세 86 丙寅년에 대형
  유통회사에 입사하여, 29세 88 戊辰년에 승진하였고, 31세 90년
  庚午년에 승진하였으며,

- 庚寅대운 40세 99 庚午년에 승진했다.
- 辛卯대운도 丙辛合水하여 약하나 卯戌火되어 그런대로
  유지한다.

- 壬辰대운이 아주 나쁘다.

戊　丙　壬　戊　　여

子　申　戌　子　　자

80 70 60 50 40 30 20 10　　대

甲乙丙丁戊己庚辛　　운
寅卯辰巳午未申酉

☯ 四柱의 旺衰

丙火가 戌月에 태어나 太弱하나 戌土에 근기를 갖고 있어
從하지 않는다.

☯ 格局과 用神

戌月에 태어난 丙火인데, 戌중 戊土가 年과 時上에 透出
하였으므로 食神格이다.
火가 用神이고, 水가 病神이며, 金은 仇神이고, 土는
藥神이다.

☯ 四柱의 特徵

日主보다 食傷이 旺해서 官을 치면, 賤象이라서 이혼하고 혼자
살거나 가난하게 산다.
만약, 이 사주에 木이 하나라도 있으면, 먹을 양식이 있는데,
이 사주는 나무를 기를 수 없는 가을인데다가 木도 없다.
丙火가 무덤에 태어나 힘이 없어 힘들게 산다.

☯ 命主의 性格

가을 丙火가 인물이 곱고, 자존심이 강하며, 곧은 성격이고,
食神이 旺하여 퍼 주기를 좋아하며, 官殺이 病이라 꿈만 크지
되는 일이 없어 고달프게 사는 사람이라 특히, 남편에 대한
불만이 많다.

☯ 六親 關係

日主보다 食傷이 旺해서 官을 치면, 賤象이라서 이혼하거나 혼자 산다.
이 사주는 官이 유력하여 남편은 있으나 성격이 안 맞다.
그런데, 食傷이 旺한데 官이 무력하면, 이혼하여 혼자 살 수 있는데, 특히, 戊土 食神 옆에 官星 壬水가 있어 자식을 낳으면 土剋水하므로 이혼할 확률이 100%다.
이 女命은 大運에서 官을 누르는 운으로 흘렀으므로 자신의 운은 좋으나, 남편의 하는 일이 되지 않아서 내가 벌어 먹여 살려야 한다.

☯ 刑 沖 合 및 殺星의 應用

戌土가 日干인 丙火와 食神인 戊土의 庫에 해당하므로 나 또는 자식의 건강이 나쁠 수 있다.
官殺이 旺한데 日支 申金과 時支 子水가 合하여 새로운 官을 하나 더 만들고 있어 여러 남자와 인연이다.

☯ 大運

- 초년 辛酉, 庚申대운에 仇神인 財星이 病神인 官殺을 더욱 旺하게 만들었으므로 대단히 불운했다.

- 己未대운부터 身弱한 日干을 도와 藥神 역할을 해주므로 운이 들기 시작하였으며,

- 戊午대운이 좋은 운이다.

- 丁巳대운에 丁火가 壬水와 合하여 木을 만들어 주므로 有情하고, 巳火가 巳申合하여 건강에 문제가 오거나 손재수가 있을 수 있으나 身弱한 丙火의 祿이 되므로 좋다.

- 丙辰 대운에 辰土가 오면, 申子辰水局이 되고, 辰戌沖하여 戌土를 깨면 건강에 심각한 문제가 온다.

제 3 장 丙火日干 亥月

己　丙　癸　癸　　남

丑　子　亥　巳　　자

74 64 54 44 34 24 14 4　　대

乙 丙 丁 戊 己 庚 辛 壬

卯 辰 巳 午 未 申 酉 戌　　운

☯ 四柱의 旺衰

亥月에 丙火가 年支에 祿을 하였으나 官殺이 旺하고, 멀리
年支에 巳火가 있으나 巳亥沖되어 깨져서 從해야 한다.

☯ 格局과 用神

이 사주는 언뜻 보면, 亥月에 丙火로 태어나 太弱하여 從을
했으므로 從殺格이 되고, 日支 子중에서 癸水가 나와
日干代行格도 겸한다.
그런데, 통변할 때는 日干代行格으로 해야 맞다.
그래서, 火, 土운에 편히 살았다.
만약, 이 사주가 從殺格이었다면 金, 水運에 잘살았을 것이나
이 사람의 살아온 과거를 보면, 그렇지 않았다.
日干代行格은 財 官運에 吉하기 때문이다.

☯ 四柱의 特徵

이 命主는 전북 진안 태생으로,
필자는 이 사주를 한동안 身弱사주로 보고, 火, 土運에
좋다라고 알고 있었으나, 身弱사주가 아니고, 日干代行格임에
틀림없었다.
本命은 직장인인데, 사주가 水火相剋 구조를 이루고 있어
마찰이 심하여 타인과 다투기 일쑤이고, 겨울에 旺한 癸水가
木이 없어서 洩氣가 안되고 있다.
그러나, 大運이 좋아 火 土운에 편히 산다.

☯ 命主의 性格

원래의 日干인 丙火의 특성도 무시할 수 없으므로 丙火의
성격도 고려해야 하는데, 이 命主는 명명백백한 것을 좋아하는
성격이고, 남한데 고개를 숙이지 않는다.
또한, 日干代行格의 主体인 癸水가 旺하고, 洩氣하는 木이
없어 말 주변이 없고, 성격이 급하다.
丙火의 성분대로 사람이 똑똑하고, 일을 할 때 뒷서려 하지
않고, 항상, 앞서 나가는 장점이 있다.

☯ 六親 關係와 刑 沖 合 및 殺星의 應用

日干代行格이 되었으므로 癸水를 主体로 보고 육친을 논해야
하므로 丙火는 財星으로 父親이고, 妻가 되며, 己土는
官星으로 직장이고, 자식이 된다.
또, 이 사주에서는 財星이 調喉 吉神이라 妻의 내조가 좋다.
地支에 亥子丑水局에서 主体인 癸水가 透出했으므로 사람이
똑똑하다.
또, 亥子丑水局이 있어 배다른 형제가 있다.
祖父는 이북사람이었고, 부친은 6.25때 월남하여 교직생활을
했는데, 年支 巳火와 月支 亥水가 沖하여 깨진 것은 財星의
祿인 巳火가 고향을 등지고 월남한 것으로도 볼 수 있다.

☯ 大運

- 초년 壬戌대운에 戌土가 제습을 해주어 좋았다.
- 辛酉, 庚申대운이 저조하여 어려운 가운데 고등학교를 졸업하고 직장생활을 시작하였다.
- 己未대운부터 官運이 들어와 조후제습을 시켜주므로 편히 살았으며,
- 戊午대운도 좋은 운이라 걱정없이 잘 살았다.
- 丁巳대운도 火運이므로 무난하다.
- 丙辰대운에 濕土인 辰土가 등장하면 크게 나빠진다.

辛	丙	己	辛	남
卯	子	亥	卯	자

78 68 58 48 38 28 18 8

辛 壬 癸 甲 乙 丙 丁 戊
卯 辰 巳 午 未 申 酉 戌   대운

☯ 四柱의 旺衰

亥月에 丙火가 地支에 卯木 두 개를 갖고 있고, 또, 月支
亥水와 年支 卯木이 亥卯合木하였는데, 月令이 亥月이라 아직
물이 얼지 않은 계절이기 때문에 火運만 오면 나무가 자랄 수
있는 身弱사주다.

☯ 格局과 用神

亥月에 태어난 丙火라서 正官格이다.

겨울인데도 卯木이 두 개나 있어 버릴 수 없는 木이다.
天干에 辛金이 두 개가 있어 겨울 하늘에 구름이 가득하고,
己土도 丙火의 熱氣만 빼가는 도둑이므로 凶神이다.
火가 正用神인데, 뿌리가 없고 丙辛合水되어 쓰지 못하니
木을 假用神으로 쓰고, 火 藥吉神, 金이 病神, 土는 仇神이다.

☯ 四柱의 特徵

亥月이라 날씨가 차기 때문에 丙火의 調喉가 절실한데,
辛金과 合水가 되어 태양이 구름에 가려 무용지물이 되어
불운을 예고하고 있다.

☯ 命主의 性格

이 男命의 본성은 밝고 명랑하면서도 돈과 여자를 탐하므로
줏대가 약한 사람이고, 겨울에 기르기 힘든 木을 많이 가지고
있어 욕심이 많은 사람이다.

☯ 六親 關係

亥水는 卯木을 生할 수 있어서 吉神이나, 子水는 子卯刑으로
용신이자 생명의 뿌리를 얼게 만들어 日支 妻宮이 刑되어
부부궁이 나쁘다는 것을 나타내고 있다.
또한, 年支에 用神인 卯木이 있어 조상이 부자는 아니었어도
한때 먹고 살만했다.

☯ 刑 沖 合 및 殺星의 應用

干上에서 正用神이며 日干인 丙火와 丙辛合해서 凶하고,
地支에 亥未合木도 나쁘고, 子卯刑도 나빠서 局이 천하다.
年支를 기준하여 日支 子水가 桃花인데, 桃花인 子水와 卯木이
刑을 하였으므로 이 男命은 젊은 시절 반드시 성병에 걸린
경험이 있었을 것이다.

☯ 大運

- 초년 戊戌대운은 藥神이라 좋았다.

- 丁酉, 丙申대운에 干上에 火가 있긴 하나 地支에 病神이
  用神인 卯木을 치므로 凶하여 어려서 공부를 하지 못하고 일찍
  객지에 나와 점원생활을 하였다.

- 乙未대운이 오니 전자대리점 사업을 하여 재미를 보다가
  유통체계가 바뀌면서 이를 정리하고,
- 甲午대운부터 건설업을 하여 돈을 벌었는데, 특히, 壬午,
  癸未년 火運이 와서 부동산 바람이 불 때 돈을 벌었다.
  그러나, 甲申년 申金이 木을 剋하니 운이 나빠져서 상가주택을
  지었는데 부동산 거품이 꺼지면서 분양이 되지 않아 고심하다가
  결국 중풍에 쓰러져, 그 후유증이 乙酉년까지 이어 졌으며,
  더군다나, 운이 없으니까 안산에다가 러브호텔을 인수하여
  운영했는데 고전을 하였다.

- 癸巳대운부터는 下向운이다.
- 壬辰대운이 아주 나쁘다.

부인 사주

乙	戊	戊	丙	여
卯	辰	戌	申	자

77 67 57 47 37 27 17 7 대

庚 辛 壬 癸 甲 乙 丙 丁
寅 卯 辰 巳 午 未 申 酉 　운

身旺사주로 木용신이다.
초년고생이 심했다.
女命에 官을 用神으로 쓰긴 썼으나 日支 辰土와 辰戌沖이
되어 부부 궁이 불안함을 나타내고 있다.

丁　丙　乙　己　남

酉　辰　亥　丑　자

75 65 55 45 35 25 15 5　대

己　庚　辛　壬　癸　甲

巳　午　未　申　酉　戌　운

☯ 四柱의 旺衰

亥月에 丙火가 印綬와 劫財를 보았으나 地支에 火氣의 뿌리가
전혀 없어 太弱하다.

☯ 格局과 用神

亥月에 태어난 丙火라서 正官格이다.
亥月은 아직 물이 얼지 않는 계절이기 때문에 木이 나타나
있을 때는 불이 있는가 없는가를 살펴야 한다.
火가 用神이고, 木이 吉神이며, 水는 病神이고, 金이 仇神
이며, 土는 藥神이다.
用神인 火의 뿌리가 없어 용신무력이다.
또, 土가 藥神이나 辰, 丑土는 濕土이니 藥神역할을 제대로
하지 못한다.

☯ 四柱의 特徵

겨울에 丙火가 丁火를 보면, 丁火인 地熱의 덕을 보게 되어
인덕이 있어 남의 덕을 본다고 했다.
원래, 겨울에 丙火로 태어나면 태양이 힘이 약하기 때문에
밖에서 일해서 먹고 살아야 하는데, 추운데 밖에서 활동을
하게 되면 얼마나 고생이 많겠는가.
그러나, 이 사주는 대운에서 도와주었으므로 賤格은 면했다.
또, 地支는 家庭인데 地支에 火氣가 전혀 없기 때문에 이
男命은 집에 일찍 들어가지 않고 늦게 귀가한다.

☯ 命主의 性格

丙火의 특성대로 바른 소리 잘하고, 자존심이 강하며, 매사
정리정돈 되어있는 것을 좋아하며 자기관리에 철저한
사람이다.

☯ 六親 關係

이 사주에서처럼 男命의 사주에서 財星이 仇神이고, 日支
배우자궁에 凶神이 앉아 있으면 부부사이는 원만치 못하다.
조상과 부모덕도 없어 자수성가형이고, 官이 病이라 불치병을
가진 자식을 두고 있다.

☯ 刑 沖 合 및 殺星의 應用

丙辰일주는 局이 좋으면 日德格으로 좋은 日主이나, 이 사주는
겨울에 태어났으므로 일덕격이라 할 수 없다.
日主를 기준하여 子 丑이 空亡인데, 空亡인 丑土가 年支에
있어 조상의 음덕이 없음을 증명하고 있다.

☯ 大運

- 초년 甲戌대운은 좋아서 귀염받고 자랐으나,
- 癸酉, 壬申대운이 나빠 어려운 생활이었다.
  그러나, 丙火는 밝음의 神이고, 용기의 神이라서 해병대를 제대
  하고,
- 壬申대운에 공직에 투신하여,
- 辛未대운부터 熱氣가 비치기 시작하니 운이 들어 무난히 승진을
  하였다.
- 庚午대운이 가장 좋아 중견간부까지 승진했으나,
- 己巳대운에 己土가 火氣를 흡수하고, 믿었던 巳火가 巳酉丑
  金局으로 仇神역할을 하니, 甲申, 乙酉년이 좋지 못한데, 특히,
  乙酉년 말에 폐암3기 선고를 받고 투병하다가 丙戌년에 太弱한
  日主이며 用神이 무덤에 들어가므로 목메 자살을 하였다.

제 3 장 丙火日干 子月

辛　丙　丙　己　　남

卯　戌　子　丑　　자

75 65 55 45 35 25 15 5　대

戊 己 庚 辛 壬 癸 甲 乙

辰 巳 午 未 申 酉 戌 亥　운

☯ 四柱의 旺衰

子月에 丙火가 힘이 없는데, 辛金과 合까지 하고 있어
太弱하나, 다행히, 戌中에 丁火가 있어 도움을 받고 있다.

☯ 格局과 用神

丙火가 子月에 태어났으므로 偏官格으로, 시급히 調喉가
필요한데, 丙火가 戌중에 근기를 갖고 있어서 쓸 수 있다.
火가 用神이고, 木이 吉神이며, 金이 凶神이고, 土가 喜神
이며, 水는 病神이다.

☯ 四柱의 特徵

추운 겨울에 火가 필요한데, 구름인 辛金과 合하여 무엇에
쓰겠는가.

불필요한 연애만 하는 격이라 局이 濁하다.
또, 겨울에 丙火를 보면, 태양을 보고 밖에서 활동해야 하므로
고생스럽게 산다.

☯ 命主의 性格

子月에 태어난 丙火가 뿌리가 약한데다 財星인 辛金과 合을
하고 있어 엉뚱한데가 있어 돈과 여자를 탐하므로 줏대가
약하다.
그러나, 자존심은 강하여 남의 말을 들으려 하지 않고 자기
주장이 강하다.

☯ 六親 關係

男命에 妻를 볼 때 財星의 吉凶여부를 살펴야 하는데, 이 사주
에서 財星인 辛金은 태양빛을 가리는 구름이라서 凶神이나,
日支 배우자궁에 戌土가 調喉 및 제습을 시켜주고 있어 자기
마누라하고는 성격이 맞다.
또한 財星은 아버지를 뜻하기도 하지만 부모 궁에 凶神이 앉아
있어 부모덕도 약함을 나타내고 있다.

☯ 刑 沖 合 및 殺星의 應用

추운 겨울에 태양이 온전하게 떠 있었어도 겨울에는 태양이
지는 계절이기 때문에 태양의 힘이 약한데, 丙辛合하여 구름에
가려 쓸모가 없는 태양이다.
특히, 日干이 凶神과 合하여 凶神작용을 하면 더욱 나쁘다.
地支에 子丑合은 土가 되지만 調喉하는데 보탬이 되지 않고,
卯戌合은 火가 되므로 調喉에 도움이 된다.

☯ 大運

- 초년 乙亥대운이 地支에 亥子丑水局을 이루므로 좋지 못하고,
  亥水가 卯戌火를 亥卯合木으로 방해하므로 좋지 못하다.

- 甲戌대운에 戌土가 조후제습을 해주므로 好運이라서 무난하게 지냈다.
- 癸酉대운에 불운하나 안정된 직장에 들어가 근무하였고,
- 壬申대운도 운이 저조하다.
- 辛未대운부터 다소 낳아지기 시작하여,
- 庚午대운이 좋다.
- 己巳대운도 巳丑合이 되긴 하나, 그래도, 巳火가 불기운이므로 이 대운까지는 쓸 수 있다.
- 말년 戊辰대운에 辰土운이 오면, 辰戌冲으로 戌土를 깨고, 濕해져서 나쁘다.

丙 丙 壬 壬　여

申 申 子 辰　자

73 63 53 43 33 23 13 3　대

甲 乙 丙 丁 戊 己 庚 辛

辰 巳 午 未 申 酉 戌 亥　운

☯ 四柱의 旺衰

子月의 丙火가 뿌리가 없어 太弱하고, 年月에 壬水, 地支에 申子辰水局이 되어 온통 물바다라서 從할 수 밖에 없다.

☯ 格局과 用神

子月의 丙火가 뿌리가 없어 太弱하고, 年月에 壬水, 地支에 申子辰水局이 되어 온통 물바다라서 從殺格이다.

그런데, 日支 申중에서 壬水가 表出하여 日干代行格도
兼한다고 보기 쉬우나 운의 흐름을 파악해본 바, 從殺格임이
틀림없었다.
따라서, 이런 경우는 두 가지로 해석을 하지 않고, 從殺格으로
만 해석을 해야 한다.
그래서, 旺水는 洩氣해줘야 하므로 辰중 乙木이 吉神이고,
火는 調喉를 시켜주므로 調喉용신이며, 金도 吉神이며, 乾土는
凶神이다.

☯ 四柱의 特徵

陽일주는 從을 잘 하지 않는 특성이 있는데, 특히, 丙火는 그
특성이 강하여 좀처럼 從을 하지 않으나, 이 사주의 경우는
從을 하지 않은 수 없다.
從을 했더라도 그 從하는 五行이 干上에 떠야 좋은데,
이 사주는 壬水가 干上에 떠 있어 局은 좋으나, 局만 좋다고
해서 다 되는 것이 아니고, 大運에서 도와주어야 빛을 발하는
법이다.

☯ 命主의 性格

女命에 從殺이 되면, 똑똑하고 남편과의 사이가 좋으며,
얌전하고 사리가 밝다.
보통, 女命의 사주에 官殺이 많으면 미인이 많은데, 이 女命은
從殺이 되었어도 인물이 못났다.

☯ 六親 關係

대게, 女命이 從殺이 되면, 좋은 남편을 만나 사이도 좋다.
그러나, 아무리 좋은 남편을 만나도 大運이 나빠 자기 하는
일이 잘 되지 않거나, 日支에서 나온 글자가 凶神이 되면,
부부사이가 좋을 수 없다.
이 女命도 중년 이후에 大運이 從殺의 逆 방향으로 흐르니
남편이 직장을 그만둔 후 자기가 사업을 주도하고 남편은

보조를 하고 있다.

☯ 刑 沖 合 및 殺星의 應用

이 사주는 眞從殺格이 되어 별다른 殺星을 논할 게 별로 없다.
다만, 日主를 기준하여 辰巳가 空亡인데, 年支 辰土가 空亡
이라 조상의 음덕이 약하다.

☯ 大運

- 초년 辛亥대운에 從殺에 순응하므로 귀염받고 성장하였다.

- 庚戌대운에 乾土인 戊土가 辰土와 沖하여 格이 깨져서 큰
  혼란이 생기게 官災 또는 건강에 문제가 생기게 된다.

- 己酉대운중 己대운은 己土가 土剋水하므로 좋지 못하나,
  酉대운은 좋다.

- 戊申대운에 戊土가 壬水를 치니 나쁘고, 申대운은 좋았으나
  나쁜 歲運인 39세 90 庚午년에 자궁수술을 받았으며,

- 43세 丁未대운부터는 운이 없는데, 43세, 94 甲戌년에 남편이
  다니던 직장을 그만두게 되어 어려움이 시작되었다.
  52세 甲申년 자기가 근무하던 간호학원의 원장이 그만 두게
  되어 그 학원을 인수하려니까 경쟁자가 생겨 다툼이 생겨
  고민하던 끝에 다른 곳으로 이전하여 학원을 개설하였다.

- 丙午, 乙巳대운도 운이 보이지 않는다.

戊　丙　戊　庚　남

戌　申　子　寅　자

73 63 53 43 33 23 13 3　대

丙 乙 甲 癸 壬 辛 庚 己
申 未 午 巳 辰 卯 寅 丑　운

☯ 四柱의 旺衰

子月에 丙火가 太弱하나 地支에 寅木의 生을 받고 있고,
戌土에 근기가 있어서 從하지 않고, 身弱사주다.

☯ 格局과 用神

子月에 丙火로 태어났으니 偏官格이다.
調喉가 시급히 필요하고 身弱하므로 比劫을 用神으로
써야하므로, 火가 용신이고, 木이 길신이며, 乾土도 吉神이고,
金과 水는 凶神이다.

☯ 四柱의 特徵

寅木이 살아있어 이 글자가 주인노릇을 하고 있다.
逆生을 해서 좋은 사주다.
食神이 月과 時에 떠 있어서 자영업 또는 유통업을 할
사람이다.
年上에 財가 있고, 月에 食神이 있어 기술자격증으로 돈을
벌어먹고 살고 있다.
사주에 食傷이 旺하면, 큰 조직이 아니므로 자영업, 영업직
이다.

☯ 命主의 性格

사람도 원만하고 좋다.

食傷이 많아 제습하므로 人情이 많아 마음이 후덕한 사람이다.

☯ 六親 關係

男命에 妻를 볼 때 우선 財星의 吉凶여부를 살펴야 하는데,
이 사주에서 財星이 凶神이고, 日支에 財星를 가져 火를 못
들어오게 하고 있어서 부부관계가 나쁘고 재력도 약하다.
또한, 官星이 凶神이므로 자식 덕도 약하며, 食神은
吉神이므로 祖母 또는 丈母 덕은 있다.

☯ 刑 沖 合 및 殺星의 應用

申子水局을 이루어 용신에 逆勢하므로 흉하고, 日支 申金이
용신의 뿌리인 寅木을 노려보고 있어 月支 子水가 沖되거나
合되면 寅申沖이 작용하여 寅木이 상하게 되는데 그 때
驛馬沖이 발생하므로 사고 또는 건강문제나 문서문제가 온다.

☯ 大運

- 초년 己丑대운에 熱氣를 흡수하는 운이고, 戌土를 刑하여
  熱氣가 흩트려지면 운이 없다.

- 庚寅대운에 寅木이 등장하여 寅戌火局되고 丙火의 뿌리가
  되므로 好運이라서 공부를 할 수 있는 운이다.
- 辛卯대운이 크게 좋지는 않지만 桃花 길신인 卯木이 등장하여
  결혼도 하고 직장에도 들어갔다.

- 壬辰대운이 불운하여 직장을 그만두고 모 출판사에서 영업사원
  으로 취업하여,
- 癸巳대운까지 근무하였고,

- 甲午대운 55세에 퇴사하고 丙戌년부터 전기회사에서 영업을
  담당하고 있다.
- 乙未대운까지가 말년까지 괜찮다.

제 3 장 丙火日干 丑月

甲　丙　乙　戊　　여

寅　辰　丑　戌　　자

79 69 59 49 39 29 19 9　　대

丁　戊　己　庚　辛　壬　癸　甲

巳　午　未　申　酉　戌　亥　子　　운

☯ 四柱의 旺衰

丑月에 丙火가 食傷이 많아 身弱하다.

☯ 格局과 用神

丙火가 丑月에 태어나 傷官格이다.
丑月은 날씨가 아직 추운데도 사주에 木이 旺하고, 生木이므로
키워야 하기 때문에 불이 필요하다.
火가 用神이고, 木이 吉神이며, 乾土는 吉神이나 濕土는
凶神이다.

☯ 四柱의 特徵

女命에 食傷이 旺하여 길신작용과 흉신작용을 동시에 하고
있는데, 多者無者라고 했으니 너무 많은 것도 나쁘다.

☯ 命主의 性格

겨울에 調喉하는 火를 用神으로 쓰고, 印星이 吉神이라 착하고
순한 사람이다.

☯ 六親 關係

女命에 食傷이 旺하여 凶神이면, 官을 거부할 뿐만 아니라
食傷은 자식글자인데 凶神이고, 다자무자라고 했으니 자식이
없다고 했는데, 이 女命은 실제로 자식이 없다.
또, 無官사주에 官庫를 갖고 있고, 火가 用神인데, 日支
배우자궁에 火氣運을 흡수하는 辰土가 있어 부부궁이 나쁘고,
남편은 戌중 辛金과 丑중 辛金 2개나 있으나 丑戌刑되어
재혼격이다.

☯ 刑 沖 合 및 殺星의 應用

이 사주는 日支에 官 庫를 갖고 있어 많은 남자와 인연이거나
또는, 남편과 인연이 없고, 月支에 財 庫를 갖고 있어 부친
덕도 없으며, 年支에 比劫과 食傷 庫를 갖고 있어 자식 덕도
형제 덕도 없다.

☯ 大運

- 甲子대운 干上에 印星이 있어 좋으나 地支에 얼음물이
  등장하였으므로 나쁘다.
- 癸亥대운은 癸水가 丙火를 끄니 나쁜데, 亥水는 寅亥合하여
  寅木을 生해 주어 괜찮은 듯 하나 사실은 寅亥合하여 寅중의
  丙火를 끄므로 나쁘고, 丑月은 추운계절이기 때문에 더 이상
  물이 필요 없는 계절이라서 凶하여 寅亥合破로 봐야 한다.
- 壬戌대운 壬水가 丙火用神을 沖하나 戌土가 身弱한 丙火의
  根氣가 되어 丑戌刑하므로 丑중의 辛金, 戌중의 辛金이 나타나
  日干 丙火와 合하므로 결혼할 운인데, 2번 이혼한 남자의 3번째
  부인으로 만나 동거하였는데, 남편의 오락실 사업이 부진하여

고전하다가, 88 戊辰년에 부도위기에 몰려 지방으로 쫓겨 내려
가다시피 떠나 남편이 건축 일을 하였으나 순조롭지 못해
돈 한 푼 벌지 못하였다.
- 辛酉대운 무일푼으로 02 壬午년에 다시 서울 근교로 거처를
옮기면서 남편의 일거리가 조금씩 생겼으나, 47세 甲申年에
남편의 2번째 부인이 나타나 丙戌년에 헤어지게 되었다.
이 女命은 食傷이 病이라 자식도 없고, 모 종교의 맹신자인데,
辛酉대운이 오면서부터는 우울증이 심해지더니 정신이상이 오게
되었는데 결국 남편으로부터 버림받게 되었으니 불쌍한 여인
이다.
- 庚申대운을 넘길 수 있을지 의문이다.

甲　丙　辛　辛　　남

午　辰　丑　丑　　자

74 64 54 44 34 24 14 4　대

癸 甲 乙 丙 丁 戊 己 庚
巳 午 未 申 酉 戌 亥 子　운

☯ 四柱의 旺衰

丑月의 丙火가 時上에 甲木 印星을 보고 時支에 羊刃을
보았으나 太弱하다.

☯ 格局과 用神

丙火가 丑月에 태어나 丑중의 辛金이 透出해 있어 正財格이다.
丑月은 겨울이라 날씨가 추우므로 거의 調喉가 우선이다.

이 사주도 天干에 날씨를 흐리게 하는 구름이 잔뜩 끼어있고,
더군다나 태양과 슴을 하여 水로 변하여 태양이 자기할 일을
하지 못하고 있다.
火가 用神이고, 木이 吉神이며, 金이 病神이고, 水도 凶神
이며, 土도 凶神이다.

☯ 四柱의 特徵

신약사주에 調候用神인 日干이 辛金과 丙辛合水되어 凶하다.
年 月에 있는 두 개의 財星 辛金이 日干 丙火와 서로 자기하고
슴하자고 경쟁하는 格이고, 다른 한편으로는 내가 두 여자와
번갈아가면서 슴을 하는 형국이라 필시 두 여인과 짝을
이루리라.

☯ 命主의 性格

겨울에 丙火로 태어나 세상을 따뜻하게 하는 사주이고 印星이
吉神이라 착하고, 미남형인데, 太弱한 日干이 丙辛合을 하여
줏대가 약해서 흔들기기 쉽다.

☯ 六親 關係

남자 사주에서 妻를 볼 때, 財星의 吉凶여부를 보는데,
이 사주에서는 財星인 辛金이 病神이고, 日支 배우자궁에
凶神인 濕土가 앉아있어 부부 궁이 나쁘다.
또, 조상과 부모 궁에서 財인 辛金이 자기 앞 길을 막으므로
조상의 음덕과 부모덕이 없는 사람으로, 부모 代에 가난했던
사람이다.

☯ 刑 沖 合 및 殺星의 應用

이 사주처럼 用神이자 日主인 丙火가 爭合을 하고 있는 것은
日干인 丙火가 調喉에는 신경을 안 쓰고 연애에만 신경을 쓰고
있는 格이라 정신력이 헤이한 사람이다.

또, 地支에 丑土 財庫, 辰土 官庫를 갖고 있어 이들 財와 官이
凶神이라 재산이 많지 않고, 직장에서 벼슬이 낮다.

☯ 大運

- 초년 庚子대운에 용신의 뿌리이며 羊刃인 午火를 子午沖하여
  어렸을 때 운이 저조하여 건강이 나빠서 어렵게 성장하였으며,

- 己亥대운도 저조했다.

- 戊戌大運은 地支에 戌土가 있어 調喉를 도와주므로 다소
  낳아져서 안정된 직장에 들어가게 되었으며, 戌土와 丑土가
  刑하여 透出한 辛金과 丙火가 丙辛合하여 결혼하였고,

- 丁酉대운도 天干에 丁火가 있긴 하나 地支 酉金이 좋지 않아
  운이 저조하니 부인이 유아원을 경영하여 경제를 돕고 있다.

- 丙申대운 02 壬午년에 歲運이 좋아지니 자기 집 가까운 곳으로
  직장을 옮겼다.

- 앞으로 오는 乙未대운부터 운이 풀리기 시작하여,

- 甲午대운이 가장 좋은 운이다.

戊　丙　己　庚　　남

戌　午　丑　子　　자

77 67 57 47 37 27 17 7

丁 丙 乙 甲 癸 壬 辛 庚　대

酉 申 未 午 巳 辰 卯 寅　운

☯ 四柱의 旺衰

丙火일주가 地支에 羊刃을 가졌고 時支 戌土와 午戌火局을
이루었으나 食傷이 많아 洩氣가 심하여 身弱하다.

☯ 格局과 用神

丑月에 丙火로 태어나 丑중에 己土가 干上에 透出하였으므로
傷官格이다.
丑月은 날씨가 춥기 때문에 調喉가 우선인데, 身弱하므로
抑扶 겸 調候하는 火가 用神이고, 乾土는 吉神이나 濕土는
凶神이며, 金도 凶神이고, 水가 病神이며, 운에서 寅木이 오면
吉神으로 쓴다.

☯ 四柱의 特徵

이 命主는 경기도 평택 태생으로, 국영기업체 임원이다.
食傷이 旺하여 洩氣가 너무 심하여 받는 것보다 주는 것이
많으니 경제적으로는 실속없이 산다.

☯ 命主의 性格

이 사주는 食傷이 많아 똥뱃짱이 강하여 통이 크고, 씀씀이가
헤픈 사람이다.
또한, 丙火라서 자존심이 강하고, 食傷이 干上에 透出해 있어

자유분방하며 개성도 强하다.
사주에 食傷이 많으니 생각이 항상 앞서가는 사람으로
아이디어 뱅크로 두뇌회전이 빠르다.

☯ 六親 關係

남자 사주에 妻를 볼 때, 財星의 吉凶여부를 살펴야 하는데,
이 사주에서 財星인 庚金은 凶神으로 死地위에 있으며, 財庫를
갖고 있어 妻의 건강이 나쁠 것이다.
그러나, 日支 妻宮에 용신이 있어 부부사이는 원만하다.
그런데, 食傷의 성분은 항상 官을 거부하는 특성이 있는데,
남자에 있어 官은 자식이요, 직장이고, 벼슬이므로, 해당되는
육친에 주의해야 한다.

☯ 刑 沖 合 및 殺星의 應用

年支를 기준하여 日支 午火가 囚獄殺인데 囚獄殺인 午火가
用神이니 囚獄殺 작용을 안하고 오히려 자신이 囚獄殺을
부리는 직업이다.
丑午가 怨嗔이라서 부부간에 갈등은 있다.
또, 湯火이며, 겨울에는 丑辰이 急脚殺인데, 아직까지는
大運이 좋아서 急脚殺의 凶작용이 나타나지 않았으나 말년에
大運이 나빠지면, 신경통 같은 질병이 올 수 있다.

☯ 大運

- 초년 庚寅대운에 寅木이 寅午戌火局하여 용신을 도우니
  호운이라서 귀염받고 성장하였다.
- 辛卯대운에 丙辛合되고 卯木이 桃花라서 바람을 많이 피웠을
  것이고, 木이 吉神이라 운이 좋아 공부를 잘하여 모 대학을
  졸업하고 국영기업체에 입문했다.
- 壬辰대운이 다소 저조한듯하나 무난히 승진하였으며,
- 癸巳대운 41세 庚辰년에 중견간부로 진급을 했고,
  癸未년에 月支를 沖하여 강남으로 이사를 했다.
  甲申, 乙酉년에 중요한 보직에 중용되었다.
- 甲午, 乙未대운이 가장 좋은 대운이라서 임원으로 승진하였다.
- 丙申, 丁酉대운은 쉬는 운이다.

제 4 장 丁火論

제 4 장 丁火日干 寅月

壬　丁　壬　丁　여

寅　丑　寅　亥　자

72 62 52 42 32 22 12 2　대

庚 己 戊 丁 丙 乙 甲 癸　운

戌 酉 申 未 午 巳 辰 卯

☯ 四柱의 旺衰

寅月에 丁火가 比肩과 寅木이 있어 身旺해 보이나,
丁火가 壬水와 각각 合을 했고, 寅亥合하여 火가 弱하다.

☯ 格局과 用神

干上에 木이 나타나 있었다면 化格으로 볼 것인데, 木이
나타나있지 않아서 內格인 正印格으로 본다.
寅中 丙火가 用神이고, 木이 吉神이며, 水가 病神이고,
金이 凶神이며, 濕土도 凶神이다.

☯ 四柱의 特徵

사주에 이렇게 슴이 많으면, 情이 많아 情에 헤프다.
더군다나, 여자가 官과 슴이 많으니 더욱 그렇다.

☯ 命主의 性格

寅月에 丁火라서 마음이 여리고 情이 많으며, 눈물도 많다.
印星이 吉神이라 마음씨가 착하다.

☯ 六親 關係

日干인 丁火가 양쪽에 壬水 正官을 놓고 이 남자 한번 만나고,
저 남자 한번 만나는 格이므로 재혼격이고, 남편 덕도 없으며,
日支에 丑土 凶神을 깔고 앉아 부부간에 성격이 맞지 않다.
자식성인 食神도 凶神이므로 자식 덕도 없다.

☯ 刑 沖 合 및 殺星의 應用

干上에 丁壬合, 丁壬合이 되어있고, 地支에 寅亥合되어
있으며, 丑土와 寅木도 暗合되어 있어 온통 합투성이다.
그래서, 情이 헤프고, 여러 남자와 합을 해야 할 운명이다.

☯ 大運

- 초년 癸卯대운에 무난했다.
- 甲辰대운에 좋지는 않아도 辰土에 寅木의 뿌리를 내리므로
  무난했다.
- 乙巳대운에 巳丑金局이 되나 用神의 기운이므로 운이 들기 시작
  하고, 또, 日支가 합하여 결혼을 하였는데, 곧 이혼하고,
  금융권에 종사하는 잘 나가는 남자의 妾으로 들어갔다.

- 丙午대운이 좋아 저택에서 호화로운 생활을 하였으나,
- 丁未대운이 오니 丁火가 官星인 壬水를 合去하고, 日支 丑土와
  丑未沖하는 중에 己巳년에 巳亥沖하여 官星의 뿌리를 沖하여
  남편이 죽고 말았다.

- 戊申대운에 용신이 들어있는 寅木을 치니 운이 없다.
- 己酉대운도 운이 없다.

癸　丁　丙　己　　남

卯　亥　寅　卯　　자

75 65 55 45 35 25 15 5　　대

戊 己 庚 辛 壬 癸 甲 乙

午 未 申 酉 戌 亥 子 丑　　운

☯ 四柱의 旺衰

寅月에 丁火가 身旺하나 地支가 亥卯合, 寅亥合하여 사주가
濕하여 오히려 身弱과 같다.

☯ 格局과 用神

丁火가 寅月에 태어났는데, 寅중 丙火가 干上에 透出해 있어서
劫財格이라 해야 하나 劫財格은 없으므로 正印格이라 한다.
키워야 할 生木이 旺해서 火가 用神이고, 水가 病神이며, 濕木
은 凶神이고, 土는 藥神이다.
운에서 金이 오면, 金生水하므로 凶神인데, 특히, 地支에
申金이 와서 寅木을 치면 用神이 흔들리므로 나쁘다.

☯ 四柱의 特徵

寅月은 丙火로 나무를 키워야 하는데, 月上에 丙火가 떠서
좋긴 하나 丁火 자신은 나무 키운 功을 丙火에게 빼앗기니
만날 2등이다.

☯ 命主의 性格

이 사주는 劫財의 힘을 빌어 나무를 기르고 있기 때문에
남한테 의존하여 살려는 심리가 있어 치사하다.
그러면서도 그 功은 자기가 차지하려고 하므로 갈등을
일으킨다.

☯ 六親 關係

이 男命의 사주에는 財星인 金이 없다.
그래서, 日支 亥중 甲木과 合하는 年上의 己土를 妻星으로
삼는데, 이 妻星의 입장에서 볼 때 바로 옆에 火가 있어
火生土하여 火의 生을 받고 있으나 地支가 온통 木의 세력
이라서 무력하고, 甲己合을 여러 번 하므로 여러 남자와
合을 하는 부인이다.
또한, 日支에는 용신의 반대세력인 病神인 亥水가 자리를 잡고
있으면서 比劫이 들어있는 寅木을 生하고 있으면서 나하고는
寅亥合하여 한 몸이 되어 부부라고 살고 있으므로 껍데기
마누라이고, 官星이 病神이므로 결혼하자마자 이혼한 딸
때문에 고민이 많다.

☯ 刑 沖 合 및 殺星의 應用

干上에 丁癸沖하여 日干을 깨고 있어 나쁘나, 丁火가 用神인
丙火를 끄지 못하도록 막아주고 있어 다행이다.
地支에는 日支가 寅亥合, 亥卯合하고 亥중 甲木이 年上의
己土와 明暗合하여 合 타령이다.
사주가 이렇게 되면, 자기 자신 또는 마누라가 여기 저기 合을
하고 다닌다.

☯ 大運
- 초년 乙丑대운은 더욱 더 濕해지므로 운이 저조하다.
- 甲子대운에 甲己合하여 허약한 己土를 合去시켰으므로 부친이
  사망했을 것이다.
- 癸亥대운도 불운하다.
- 壬戌대운에 戌土가 熱을 가지고 있어 대단히 좋아서 큰
  시장에서 장사를 하여 많은 돈을 벌었다.
- 辛酉, 庚申대운은 凶神운으로, 다룰 수 없는 財가 旺하게
  들어오니 바람만 피면서 세월을 보내고 있다.
- 己未대운은 未중에 熱氣인 丁火를 갖고 있으나, 亥卯未合木하여
  크게 좋지 못하여 甲申(04, 66세), 乙酉(05,67세)년은 사업이
  안되나 말년인 戊午대운은 편안하게 지낼 수 있을 것이다.

$$\begin{array}{cccc} 庚 & 丁 & 戊 & 庚 \\ 子 & 卯 & 寅 & 子 \end{array}$$ 여 자 대 운

71 61 51 41 31 21 11 1

庚 辛 壬 癸 甲 乙 丙 丁
午 未 申 酉 戌 亥 子 丑

☯ 四柱의 旺衰

寅月에 丁火가 도와주는 勢力이 弱해서 身弱하다.

☯ 格局과 用神

丁火가 正印月에 태어났으나 寅중 戊土가 透干하여
食神格이다.
봄에 나무를 丁火로 기르면, 나무가 잘 자라지 않아 局이 작을
뿐만 아니라 나무가 불에 상처를 받기 쉽다.
그래서, 寅중 丙火가 필요하다.
火가 用神이고, 木이 吉神이며, 金이 病神이고, 土가 吉神,
水는 凶神이다.

☯ 四柱의 特徵

봄에는 나무를 길러야 하는데 年, 時上의 庚金은 생명을
자르니 불길한 징조이나, 이런 구조에서는 丙火보다 丁火가
庚金의 난동을 막는 데는 효과적이다.
그러나, 다룰 수 없는 財를 갖고 있어 욕심만 있지 내 것이
아니다.

☯ 命主의 性格

身弱한 丁火라서 마음이 나약하여 부모형제에 의타심이
많으며, 情이 많아 사람들한테 후하고 성실하다.
또한, 丁火가 正財인 庚金을 보아 사람이 똑똑하다.

☯ 六親 關係

이 사주에서는 財星인 金이 가장 나쁜 凶神이기 때문에
아버지 덕이 없으며 재물복도 없다.
또한, 庚金 財星은 死地인 子水 위에 앉아 있어 무력하다.
官星인 子水가 水生木해 준다하나 초봄이므로 물이 그다지
많이 필요하지 않은 계절이고, 더군다나, 子水는 찬물이므로
凶神이다.
日支 卯木과 時支의 子水가 刑하는 것도 부부 궁에 좋지
못함을 나타내고 있다.
地支에 子水가 아니고 亥水였다면 더 좋았을 것이다.

☯ 刑 沖 合 및 殺星의 應用

寅月이라서 卯木이 얼지는 않았으나, 日支와 時支가 子卯刑을
이루고 부부사이가 나쁘다는 것을 나타낸다.
亥卯未에 子水는 桃花殺인데, 官星 桃花다.
寅木은 驛馬인데, 傷官인 戊土가 驛馬 위에 앉아있어 자식이
驛馬와 관련된 직업을 가질 것이다.

☯ 大運

- 초년 丁丑대운은 좋지 않으나 무난했다.

- 丙子대운도 좋지는 않으나, 干上에 正用神이 떠 있어서
  괜찮아서 고등학교를 졸업 후 모 투자신탁에 취업하여
  근무하다가,

- 乙亥대운에 꽃가게를 운영하는 남편을 만나 결혼하여,

- 甲戌대운까지 행복하게 살면서 남편이 건축업을 겸하고 있는데,

- 41세 癸酉대운부터 남편의 사업이 안 된다.
  특히, 甲申, 乙酉년에 극심한 고통을 겪고 있는데, 그 이유는
  大運이 나쁜데다가 歲運에서 申, 酉金이 용신의 뿌리인 寅木과
  卯木을 자르기 때문이다.
  丙戌, 丁亥년은 다소 나아질 것이나 대운이 서방으로 흐르니
  큰 기대는 난망하다.
  완전히 마음을 비워야 한다.

- 壬申대운도 대운의 申金이 寅木을 沖하여 대단히 나쁘고,
  辛未, 庚午 대운이 낳아지긴 하나 그 때는 나이가 너무 많다.

남편 사주

丙　癸　壬　癸
辰　酉　戌　巳
73 63 53 43 33 23 13 3
甲　乙　丙　丁　戊　己　庚　辛
寅　卯　辰　巳　午　未　申　酉

火용신이다.
초년에 고생이 막심하다가 己未대운부터 운이 들어 丁대운
까지는 괜찮았으나 巳酉金局이 되어 다소 힘이 빠진데다가
甲申, 乙酉 歲運이 안 좋았다.
辰대운이 가장 나쁘나, 말년은 괜찮다.

제 4 장 丁火日干 卯月

<table>
<tr><td>庚</td><td>丁</td><td>丁</td><td>己</td><td rowspan="2">남
자
대
운</td></tr>
<tr><td>子</td><td>亥</td><td>卯</td><td>亥</td></tr>
</table>

80 70 60 50 40 30 20 10

己 庚 辛 壬 癸 甲 乙 丙
未 申 酉 戌 亥 子 丑 寅

☯ 四柱의 旺衰

卯月에 뿌리없는 丁火가 地支에 亥未合木하여 습해져서
身弱하다.

☯ 格局과 用神

丁火가 卯月에 태어났으니 正印格이다.
卯月은 濕木이 旺한 계절이라 丙火가 떠야 만이 아름다운
꽃을 피워 향기가 좋아서 향기에 취해 벌, 나비가 많이 찾아들
것인데, 인공불로 나무를 키우려하니 格이 작고, 수확이 없을
것이다.
火가 用神이고, 木이 吉神이며, 水는 凶神이며, 金도 凶神
이고, 土도 凶神이다.
年上의 己土는 干上에 水가 있을 때는 藥神이 될 수 있으나
여기서는 丁火의 熱氣를 흡수해 가는 凶神이고, 時上의 庚金
역시 凶神이다.

☯ 四柱의 特徵

丁火가 庚金을 보아 사람은 똑똑하나 日干인 丁火도 뿌리가
없고, 財星인 庚金도 뿌리가 없어 재물 복이 많지 않다.

☯ 命主의 性格

丁火 日主라 가슴이 따뜻하고, 食神을 갖고 있어 人情이
많은 사람인데, 더군다나, 印星을 吉神으로 쓰므로 인간성이
좋은 사람이라 남의 어려움을 보고 그냥 지나치지 못하는
사람이다.

☯ 六親 關係

이 사주의 財星인 庚金은 凶神이나, 日支 妻宮에 亥水가 있어
吉神인 卯木을 生해 주므로 부부 궁이 좋다.
用神이 부모 궁에 있어 부모덕은 있으나 卯木은 日干인
丁火에게 연기를 피워 눈물을 흘리게 하므로 결과적으로
부모가 짐이 될 것이다.

☯ 刑 沖 合 및 殺星의 應用

時上의 庚金 財星이 年柱와 日主를 기준하여 桃花殺인데다가
桃花殺인 子중의 壬水와 明暗合을 하고 있는데, 庚金이 그
위에 앉아 있으므로 연애결혼이다.
年支 亥水와 日支 亥水가 月支 卯木을 사이에 두고 서로
合하자고 하므로 爭合이다.
年上의 己土 食神은 조모 또는 장모인데, 年支 亥중의 甲木,
月支 卯木중의 甲木, 日支 亥중의 甲木과 여러 번의 合을
하였으므로 조모 또는 장모가 재혼팔자다.

☯ 大運

- 초년 丙寅 대운은 좋아서 장사를 하는 부모님 따라 서울에서

자랐으나 부모가 가난하여 공고를 졸업하였다.

- 乙丑대운에 干上의 乙木이 乙庚合金하여 도움이 안 되고,
  丑土가 亥子丑水局이 되어 물이 지나치게 많아져 흉하여
  운이 저조하다.
  그 무렵 군대를 갔다 와서 부모님 밑에서 장사를 배우다 말고,
  독립한다며 나가서 회사생활을 몇 년 하다가,

- 甲대운에 다시 부모 곁으로 되돌아와서 장사를 하고 있는데,
  歲運이 火運으로 갈 때 돈을 조금 벌었다.

- 癸亥대운인 庚辰(2000)년 유통업을 한다며 강남에다 대형
  매장을 냈는데, 관리해 주는 사람을 인척을 끌어들여 큰
  재미를 보지 못하다가, 壬午(2002)년 火運이니 매장을 팔았는데
  권리금을 제법 많이 받았다.
  癸未(2003)년에는 더 큰 매장을 개업했는데, 영업이 되지 않아
  큰 손실을 보고 처분하였다.
  손실을 보게 된 이유는 癸未년의 天干 癸水가 丁癸沖하여 약한
  불 하나를 끄고, 地支에 未土가 亥卯未木局하여 木만 旺해졌기
  때문이다.
  그 후 甲申(04)년, 乙酉(05)년도 운이 저조하여 유통업을 하다
  진 빚을 갚느라고 고생을 하였고, 특히, 乙酉년은 卯酉沖하여
  부모 궁에 있는 印星인 卯木을 치니 부친과 작은 오해가 생겨
  눈물을 흘려야 했다.

- 壬戌대운에 戌중에 丁火가 있어 日干의 힘이 다소 생기므로
  자신감을 갖게 된다.

- 辛酉대운에 卯酉沖하면 정말 어려워지는데 천만다행인 것은
  地支 亥 子水가 통관시키므로 卯木이 완전히 잘려 나가지는
  않으나 상처 입은 나무다.

- 庚申대운도 卯申暗合을 이루어 신경이 쇠약해지고 건강도
  나빠진다.

辛　丁　丁　己　여

亥　亥　卯　亥　자

80 70 60 50 40 30 20 10　대

乙 甲 癸 壬 辛 庚 己 戊

亥 戌 酉 申 未 午 巳 辰　운

☯ 四柱의 旺衰

丁火가 月上에 比肩이 있고, 地支에 卯木을 보았으나
亥卯合木되어 濕하고 身弱하다.

☯ 格局과 用神

丁火가 卯月에 태어나 偏印格을 이룬다.
卯月은 나무가 무성하게 자랄 계절이라서 丙火가 干上에 떠야
좋은데, 뿌리도 없는 丁火로 나무를 키우려 하니 마음만 앞설
뿐 키우기 어렵다.
火가 用神이고, 木이 吉神이며, 水는 凶神이고, 金도 凶神
이며, 土도 凶神이다.

☯ 四柱의 特徵

봄은 나무가 자랄 계절이기 때문에 태양인 丙火가 뿌리를 갖고
있어야 좋은데, 그 대용인 日干 丁火마저 뿌리가 없는데다가
月支와 日支 및 時支의 亥水가 서로 亥卯合木하자고 爭合하고
있어 습기를 잔뜩 머금은 濕木이라서 丁火의 힘이 미치지
못한다.

☯ 命主의 性格

봄의 丁火가 나무를 기르고 있고, 특히, 印星이 吉神이므로

마음이 여리고 곱다.

☯ 六親 關係

女命에 身弱한 陰일주가 地支에 亥卯未木局을 가지고
있어 키우지 못한 구조는 거의 부부가 해로하기 어렵다.
또한, 사주에 官星인 亥水가 3개가 있어 亥중의 壬水와
각각 丁壬合하므로 재혼팔자다.
여자는 官星이 吉神이라야 좋은 팔자인데 官星이 凶神이면
거의 나쁜 팔자다.

☯ 刑 沖 合 및 殺星의 應用

年支 亥水, 日支 亥水, 時支 亥水가 각각 月支 卯木과 合을
하자고 달려드는 格이다.
年支 亥水는 亥중 壬水와 月上 丁火와 丁壬暗合하고, 地支가
亥卯合하여 天干과 地支가 合하여 한 몸이 되어 있는데,
日干인 丁火와도 丁壬暗合하므로 이렇게 되면, 첫 남자가
과거가 있었거나 그렇지 않으면 양다리 걸치는 남자이고,
日支의 亥水와 時支의 亥중의 壬水도 마찬가지로 겉으로는
부부인척 하면서 속으로는 다른 사람과 合을 맺고 있다.

☯ 大運

- 초년 戊辰대운에 卯木이 辰土에 뿌리를 내리니 좋고 旺水를
  辰土에 가두니 무난하였다.

- 己巳 대운에 巳亥沖하여 卯木을 자유롭게 해주고, 巳火가
  丁火에 힘을 보태주므로 좋다.
  그러나, 巳亥沖에 대한 작용은 있었을 것인데, 驛馬沖이므로
  사고를 예상할 수 있다.

- 庚午대운에 午火가 있어 卯木이 잘 자라므로 좋은 운이라 자기
  가게를 얻어 옷 장사를 하고 있다.

- 辛未대운에 未土가 丁火의 뿌리가 되어 좋을 듯 싶으나 合을
  하려고 기회만 엿보고 있는 亥水가 움직여 亥卯未合木을 하므로
  官星인 亥水가 요동치므로 99(己卯)년부터 남편과 같이 살지
  못하고, 떨어져 살고 있다.

- 50세 壬申, 癸酉대운은 凶運이라 어렵겠다.
  운이 이렇게 전개되면, 자기 장사보다는 차라리 처분하고
  종업원으로 들어가는 것이 나을 것이다.
  그러나, 대부분의 사람들은 이런 자기의 운을 인정하려 들지
  않다가 문제가 발생하면 그때서야 움직이게 되어 있다.
  그것이 인간의 심리이다.
  卯申暗合하여 旺해진 卯木을 酉대운에 卯酉冲하면 재기불응
  이다.

남편 사주

丁　戊　丙　丙　남

巳　午　申　申　자

77 67 57 47 37 27 17 7　대

甲 癸 壬 辛 庚 己 戊 丁
辰 卯 寅 丑 子 亥 戌 酉　운

申月의 戊土가 印綬가 많아 太旺하다.
印綬太旺者는 부모가 病이라 주위환경이 나쁘다.
申金이 用神이고, 火가 病神이며, 水가 藥神이다.
己亥대운부터 대운이 좋게 흘러가니 자기일은 잘된다.
庚子대운 대운의 子水가 원국의 일지 午火를 冲하여 깨고
98戊寅년 寅木이 寅申冲하여 日支 午중의 丁火와 申중의
壬水가 暗合하여 있는 것을 깨므로 부부간의 갈등이 시작되어
己卯년에 따로 살게 되었다.

<table>
<tr><td>庚</td><td>丁</td><td>乙</td><td>戊</td><td>남</td></tr>
<tr><td>戌</td><td>未</td><td>卯</td><td>戌</td><td>자</td></tr>
</table>

72 62 52 42 32 22 12 2

癸 壬 辛 庚 己 戊 丁 丙
亥 戌 酉 申 未 午 巳 辰

대

운

☯ 四柱의 旺衰

丁火가 月上에 乙卯 印星을 보고, 地支 戌土와 未土에 뿌리를
하였으나 食傷이 너무 많아 身弱하다.

☯ 格局과 用神

丁火가 卯月에 태어나 卯중에 乙木이 干上에 透出하였으므로
偏印格이다.
食傷인 土가 너무 많아 病이므로 시급히 木으로 制病을
해야한다.
木이 用神이고, 운에서 地支로 오는 水 吉神이며, 火 吉神
이고, 土는 凶神, 金이 病神이다.

☯ 四柱의 特徵

卯月은 木旺節이라 丙火로 나무를 길러야 하는데, 丁火로
기르고 있어 나무가 화상을 입어 局이 작다.
또, 食傷이 旺하여 病이 되면, 거짓이 너무 많아 믿을 수
없는 사람이다.
用神과의 인연에 따라 의류사업을 하였다.

☯ 命主의 性格

이 男命은 印星을 用神으로 써서 사람이 근본은 착한듯하나
食傷이 凶神이라 거짓이 너무 많고, 또, 食傷이 너무 旺하여
똥배짱이 너무 커서 우선 사업을 벌려놓고 보는 성질이라
뒷감당을 못한다.

☯ 六親 關係

이 男命은 財가 凶神이고, 地支에 卯未木局이 되어 있는데,
대게, 陰일주는 身弱한데 地支에 亥卯未木局이나 半局이 되면,
부부궁이 나쁘기 때문에 거의 매일 싸우다시피 하다가 乙亥
(95)년에 법적인 문제까지 가게 되어 결국 이혼하였으며, 그
후로도 여러 여자와 인연을 맺었다.

☯ 刑 沖 合 및 殺星의 應用

日支 未土를 기준하여 年支 戌土와 時支 戌土가 刑을 하고
있는데, 이는 日支 妻宮을 중심으로 이루어지고 있어 妻宮이
산란함을 나타내고, 또한, 戌土중에는 財星인 庚金의 뿌리가
있기 때문에 더욱 확실하다.
또, 月支의 卯木이 年支 戌土와 卯戌合火하고, 年支 戌土와도
합하여 뿌리가 타서 손상을 입었으며, 日支 卯木과도 卯未合木
하여 용신의 뿌리 역할을 제대로 하기가 어렵다.
그리고, 日主를 기준하여 寅卯가 空亡인데, 用神인 卯木이
空亡이고, 日支 未土가 紅艶殺이며, 卯木이 桃花殺인데 卯未로
桃花와 紅艶이 합을 하였으므로 바람기가 심하다.

☯ 大運

- 초년 丙辰대운에 辰土가 原局의 凶神인 戌土를 沖하여 卯戌合을
  풀므로 卯木이 타지는 않기 때문에 나쁘지 않으나, 戌중의 辛金
  이 火氣에 손상을 입을 수 있다.

- 丁巳, 戊午대운은 火가 土를 生해 주긴 하나, 반면에 나무를 크게 하므로 무난하였다.

- 己未대운에 用神이 乙卯木이니 그 인연에 따라 己未대운에 옷 만드는 회사에 근무하다가 퇴사한 후, 독자적으로 의류사업을 하였는데 신통치 않았다.
  戊寅년에는 강남에서 피부 관련 사업을 하는 미모의 여성과 사귀어 큰 도움을 받았으나 그 여인도 손해만 보고 떠났다.

- 庚申대운에 用神인 乙木을 合하여 묶으므로 결국 己卯년에 사업이 실패하면서 큰 곤란을 겪게 되었고, 법적인 문제가 해결된 후, 또 다른 여인을 만나 되지도 않은 큰소리만 치고 다니는데, 만사불성이다.

- 辛酉대운에 乙卯木을 天沖支沖하므로 대책이 없다.
  운이 보이지 않는다.

제 4 장 丁火日干 辰月

甲　丁　戊　己　　여

辰　丑　辰　亥　　자

74 64 54 44 34 24 14 4　대

丙 乙 甲 癸 壬 辛 庚 己
子 亥 戌 酉 申 未 午 巳　운

☯ 四柱의 旺衰

辰月에 丁火가 食傷이 太旺하여 洩氣가 심하므로 太弱하다.

☯ 格局과 用神

이 사주는 丁火가 뿌리가 없어 從兒로 갈 것 같은 착각을 하기
쉬우나, 印星인 甲木이 辰土에 뿌리를 막고 튼튼하게 자라고
있기 때문에 從하지 않으므로 傷官格이다.
辰月은 土旺節이긴 하나 木이 왕성하게 자랄 계절인데다가,
時上에 甲木이 沃土인 辰土에 뿌리를 막고 있어 이 甲木을
살려야 한다.
木이 用神이고, 水는 사주가 濕하므로 더 이상 필요하지
않으며, 火가 吉神이고, 土가 病神이다.
그런데, 五行의 相生관계로 볼 때는 木이 用神이므로 水가
吉神이긴 하나, 여기서는, 사주가 濕하여 더 이상의 水가
필요치 않고, 오히려 火가 와야 나무가 꽃이 필 것이다.

☯ 四柱의 特徵

女命에 食傷은 자식이요, 子宮을 뜻하는데, 子宮이 病이니
庚辰(2000)년에 자궁을 들어내는 수술을 하였다.
身弱사주에 四柱가 濕하여 건강이 나빠 전업주부로만 생활
했다.

☯ 命主의 性格

봄에 丁火가 나무를 제대로 기르지도 못하면서 자기 힘만
지나치게 빼고 있으므로 말과 행동이 앞서는 사람이고,
食傷이 病인 사람은 官星인 남편을 때리므로 남편을 존경하지
않거나 무시하게 된다.
또, 너무 퍼주는 성격이라 오히려 지조가 없어 보일 때가
있다.

☯ 六親 關係

女命에 食傷이 많아서 病이 되면, 부부 궁은 말할 것도 없고,
多子無子이니 자식도 귀하다.
이 女命은 아들 하나를 두었다.
사주에 官星이 亥水로 吉神이나, 日支 丑중에 辛金이 用神인
木을 치는 성분이므로 부부 궁이 나쁘다.
또한, 年 月에 食傷이 病이니 필시 조상과 부모 代에 망한
집안 출신이라 가난했다.

☯ 刑 沖 合 및 殺星의 應用

日主 丁丑과 時柱 甲辰이 白虎殺인데, 丑辰破되어 있고,
丑중에 己土가 年上에 나타나있어 白虎와 破의 작용이 있을
것임을 예고하고 있다.
辰亥怨嗔이라 남편과 안 맞다.

☯ 大運

- 초년 己巳대운에 甲己合하여 용신이 묶이므로 凶하고, 巳火가 身弱한 日干의 뿌리가 될듯 하나 日支와 巳丑合이 되어 凶神 으로 변했으므로 큰 도움이 안 된다.

- 庚午대운에 身弱한 日干의 뿌리가 되고, 桃花가 등장하여 즐거운 나날이었고, 濕한 사주를 따뜻하게 하므로 甲木이 잘 자랄 수 있어 좋았다.

- 辛未대운에 未土가 紅艷殺이고, 81년 辛酉년에 日支 丑土와 歲運 酉金이 合하여 결혼하였다.

- 壬申대운이 되어 官星인 亥중에서 透出한 壬水가 나타나 合을 하여 남자관계가 있었을 것이고, 申金은 이 사주에 도움이 안 된다.

- 癸酉대운에 癸水가 길할 것 같으나, 丁火마저 丁癸沖하여 끄므로 좋지 못하고, 酉金이 巳酉金하여 용신이 배역신이므로 흉한데, 丙戌년 日支 丑土와 丑戌刑을 하고, 용신의 뿌리인 辰土와 沖하여 대 혼란이 오므로 자신이 남편의 직장 거래처 였던 남자와 바람을 피워 이혼하였다.

- 甲戌대운에 甲木용신이 와서 좋아 보이나, 戌土가 地支를 온통 흔들어 놓으므로 모든 것이 불성이라 이혼한 것을 후회하게 될 것이고, 辰土가 官庫로 자궁인데, 제거수술 받은 자궁에 큰 문제가 올 것이다.

乙　丁　壬　丙　　여

巳　巳　辰　申　　자

75 65 55 45 35 25 15 5　　대

甲 乙 丙 丁 戊 己 庚 辛

申 酉 戌 亥 子 丑 寅 卯　　운

☯ 四柱의 旺衰

辰月에 丁火가 身旺하나 사주가 濕해서 身弱과 같다.
乙木은 濕木이라서 도움이 안 되고, 地支에 巳火도 辰土에
熱氣를 흡수당해 힘이 없어 身弱이 되었다.

☯ 格局과 用神

丁火가 辰月에 태어나 辰중 乙木이 干上에 透出하였으므로
偏印格이다.
辰月은 土旺節이긴 하나 木이 왕성하게 자라는 계절이라서
더 이상 水는 필요 없고, 火만 있으면 나무가 자랄 수 있다.
火가 用神이고, 木이 吉神이며, 水는 病神이고, 金이 凶神
이며, 土가 藥神이다.

☯ 四柱의 特徵

年上의 丙火는 病地위에 앉아 힘이 없으나, 나보다 큰 사람
이므로 丙火의 빛에 가리는 格이라 後妻 象이고, 日干인
丁火가 正官인 月上 壬水와 丁壬合하여 연애만 하는 꼴이라
정신이 주관이 없어 항상 2등만 하는 사람이다.

☯ 命主의 性格

마음이 여리고 情도 많으나 日干 자신이 官星과 합하여
자기 역할을 제대로 안 하므로 줏대가 없고, 地支에 巳火
뿌리가 변덕이 심하므로 내 마음 역시 변덕이 심해진다.

☯ 六親 關係

丁火는 干上에 丙火를 보면, 丙火의 빛에 가리므로 後妻 혹은
妾象이고, 丁巳 日主은 孤鸞殺인데, 여자가 孤鸞殺을 가지면
부부 궁이 나쁘다.
또, 官星이 壬辰魁罡인데, 病神이므로 남편과 해로하지 못함을
나타내고 있다.

☯ 刑 沖 合 및 殺星의 應用

干上에 丁壬合하여 흉해졌고, 辰土와 申金이 申辰半局하여
凶神이며, 巳火가 申金과 합을 하려고 하므로 변화를 예고하고
있다.
辰巳가 天門이라서 종교와 철학에 인연이 있다.

☯ 大運

- 초년 辛卯에 丙辛合하여 태양을 기반시키므로 凶한데, 卯木이
  吉神이라 무난했다.
- 庚寅대운은 木이 살아있어 좋았다.
- 己丑대운부터 濕土가 熱氣를 흡수하므로 운이 기울기 시작하였
  다.
- 戊子대운은 戊土가 壬水를 剋하여 좋으나 子水가 申子辰水局을
  이루어 나쁘다.
- 丁火가 官星인 壬水와 합하여 凶하고, 亥대운에 病인 亥水가
  남편궁인 巳火를 때리니 부부관계가 악화되어 甲申(04)부터
  위태위태하더니 결국 乙酉(05)년에 이혼하고 말았다.
- 丙戌대운에 辰戌沖하여 丁壬合을 깨므로 운이 이렇게 되면 그

동안 새로운 남자를 만난다 해도 戌대운에 다시 깨진다.
- 乙酉, 甲申대운은 운이 보이지 않는다.

甲　丁　丙　癸　　남

辰　亥　辰　巳　　자
　　　　　　　　　대
71 61 51 41 31 21 11 1
　　　　　　　　　운
戊 己 庚 辛 壬 癸 甲 乙
申 酉 戌 亥 子 丑 寅 卯

☯ 四柱의 旺衰

辰月에 丁火가 干上에 劫財인 丙火를 보고, 印星인 甲木을
보았으며, 年支에 劫財인 巳火가 있으나 身弱하다.

☯ 格局과 用神

丁火가 辰月에 태어나 辰중 癸水가 年上에 나타났으므로
偏官格이다.
癸水 官星을 通關시키는 印星인 木을 用神으로 쓰니 월급쟁이
특히, 公職이 좋은데, 이 男命은 공직자다.
木이 用神이고, 火가 吉神이며, 水는 病神이고, 乾土 藥神
이다.

☯ 四柱의 特徵

辰月은 土月이지만 나무가 무성하게 자랄 계절인데, 甲木을

기르고 있어 좋은 사주다.
그런데, 나무는 丙火로 길러야 하기 때문에 劫財를 이용해서
나무를 기르니 이렇게 되면 치사한데가 있다.
왜냐하면, 丁火가 자신의 힘으로 나무를 길러야 하는데,
친구인 劫財를 이용하기 때문이다.
그래서, 항상 2등이라 불만이다.
사주에 甲과 丙이 떠서 吉神이 되면, 좋은 사주가 많다.

☯ 命主의 性格

사주가 官印相生으로 잘 조화되어 있어 성격이 원만하다.
丁火일주는 근본적으로 情이 많고, 여리다.
또, 印綬가 用神인 사람들은 대부분 인간성이 좋다.

☯ 六親 關係

妻를 나타내는 財星은 巳중에 庚金인데, 庚金을 안고 있는
巳火중에 같이 있던 丙火가 透出하였으므로 丙火가 庚金과
같이 身弱한 日主를 도와주므로 妻德이 있고,
또, 日支 妻宮에 凶神이 있어 부부 운은 凶하다.
그러나, 官星이 病神이라서 자식 덕이 없을 것이다.

☯ 刑 沖 合 및 殺星의 應用

辰亥怨嗔이라서 부부간의 다소 갈등이 있을 수 있고,
辰辰子刑을 갖고 있으며, 日支 亥水와 年支 巳火의 沖을
月支 辰土가 막아주고 있는데, 辰土가 沖되거나 合되어 묶이면
그 때 巳亥沖이 작용하므로, 그렇게 되면 부부 궁이
산란해진다.

☯ 大運

- 초년 乙卯대운이 吉神이라 좋았으며,

- 甲寅대운도 좋아 공부를 잘 할 수 있었다.

- 癸丑대운은 다소 운이 저조하였으나, 官星이 나타나 안정된
  직업인 공직으로 출발했다.

- 壬子대운에 무난히 직장생활은 했으나, 진급은 느렸다.

- 辛亥대운 丙辛合하여 凶하고, 巳亥沖하여 日支를 沖하므로 부부
  간의 갈등이 심하였다.

- 庚戌대운 중 庚 대운에는 庚金이 甲木을 치고 戌土가 辰土를
  沖하여 나빴으나, 甲申 歲運에 吉神이 오고, 申金과 辰土가
  合하여 申辰水局이 되어 官星이 넓어지므로 用神을 도우니 진급
  을 하였다.

- 己酉, 戊申대운은 나쁘다.

제 4 장 丁火日干 巳月

丙	丁	丁	戊	남
午	巳	巳	寅	자

74 64 54 44 34 24 14 4

乙 甲 癸 壬 辛 庚 己 戊
丑 子 亥 戌 酉 申 未 午

대
운

☯ 四柱의 旺衰

巳月에 丁火가 太旺하다 못해 훨훨 타고 있는 것과 같아서
從할 수 밖에 없다.

☯ 格局과 用神

丁火가 巳月에 태어나 온통 火勢가 强하므로 從旺格이다.
巳月은 나무가 한창 자랄 계절인데, 물이 없어 불볕더위와
같아서 年支에 寅木이 고사 직전이다.
이 사주에는 火勢가 너무 旺하여 從旺格이 되었으므로 旺하면
洩氣하는 것을 가장 좋아하므로 土가 用神이고, 火도 吉神
이며, 木이 病神이고, 金이 藥神이다.

☯ 四柱의 特徵

이 사주는 巳月에 寅木이 있어서 生木으로 보기 쉬우나
이 寅木은 뿌리가 전혀 없기 때문에 死木이라서 베어내야 할
나무다.
필자도 처음에는 寅木을 살려야 한다라고 봤는데, 時間이
흐르면서 이 寅木을 死木으로 본 것이다.
四柱가 燥熱하므로 巳중의 庚金이 녹을 지경이라서 이 男命은
폐가 약해서 일생 고생이다.

☯ 命主의 性格

丁火일주가 대체로 마음이 여리고 情도 많으나, 太旺하므로
자기주장이나 고집이 너무 강해서 타협이 잘 안 된다.
그저 무엇이든지 자기주장대로 해야 하고, 성질도 급하다.

☯ 六親 關係

男命에서 妻를 볼 때 財星의 有無와 吉凶여부를 살펴야
하는데, 이 사주에는 財星이 나타나 있지 않고 巳火 속에 들어
있어 녹기 일보 직전이다.
그런데, 그 巳火가 日支 妻宮에 앉아 있어 소중하기 짝이
없다.
또한, 男女를 불문하고, 調喉가 안 되면 생산이 어려운데,
이 男命은 官星이 病이라서 자식을 두지 못해서 입양해서
길렀다.
만약에, 이 사주에 寅木이라는 生命마저 없었다면 아마도
종교인이 되었을 것이다.

☯ 刑 沖 合 및 殺星의 應用

寅巳刑을 하고 있어 寅木이 상처를 받았고, 丁巳일주가 만약
여자였다면 과부가 되었거나 부부 궁이 나빴을 것인데, 이
사주는 남자라서 그렇지 않았다.
日主를 기준하여 午火가 桃花인데, 桃花 작용이 크지 않았다.

☯ 大運

- 초년 戊午대운에 가난한 집안에서 태어났으나 그 시대에 비추어
  무난했다.

- 己未대운도 마찬가지로 경제사정이 어려워 학교는 제대로
  다니지 못했으나 서당을 다녀 유식했다.

- 庚申대운부터 藥神運이 오니 대발하기 시작하였는데, 이 대운에
  결혼을 하고, 妻家의 도움으로 철물장사를 시작하였는데,

- 辛酉대운 藥神으로 이어지면서 젊은 나이에 많은 돈을 벌었다.

- 壬대운부터는 운이 저조해지니,
  戌대운 들어 업종을 변경해서 장사를 했는데, 무난하였으나
  술을 과다하게 마셔 위장이 빵구가 날 지경에 이르러 수술을
  받았다.

- 癸亥대운들어 官星이 등장해서 나쁘나, 다행히, 戊癸合火
  되었고, 亥水는 寅木과 合을 하면서 寅木을 生해주어 病神이
  旺해지고 巳亥沖으로 旺神을 沖하므로 운이 없어 장사를
  그만두고 그동안 벌어놓은 돈으로 생활하고 있으며, 이 대운에
  폐병으로 고생을 했다.

- 甲子대운에 甲木이 火를 生해 주어 좋으나,
  子대운에는 子水가 旺神인 午火를 沖하여 旺神大怒하니,
  모 금융기관이 부도나면서 그 당시 경영진으로 있었던 이
  男命에게도 배상하라는 법원의 결정이 있어 乙酉년까지도
  곤혹을 치룬 바 있었다.

- 乙丑대운은 별로다.

$$\begin{array}{cccc} 壬 & 丁 & 乙 & 壬 \\ 寅 & 卯 & 巳 & 辰 \end{array}$$ 남자대운

75 65 55 45 35 25 15 5

癸 壬 辛 庚 己 戊 丁 丙
丑 子 亥 戌 酉 申 未 午

☯ 四柱의 旺衰 및 格局과 用神

巳月에 丁火가 印星이 많아 旺한데, 日干이 丁壬合木을
이루었으며, 地支에 寅卯辰木局을 이루고 있어 丁壬合化木格
이다.
사주가 化格이 되면, 木体로 따라갔으므로 나무를 기르기
위해 火가 가장 필요하고, 木도 吉神이며, 壬水도 木에 순세
하므로 나쁘지 않으나, 다만, 干上으로 오는 癸水는 丁火를
剋하므로 凶神이고, 運에서 오는 金도 凶神이며, 土는 木의
뿌리내릴 토양이 되므로 吉神이다.

☯ 四柱의 特徵

이 男命은 乙木 吉神의 특성에 맞는 직장을 가졌는데, 乙木은
화려함, 아름다움, 美의 창조 등의 뜻을 가지고 있으므로
인테리어 업자다.

☯ 命主의 性格

丁火가 化格이 되어 印綬로 따라갔으므로 마음씨는 부드럽고
좋은 사람이다.
乙木은 美를 추구하므로 낭만적인데도 있다.

☯ 六親 關係

남자 사주에서 妻를 볼 때 먼저 財星의 吉凶여부를 살펴야
하는데, 이 사주는 財星이 巳火속에 庚金인데, 이 사주에서
庚金은 凶神이며, 나타나있지 않으므로 妻星은 庚金보다는
日干과 合을 하는 壬水로 보는데, 壬水가 두 개이므로 재혼격
이다.
또한, 化格인 乙木을 기준으로 봤을 때도 財星이 戊土인데,
戊土가 여러 개 있으므로 여러 여자를 만날 수 있는 운명이다.

☯ 刑 沖 合 및 殺星의 應用

日干 丁火가 年上의 壬水와 時上의 壬水와 合을 하고 있는데,
化格으로 갔으므로 나쁘지 않다.
그러나, 합하는 것은 합의 특성이 나타나게 되어 있는데,
丁壬合은 쎅스의 합이라서 이 여자와 합하고, 저 여자와도
합한다는 뜻을 갖고 있다.

☯ 大運

- 초년 丙午, 丁未대운은 火運이라 귀여움 받고 자랐으나,

- 戊申대운에 寅申沖하여 化格을 깨니 운이 없다.

- 己酉대운에 酉金이 日支 卯木을 沖하여 格을 깨므로 분명히
  부부 궁에 문제가 있었을 것이나 아쉽게도 확인해 주지 않아서
  정확한 내용은 알 수 없다.

- 庚戌대운중 戌대운에 다소 낳아졌는데, 특히, 壬午, 癸未년에
  부동산이 잘되어 덩달아 사업이 호조를 보였으나, 03(癸未)年
  말 某處의 한증막을 인수하는 과정에서 자금이 부족하여 애를
  먹었는데, 결국 甲申年에 그 한증막은 다른 사람 손에 넘어가고
  말았다.

- 辛亥, 壬子, 癸丑대운은 무난할 것이다.

丁　丁　己　己　　남

未　酉　巳　亥　　자

73 63 53 43 33 23 13 3　　대

辛 壬 癸 甲 乙 丙 丁 戊
酉 戌 亥 子 丑 寅 卯 辰　　운

☯ 四柱의 旺衰

巳月에 丁火가 時上과 月支에 比肩을 보았으나, 食神의 洩氣가
심하고, 巳亥冲하고 巳酉丑하므로 身弱하다.

☯ 格局과 用神

丁火가 巳月에 태어나 羊刃格이다.
이 사주는 身弱하고, 原局에 생명인 木이 나타나 있지 않아
抑扶用神을 써야하며, 未중에 乙木을 키워야 한다.
火가 用神이고, 水가 病神이며, 金이 凶神이고, 土도 凶神
이며, 운에서 오는 木은 吉神이다.
天干의 己土는 약한 丁火의 熱氣를 흡수하니 凶神이고, 地支
未土는 丁火의 뿌리가 되므로 吉神이다.

☯ 四柱의 特徵

이 사주를 언뜻 보면, 月令이 巳月이고, 天干에 丁火, 己土,
地支에 未土까지 있어 調喉가 부족해 보이기 쉬우나 己土는
丁火의 열기를 흡수해 가고, 地支 巳火는 巳亥冲된데다
巳酉金局도 되어 巳火의 역할을 하지 못하니 오히려 불이
약하다.
官星인 亥水가 驛馬인데, 冲을 맞아 외국을 무대로 사업을
하는 사람이다.

☯ 命主의 性格

丁일주라서 마음이 여리고 情도 많으며, 더군다나, 食神이
많아서 人情이 많다.
또, 酉金을 가져 정확한 것을 좋아하는 성격이다.

☯ 六親 關係

남자 사주에 妻를 볼 때 財星의 吉凶여부를 살피는데,
이 命主는 財星인 酉金이 凶神인데, 日支에 앉아 巳酉金局까지
하고 있어 凶하며, 官星인 亥水가 凶神이고, 巳亥沖까지
하므로 자식과도 인연이 멀고, 직장 복도 약하다.
年月에 食神이 凶神이라서 가난한 집안의 자손이다.

☯ 刑 沖 合 및 殺星의 應用

巳亥沖하여 身弱한 丁일주의 뿌리를 자르므로 나쁜데, 未중의
丁火가 있어 그 뿌리를 하고 있다.
日主를 기준하여 辰巳가 空亡인데, 空亡인 巳火가 沖까지 하고
있어 空亡 작용이 크다고 본다.

☯ 大運

- 초년 戊辰대운은 저조하였고,

- 丁卯대운에 丁火가 干上에 있어 좋았고, 地支는 亥卯未木局을
  하여 巳亥沖을 하지 않으므로 좋았다.

- 丙寅대운이 이 사주에 가장 좋아서 대학을 졸업하고 회사에
  취직하여 다니다가 결혼하였다.

- 乙丑대운에 퇴사하여 무역업을 하였으나 전혀 돈을 벌지
  못하였다.
  그 이유는 原局에 巳酉金局이 되었는데, 운에서 丑運이 오니

巳酉丑金局이 확실하게 되어 仇神역할을 하니 돈을 벌지 못한
것이다.

- 甲子대운도 나빠 甲申년에 오락사업을 한다고 외국에 갔는데,
  돈만 날려 47세 乙酉년까지 妻가 벌어놓은 돈 25억을 날리고,
  결국, 乙酉년에 이혼까지 하게 되었다.

- 癸亥대운은 丁癸沖, 巳亥沖하므로 구제불능이다.

제 4 장 丁火日干 午月

辛　丁　戊　戊　　여

亥　丑　午　戌　　자

78 68 58 48 38 28 18 8　대

庚 辛 壬 癸 甲 乙 丙 丁
戌 亥 子 丑 寅 卯 辰 巳　운

☯ 四柱의 旺衰

午月 한 여름에 丁火가 洩氣가 심해서 身弱하다.

☯ 格局과 用神

丁火가 午月에 태어났으므로 建祿格이다.
사주가 身弱하나 건조하므로 調喉가 필요하다.
水가 用神이고, 金이 吉神이며. 土는 病神이고, 火가 凶神
이며, 운에서 오는 木은 藥神이다.

☯ 四柱의 特徵

女命에 年 月에 傷官이 透出되어 凶神이면, 집안이 가난할

뿐만 아니라 官을 거역하므로 어려서 부모님의 말을 잘 안
듣고, 결혼을 한 후에는 남편과 갈등이다.
또, 食傷이 많으니 자식 글자와 인연이라 유아원을 운영하고
있으며, 사주에 食傷이 많아 배다른 자식을 기르거나 육영사업
과도 인연이 많으니 운명대로 사는 사람이다.

☯ 命主의 性格

丁일주가 마음이 여리나, 傷官이 旺하여 病이니, 성격이
자유분방하고 유별나다.
傷官은 잔정은 많으나, 개성이 지나치게 강하여 흑과 백이
너무나 명백하다.

☯ 六親 關係

이 사주는 한여름에 태어났는데, 年, 月柱가 凶神이니 조상과
부모덕이 없다.
아버지가 일찍 사망하여 가정이 어려웠다.
官星인 亥水가 調喉用神이라 남편을 좋아하면서도, 食傷이
旺하여 官星을 누르고 있는 형국이라서 남편의 하는 일이
잘 되지 않을 것이다.
食傷이 凶神이니 딸만 셋을 두었는데, 공부를 잘 못한다.
두 명은 지방대학을 다녔고, 막내도 고등학생인데, 공부가
시원찮다.

☯ 刑 沖 合 및 殺星의 應用

丁丑일주가 白虎殺인데, 丑중에 辛金이 透出해 있어서 白虎殺
작용이 일어날 수 있음을 암시하고 있는데, 月支 午火를
가운데 두고 年支 戌土와 丑戌刑을 하고 있으므로 더욱 확실
하여 丙戌년에 가능성이 큰데 구체적으로 확인치 못하였다.
또한, 年支와 月支가 午戌火局을 구성하고 있어 調喉에
역행하고 있다.

☯ 大運

- 초년 丁巳대운에 丁火가 등장하여 偏財인 辛金을 剋하고,
  巳亥沖하여 亥水를 치니 辛金이 더욱 불안하여 이 大運에
  아버지가 사망하였다.
- 丙辰대운에 濕土인 辰土가 들어와 사주를 潤하게 만들어 주니
  23살부터 운이 들기 시작하였다.
- 乙卯, 甲寅대운에 藥神이고, 생명을 기르니 유아원을 운영하고
  있다.
- 甲寅대운에 寅木이 寅午戌火局이 되어 나쁠 듯 하나,
  藥神운이니 무난하게 넘어갔다.
- 癸丑대운부터는 調喉해 주는 물이 오니 편하게 지낼 것이다.

辛　丁　丙　丁　　여

亥　巳　午　巳　　자

73 63 53 43 33 23 13 3　　대

甲 癸 壬 辛 庚 己 戊 丁
寅 丑 子 亥 戌 酉 申 未　　운

☯ 四柱의 旺衰

午月에 丁火가 比劫이 많아 太旺하다.
그러나, 木이 없어 타오르지는 않으나 불덩어리와 같다.

☯ 格局과 用神

丁火가 午月에 태어나 羊刃格이다.

時上 辛金이 巳火에 死地이고, 時支 亥水도 巳亥沖되어
弱하기 그지없다.
水를 正用神으로 써야하나 巳亥沖되어 金을 假用神으로 쓰고,
火는 病神이며, 水는 藥神이다.

☯ 四柱의 特徵

丁未대운은 사주의 原局에 불이 旺한데, 大運에서 또 불기운이
加勢하니 火剋金하므로 財가 녹아서 없어지므로 이 女命이
태어나자마자 父가 심장마비로 사망하고 말았다.
이 女命이 간호사가 된 것은 官星인 亥水가 病을 치료하는
藥神이고, 調喉用神이므로 活人業을 하는 사람이기 때문이다.
또, 巳火는 活人성인데, 巳火, 巳火를 갖고 있어 간호사다.

☯ 命主의 性格

마음이 여리고 情이 많으나, 고집이 세고, 급한 성격이다.
日 時支가 沖을 맞아 역동적이고 바쁜 직업을 갖고 살아야
한다.

☯ 六親 關係

丁未대운은 사주의 原局에 불이 旺한데, 大運에서 또 불기운이
가세하니 火剋金하므로 財가 녹아서 없어지므로 이 女命이
태어나자마자 父가 심장마비로 사망하고 말았다.
官星이 亥중 壬水인데, 巳亥沖하므로 부부이별 수가 있을
것이다.

☯ 刑 沖 合 및 殺星의 應用

日支가 巳亥沖되어 부부 궁이 깨져 있어 공방이 많을 수밖에
없고, 辛亥대운에 이혼하기 쉽다.
亥水가 官星이고, 日 時支가 沖하여 깨졌기 때문에 확실성을
더해준다.

특히, 활인성인 巳火가 두 개나 있어 간호사 직업과 인연이
깊다.

☯ 大運

- 丁未대운은 사주의 原局에 불이 旺한데 大運에서 또 불기운이
  가세하니 火剋金하여 財가 녹아서 없어지므로 이 女命이
  태어나자마자 父가 심장마비로 사망하고 말았다.

- 戊申, 己酉대운부터 用神運이 오니 어머니가 재혼하여 새
  아버지를 만나 행복하게 살았고, 자신도 공부를 잘하여
  간호대학에 들어가 공부하여 대형 병원 간호사로 취업하여
  근무하다가 29세 乙酉년에 결혼하고, 다른 병원으로 옮겨
  근무를 하고 있다.

- 庚戌대운중 戌대운이 나쁘다.
  그렇지 않아도 巳亥沖되어 약한 亥水를 戌土가 剋하면
  나빠지는데, 이 사주에 亥水는 官으로 남편이기 때문에 남편
  궁이 불안하다.

- 辛亥대운은 用神이긴 하나 亥水가 巳火 남편궁을 치면
  旺神大老 할 수밖에 없는 형국이 될 것이다.
  그래서, 이런 때를 用神運에 망한다는 말을 할 수 있다.

- 壬子대운도 좋으나 子午沖하여 旺神을 沖하면, 午火가 月支에
  있고, 比劫이므로 건강문제나 손재가 따른다.

- 癸丑대운은 편해진다.

- 甲寅대운에 火勢가 旺해져 財星인 辛金이 녹고, 寅亥合하여
  用神이 羈絆되면 끝이다.

```
丙  丁  戊  癸    여
午  酉  午  巳    자
                 대
77 67 57 47 37 27 17  7
丙 乙 甲 癸 壬 辛 庚 己
寅 丑 子 亥 戌 酉 申 未   운
```

四柱의 旺衰

午月에 丁火가 比劫이 많아 太旺하다.

格局과 用神

丁火가 午月에 태어났으니 建祿格이다.
사주가 너무 더워 불덩어리 같은데, 年上에 癸水가 있으나
뿌리가 없고, 戊癸合火하여 쓸 수 없는 물이며, 日支에 酉金이
있으나, 酉金에는 물이 없어 調喉가 전혀 안되어 있는 사주
이므로, 水가 正用神이나 戊癸合되어 쓸 수 없으므로 金을
假用神으로 쓰고, 火는 病神이며, 乾土는 凶神이다.
丁火에 酉金은 天乙貴人인데, 酉金이 日支 남편궁에 앉아있어
火에 剋을 심하게 받고 있어 약하지만 용신으로 쓸 수 밖에
없다.

四柱의 特徵

여름에 불이 旺하여 調喉가 안 되면 아무 쓸모없는 불이다.
그래서, 여름 丁火가 酉金을 녹이니, 酉金이 財이므로 동대문
시장에서 의류사업을 하는 사람이다.
대게, 女命에 丁火일주가 丙火를 보면, 丙火의 빛이 너무
강해서 丙火의 그늘에 가려 사는 사람인데, 그 丙火가 時에
있어 本妻로 시집갔다 가도 後妻가 될 가능성이 많은데, 이
女命은 日支에 用神이 있고, 天乙貴人이라서 남편이 무능하긴
해도 본 남편이다.

☯ 命主의 性格

午月에 丁火가 太旺하여 고집이 쎄고, 성격이 급하며, 정확한
것을 좋아한다.

☯ 六親 關係

女命에 남편을 볼 때, 우선, 官星의 길흉여부 및 有力한가
또는 無力한가를 보는데, 이 사주에는 官星이 癸水이나 뿌리가
없고 戊癸合되어 쓸 수 없는 官星이다.
그래서, 酉중 辛金과 合神인 丙火가 官星인데, 이 官星은 年支
巳중, 月支 午中, 時支 午중에서 각각 透出하였음으로 외견상
남편은 丙火 하나뿐이나, 보이지 않는 官星이 세 명이라서
모두 애인으로 본다.
그러나, 丁火에 酉金은 天乙貴人이고, 日支 배우자궁에 자리를
잡고 있어 버릴 수 없는 남편이다.

☯ 刑 沖 合 및 殺星의 應用

戊癸合되어 癸水는 없어졌고, 日支 酉金은 天乙貴人인데, 月支
午火와 時支 午火에 剋을 받아 녹기 일보직전이라서 남편이
무능하거나 건강이 나쁜데, 이 女命의 남편은 무능한 남편
이다.

☯ 大運

- 초년 己未대운에 地支가 巳午未火局을 이루어 나쁘나 이 女命의
  조부가 지방에서 군수를 지냈으며, 한 때 잘살던 집안출신
  이어서 어려움 없이 성장하였다.

- 庚申대운이 좋아 대학에 다니던 중 지금의 남편과 강제로
  결혼을 하였다.

- 辛酉대운도 좋은데, 사업을 시작하여 큰 재미를 보며 살았다.

- 壬戌대운중 戌대운에 어려움을 겪기도 했으나 무난히 넘기고,

- 癸亥대운도 癸水가 戊癸合火하여 官인 癸水가 없어지니 남편이
  무능하여 특별히 하는 일이 없어서 30년 동안 해오던 사업을
  남편한테 맡겼다.

- 甲子대운에 子水가 旺神인 午火를 沖하면 대란이 일어날
  것이다.

- 乙丑대운이 무난할 것이다.

- 丙寅대운은 火局을 이루어 용신인 酉金을 녹여 없애므로
  끝이다.

제 4 장 丁火日干 未月

辛　丁　癸　乙　　남

亥　卯　未　巳　　자

72 62 52 42 32 22 12 2　　대

乙 丙 丁 戊 己 庚 辛 壬

亥 子 丑 寅 卯 辰 巳 午　　운

☯ 四柱의 旺衰

午月에 태어난 丁火 일간이 未月에 生하여 뿌리가 있고, 年支
巳火에도 뿌리가 있으며, 亥卯未木局의 生助가 있어 극히
身旺하게 보이나 丁 일간이 丁癸沖 맞았고, 未土가 木으로
변하여 從해야 한다.

☯ 格局과 用神 및 四柱의 特徵

이렇게 身旺하면, 財官을 먼저 찾아보는데, 癸水 偏官은
水生木하여 貪生忘剋하므로 日主의 官 노릇을 안 하려고
하는데다, 그 뿌리인 亥水는 木으로 변했으므로 쓸 수 없다.
時干 辛金 역시 뿌리가 없어 丁火의 빛을 반영하는 거울 역할
밖에 못한다.
이젠, 旺者喜洩에 따라 月支 未중 己土에 洩하려 하나 역시
亥卯未木局이 되어 쓸 수 없다.
이것저것 쓸 수 없어 日支 卯에서 表出된 年干 乙木을

日干代行으로 하는 日干代行格으로 변격되었다.
이렇게 되면, 亥卯未중에 오직 乙木만이 年干에 앉아
群鷄一鶴格이 되었다.
그런데다, 癸水 殺은 印으로 변해 여름 비가 되어 초목의
성장을 도와주고 있으며, 旺木의 기운은 日干 丁火로 누설되어
光名이 된다.
게다가, 丁火는 辛金을 얻어 그 빛이 더욱 사방으로 반영된다.
따라서, 총명수재로 어두운 여름밤을 밝게 해주는 빛이 된다.

☯ 命主의 性格

地支 亥卯未木局에서 日干을 대행하는 主体가 表出했으므로
사람이 똑똑하고, 乙木에서 丁火로 洩氣를 잘했으므로 더욱
그러하고 두뇌도 좋다.

☯ 육친관계

육친관계는 乙木이 主体이므로 癸水는 母親이고, 丁火는
食傷으로 祖母이며, 丈母이고, 辛金은 偏財로 부친이며,
妻다.

☯ 大運

- 巳, 午 대운은 丁火가 더욱 강하게 빛나고, 辛金운은 사방에서
  총명하다는 소리를 듣는다.

- 庚 대운은 乙木의 官星이고, 年支 巳火 驛馬에서 나왔으므로
  외국에서 직장생활할 운이라 일본 후지 TV 방송사에 취업하여
  4년간 근무하였다.
  辰 대운 역시 편안하나 癸水 入庫하므로 母親에 액이 있다.

- 己卯대운 41세 乙酉년에 벤처기업을 설립하였다.
- 戊寅, 丁대운까지 사업이 잘되고 丑대운에 다소 어려울 것이다.

丙　丁　己　戊　　남

午　亥　未　戌　　자

80 70 60 50 40 30 20 10　대

丁 丙 乙 甲 癸 壬 辛 庚　운
卯 寅 丑 子 亥 戌 酉 申

☯ 四柱의 旺衰

未月에 丁火가 身弱해 보이나 亥未木局이 되고, 燥熱하므로
身旺해졌다.

☯ 格局과 用神

丁火가 未月에 태어나 未중 己土가 透干되었으므로 食神格
이다.
身旺하고 燥熱하므로 日支 亥水가 調喉用神이고, 金은 吉神
이며, 火와 土는 凶神이다.

☯ 四柱의 特徵

日干과 食傷이 너무 旺하여 日支 亥水가 아무런 힘이 없을 것
같으나, 다행히, 대운이 좋아서 原局에서 부족한 점을 충분히
만회하고 있는 사주다.
따라서, 국내 굴지의 회사에서 고위직에 근무하고 있으며,
戊子年 당시 5백억 대 부자다.

☯ 命主의 性格

日主가 旺하고 食傷이 太旺하여 아집이 强하고, 자유분방한
성격이고, 日支 妻宮에 調喉用神이 들어있어서 마누라를
애지중지 한다.

☯ 六親 關係

年, 月上에 食傷이 混雜해 있는데, 食傷은 祖母이고, 결혼
후에는 丈母가 되는데, 祖母에 대해서는 확인하지 못했으나
再婚하지는 않았고, 戌중 辛金이 원래 妻星에 해당하나
깨졌으므로 妻星으로 삼지 않고, 日支 亥중의 壬水를 妻星으로
삼는다.
따라서, 日支 亥水는 官星이면서 妻星을 같이 사용하는데,
調喉用神에 해당하므로 妻와 자식 덕이 있는 사람이며, 직장
복도 있다.
다만, 아쉬운 것은 日支 亥중에서 表出된 것이 있었으면, 훨씬
더 좋았을 것이다.

☯ 刑 沖 合 및 殺星의 應用

年, 月에 食傷이 旺하면, 官을 거부하므로 집안이 망해서
가난해졌거나 혈통에 문제가 있을 수 있는데, 戌未刑까지
있어서 더욱 그러하다.
亥未木局하여 印綬로 변하는데, 亥未木局은 어머니 아닌
어머니가 있거나 어머니에 이복형제가 있을 수 있다.
時柱 丙午는 日干 丁火보다 큰 사람이라서 나 보다 큰 사람이
있는 格이고, 나는 丙火에 가리게 되므로 만날 2등이다.

☯ 大運

- 초년, 庚申, 辛酉 대운에 調喉를 도와주는 吉神이 등장하여
  好運이라 귀염받고 자랐으며, 공부도 잘하였다.
- 壬戌 대운 中 壬 大運은 좋으나 戌 大運에 戌未刑이 되고 午戌
  火局으로 건조해지므로 저조하다.
- 癸亥 大運에 調喉용신운이라 吉하여 직장에서 발전하게 된다.
- 甲子 大運 중 甲 大運에 亥중 甲木이 透出하여 官星의 透出神
  이므로 직장에서 진급을 하여 재벌회사의 고위직에 오르게
  되었다.
- 乙丑 大運도 吉하나, 丙寅대운은 나쁘다.

壬　丁　己　癸　　여

寅　卯　未　亥　　자

71 61 51 41 31 21 11 1　　대

丁 丙 乙 甲 癸 壬 辛 庚
卯 寅 丑 子 亥 戌 酉 申　　운

☯ 四柱의 旺衰

未月에 丁火가 月支 未土와 時支 寅木에 根氣를 두고 있으나
丁壬合木되고, 亥卯未木局이 되어 木으로 따라갔다.

☯ 格局과 用神

未月에 丁火가 丁壬合木되고, 亥卯未木局이 되어 丁壬合化
木格이 되었다.
木体가 되어 木 用神이고, 水가 吉神이며, 土도 吉神이고,
火도 吉神이다.

☯ 四柱의 特徵

대학을 졸업하고 대학원준비중이다.
月上 食神이라 직업을 갖고 살아야 한다.
官이 합해서 따라 갔으므로 공무원, 교육자, 국영기업체 등
직업과 인연이다.

☯ 命主의 性格

丁일주는 원래 마음이 여려서 身弱할 경우 변덕스러운데가
있으나, 化格이 되어 자신을 버리고 印綬로 따라갔으므로
마음씨가 착하다.

☯ 六親 關係

이 女命은 官星인 壬水와 合하여 化格이 되었으므로 결혼하면
남편과 有情하고, 또, 日支 남편 궁에도 용신이 앉아있어
남편 덕이 있을 것이다.

☯ 刑 沖 合 및 殺星의 應用

丁壬合木, 亥卯未木局이 되어 온통 木 천지인데, 木体가
되었으므로 좋은 局이다.
亥卯未木局이 되어 있는데, 이 亥卯未木局은 支藏干에 甲도
있고, 乙木도 있어 환경이 각각 다르다.

☯ 大運

- 초년 庚申, 辛酉대운에 化格을 깨므로 불운하여 제 갈 길을
  제대로 갈 수 없으나 그래도 대학은 갔다.

- 壬戌대운에 戌未刑되어 格에 손상을 주므로 좋지 않으나 卯戌火
  되어 합이 우선이기 때문에 무난할 것이다.

- 癸亥대운에 水生木하여 木体를 도와주므로 좋은 운이고,

- 甲子대운도 子卯刑시켜 부부 궁에 손상을 입히나 크게 나쁘지는
  않을 것이고,

- 乙丑대운에 丑未沖하여 格을 깨고 丑土속에 金이 들어있어
  凶한 大運이다.

제 4 장 丁火日干 申月

辛　丁　壬　己　　남

亥　未　申　亥　　자대

78 68 58 48 38 28 18 8

甲 乙 丙 丁 戊 己 庚 辛
子 丑 寅 卯 辰 巳 午 未　　운

☯ 四柱의 旺衰

未月에 丁火가 丁壬合이 되었으며, 未土에 根氣를 두고 있으나 亥未合木되어 太弱하므로 從해야 한다.

☯ 格局과 用神

丁火 日干 申月生으로 正財格이나 壬水가 透出되어 正官格 이다.
그러나, 丁火 일주는 日支 이외엔 뿌리가 없고, 官의 세력만 太旺하므로 正官에 임할 수 없기 때문에 日支 未에서 表出된 己土를 일간대행으로 할 수 밖에 없으니 바로 日干代行格이 성립된다.
이렇게 되면, 壬水는 正財성이 되고, 日干 丁火는 印綬로 변한다.
己土가 弱하여 旺한 財星에 임하려면, 己土를 돕는 운이 와야 발복한다.

☯ 六親 關係

丁火가 母親이고, 壬水가 父親인데, 丁火 모친은 再婚 한 분이
아니면, 바람기가 많아 많은 남자를 상대했던 사람이다.
본인 역시 正財星이 많아 再婚 아니면, 숨겨 놓은 여자를 두게
된다.

☯ 大運

- 초년 辛 대운에는 불미했고,
  未 대운에는 小吉했다.

- 午대운에 午火가 등장하여 身弱한 丁일주를 도와주므로 吉하다.

- 己巳대운 吉하나 巳亥沖하여 父親 및 妻와 이별하거나 유고가
  생긴다.

- 戊辰대운은 남의 도움으로 일이 되나 壬水 妻에겐 애인(戊土)
  빠져 드는 때이다.

- 丁 대운은 丁壬合하여 진로변경 할 운이고,
  卯 대운에 亥卯未木局이 되어 득병하고, 손재운이다.

甲　丁　甲　乙　　남

辰　巳　申　未　　자

76 66 56 46 36 26 16 6　　대

丙　丁　戊　己　庚　辛　壬　癸

子　丑　寅　卯　辰　巳　午　未　　운

☯ 四柱의 旺衰

丁일주가 干上에 印星이 3개나 混雜해 있고, 地支에 巳火가
있으며, 未중에 丁火가 있어 태왕사주다.
그러나, 이런 경우는 太旺한 것이 아니고, 木多火熄이다.

☯ 格局과 用神

丁火가 申月에 태어났으므로 正官格이다.
印星인 甲乙木이 混雜하여 木多火熄의 구조라서 丁火가 꺼질
지경이다.
木 病神이고, 火가 用神이며, 干上의 金은 藥神이고, 水는 凶神
이며, 土도 凶神이다.

☯ 四柱의 特徵

이 사주는 干上에 印星인 甲乙木이 混雜하여 病이 되므로 原局에
金이 나타나 잔가지를 쳐줘야 좋은데, 金이 없어 운에서 올 때는
그 때만 좋기 때문에 빛 좋은 개살구다.

☯ 命主의 性格

마음이 여리고 情이 있는 사람이나 印星이 混雜하여
太旺하므로 게으르고 답답한 사람이다.

☯ 六親 關係

남자 사주에서 妻를 볼 때, 먼저, 財星의 吉凶여부를
살피는데, 이 사주에서는 財星이 申金으로 干上에 나타났다면
藥神이 되지만, 地支에 나타나 身弱한 日干의 뿌리인 巳火를
刑을 하므로 아주 나쁘다.
또, 印綬가 旺하여 病이 되면, 食傷을 친다.

☯ 刑 沖 合 및 殺星의 應用

丁火용신의 뿌리가 합되어 변했으므로 凶하므로 낭패를 본다.
甲辰, 乙未가 白虎殺인데, 각각 財星 위에 病神인 木이 앉아있어
白虎의 작용을 할 것임을 나타내므로 흉하다.

☯ 大運

- 초년 癸未대운에 용신의 뿌리를 가진 未土가 나타나 좋았다.
- 壬午대운에 丁壬合되어 결혼 운이고, 午火가 日干을 도우니 좋은
  大運이다.
- 辛巳대운에 辛金이 乙辛沖하여 乙木을 잘라주고 巳火가 巳申合이
  되나 불은 불이므로 좋다.
- 庚辰대운에 乙木을 乙庚金으로 合시키고, 甲木을 쳐주어
  藥神역할을 제대로 하므로 좋은데, 辰土가 濕土라서 熱氣를
  흡수하므로 凶하다.
- 己卯대운에 病神의 뿌리가 생겨 더욱 病神이 旺해지므로
  廢運인데, 더군다나, 卯木이 용신의 뿌리가 있는 未土와 합하여
  힘을 못쓰게 하므로 나쁘다.
  특히, 甲申年에 용신이 刑되어 배반하므로 낭패를 보게 되는데
  이런 운에 訟事생긴다.
- 戊寅대운에 丙火를 가진 寅木이 등장하므로 좋아 보이나, 庚申의
  뿌리가 되고, 寅巳申刑殺이 작용하여 사고 또는 官災가 생긴다.
- 丁丑대운에 濕土인 丑土가 등장하여 丑未沖하므로 財星을 沖하므로
  손재수이고, 日支 巳火를 巳丑으로 묶어 대단히 나쁘다.

$$丁　丁　戊　丁$$
$$未　卯　申　未$$

여자대운

73 63 53 43 33 23 13 3

$$丙　乙　甲　癸　壬　辛　庚　己$$
$$辰　卯　寅　丑　子　亥　戌　酉$$

☯ 四柱의 旺衰

丁火일주가 比肩인 丁火가 年과 時上에도 있고, 年支와 時支의
未土속에도 丁火가 있으나 身弱하다.

☯ 格局과 用神

丁火가 申月에 태어났으므로 正財官이다.
申月은 가을바람이 불기 시작하므로 火가 旺해야 나무를 기를
수 있기 때문에 身旺을 요한다.
火가 용신이고, 木이 길신이며, 地支 水는 木을 생해주고, 金과
木 사이를 통관시켜주므로 괜찮다.

☯ 四柱의 特徵

가을에 丁火는 하나만 있어야지 여러 개 있으면 나쁘다.
겹쳐져있어 말썽이 생기고, 값이 안 나간다.
천해진다.
남편을 쫓는 글자가 여러 개 있어 나중에 호적에 올리지 않고,
남자하고 산다.

☯ 命主의 性格

마음이 여리고 情도 많으나 질투심이 대단히 강하다.
또, 乙木을 기르고 있어 낭만적인 기질도 가지고 있다.

☯ 六親 關係

여자가 傷官이 旺하여 부부궁이 나쁘다.
食神도 많으면 傷官으로 본다.
남편 궁에 卯木 吉神이 있어 시집은 가는데, 해로하지 못한다.
申중에 壬水가 남편인데, 남편이 여러 財星이 明暗合을 하기
때문에 바람을 많이 필 것이다.

☯ 刑 沖 合 및 殺星의 應用

身弱한 陰일간이 地支에 卯未合을 하면, 기를 수 없는 생명을
잉태하여 기르는 格이라서 부부 궁이 나쁘다.
丁일주에 未土가 紅艶殺인데, 紅艶殺을 두 개나 가지고 있고,
그 紅艶殺에서 透出한 丁火를 각각 머리에 이고 있어 紅艶을
일으킨다는 것을 나타내고 있으며, 이 紅艶은 食神이므로
性이기도 하다.

☯ 大運

- 己酉대운은 己土가 熱氣를 吸收하고, 酉金이 日支 印星인 卯木
  을 치므로 凶하다.

- 庚戌대운에 熱을 가진 戌土가 戌未刑을 하나 卯戌合火하여 身弱
  한 日干을 도우므로 좋은 점이 많다.
- 辛亥대운에 亥卯未木局이 되어 凶하고,

- 壬子대운도 丁壬合하고, 子卯刑하여 나쁘다.
- 癸丑대운도 나쁘다.

- 甲寅, 乙卯대운이 좋고,
- 丙辰대운중 辰대운이 나쁘다.

제 4 장 丁火日干 酉月

壬　丁　乙　乙　여
寅　酉　酉　未　자
　　　　　　　　대
72 62 52 42 32 22 12 2
癸　壬　辛　庚　己　戊　丁　丙　운
巳　辰　卯　寅　丑　子　亥　戌

☯ 四柱의 旺衰

酉月에 丁火가 年 月上에 乙木이 돕고, 時支에 寅木이 있으나
身弱하다.

☯ 格局과 用神

丁火가 酉月에 태어났으므로 偏財格이다.
가을인데도 나무가 살아있으니 키워야 하므로 火가 필요하다.
그런데, 木이 吉神이라고 天干의 濕木이 2개가 있고 地支에
寅木이 있어 더 이상은 木이 필요치 않다.
火가 用神이고, 木이 吉神이며, 水는 病神이고, 金이 仇神
이며, 土는 藥神이다.

☯ 四柱의 特徵

가을에 자신인 丁火가 酉金을 녹여 나무를 기르므로 자수성가
형이기 때문에 성실하다.
그런데, 官星인 壬水와 日干이 合을 하고 있어 할 일을 제대로
할 수 없는 구조라서 局이 나쁘다.

☯ 命主의 性格

이 女命은 마음이 여리고, 印星이 吉神이라서 어머니와 같이
따뜻한 마음씨를 가졌고, 酉金을 두개씩이나 가져 매사에
정확하고 확실한 것을 좋아하는 성격이다.

☯ 六親 關係

壬水는 官인데, 官하고 合을 하여 남편과 다정하며,
또한, 酉金이 비록 凶神이긴 하나 丁火한테는 天乙貴人이므로
남편과 有情하다.
사주에서 보듯이 조부 궁에서 나무를 키우고 있어 원래
할아버지가 북한에서 妾까지 거느리고 잘살았는데, 재산을
공산당한테 빼앗기는 바람에 살림이 어렵게 되었다고 한다.

☯ 刑 沖 合 및 殺星의 應用

용신인 丁火를 壬水가 合하여 묶어 활동을 못하게 정지시키니
나쁘다.
남편궁인 日支에 天乙貴人을 갖고 있어 남편과 사이가 좋다.
月上 乙木이 月支 酉金 殺地 위에 앉아 있어 어머니가 몸이
허약했을 것이고, 뿌리도 없는 時上 官星 壬水가 病地 위에
앉아 있어 능력이 없는 남편이다.
酉酉는 自刑이고, 寅酉怨嗔인데, 酉金은 財星으로 父親에
해당하고, 寅木은 印星으로 母親에 해당하므로 父親과
母親사이가 나쁘거나, 또는 그 해당 궁이 凶하다고 보면 된다.

☯ 大運

- 초년 丙戌대운이 좋아서 이 女命은 북한국적으로 중국 심양에서
  태어났으나, 8살 때인 63 癸卯년에 중국공산당의 횡포를 피해
  부모를 따라 북한으로 들어가 귀염받고 성장하였다.

- 丁亥, 戊子대운이 좋아 79년에 김일성대학을 나와 곧바로
  정치부기자 생활을 17년간 하다가,

- 己丑대운 마지막 해인 95 乙亥년에 필화사건으로 추방당하여
  그만두게 되자 중국으로 탈북하여 한국에 오게 된 여인이다.

- 庚寅대운중 한국에 와서 寅대운 辛巳, 壬午, 癸未년에 중요한
  일을 했으나, 甲申년에 그만두게 되었는데, 그것은 寅木을 쳤기
  때문이다.

- 辛卯대운에 乙辛沖 卯酉沖하므로 건강 또는 손재수가 따를
  것인데, 사람이 워낙 긍정적으로 살아가는 사람이다.

- 壬辰, 癸巳대운이 저조하다.

庚　丁　己　丁　　남

戌　未　酉　酉　　자

75 65 55 45 35 25 15 5

辛 壬 癸 甲 乙 丙 丁 戊　　대

丑 寅 卯 辰 巳 午 未 申　　운

☯ 四柱의 旺衰

酉月의 丁火가 長生하는 달에 태어나 年上에 比肩을 보았고,
日支 未土와 時支 戌土에 根氣를 가졌으나 戌未刑이 되어
뿌리가 상했으므로 太弱하다.

☯ 格局과 用神

丁火가 酉月에 태어나 酉金중에 庚金이 干上에 나타났으므로
偏財格이다.
身弱사주에 財星이 太旺하여 身旺해 질 때, 財星인 金을 녹일
수 있어 발복한다.
火가 用神이고, 金이 凶神이며, 土도 凶神이다.
여기서, 土가 凶神이라고 했는데, 用神이 天干에 丁火라서
己土는 丁火의 힘을 빼가니 凶神이 되고, 地支에 있는 戌土와
未土는 용신의 뿌리를 갖고 있고, 熱土라서 土生金이 안되니
喜神으로 봐야한다.

☯ 四柱의 特徵

이 사주는 財多身弱하기 때문에 돈을 만지기는 만지나 大運
에서 받쳐주지 않을 때는 내 돈이 안 된다.
다행히, 이 사주는 大運이 잘 흘러간다.

☯ 命主의 性格

마음이 여리고, 人情도 많으며, 똑똑한 사람이다.
또, 시간관념이 정확한 성격이다.

☯ 六親 關係

남자 사주에 財星의 吉凶여부를 보고 妻의 모양새를 봐서
판단하는데, 이 사주의 財星은 성격이 강하고, 잘 생겼으나
3명의 여자와 인연이거나 두 아버지를 모신다.
조상 궁과 부모 궁서 酉酉子刑이므로 부친이 일찍 돌아가셨을
것이다.

☯ 刑 沖 合 및 殺星의 應用

조상 궁과 부모 궁서 酉酉子刑이므로 부친이 일찍 돌아가셨을
것이고, 日支와 時支가 戌未刑으로 부부 궁이 산란하다.

☯ 大運

- 초년 戊申대운이 저조하여 시골에서 태어나 집이 가난하여
  고생스럽게 성장하였으며, 초등학교 5학년 때 부모를 따라
  서울로 상경하여 丁未대운부터는 낳아지기 시작했으나,
- 丁未대운 18살 甲寅년 고1 때 중퇴를 하고, 19세 乙卯년부터
  종업원으로 출발하여, 20세 丙辰년부터 원단 사업을 하여 돈을
  벌기 시작했으며, 22세 78년 戊午년에 本妻를 만나 동거를
  하다가 결혼했는데 아들하나를 두었고,
  24세 庚申년에 財가 旺해져 病이므로 父가 사망했고,
- 丙午대운에 돈을 많이 벌었으나,
- 乙巳대운 巳酉金局이 되니 운이 나빠 92 壬申, 93 癸酉년에
  5억원을 떼었고, 사업이 부진하자 아내와 이혼을 하였다.
  95 乙亥년에 부도를 맞았다.
- 甲辰대운도 운이 없어 국내에서 돈을 벌지 못하고,
  98 戊寅년에 베트남으로 가서 사업을 했는데 다소 낳아졌다.

甲申, 乙酉년에 운이 저조하다. 아직도 혼자산다.
- 癸卯대운에 왕신이며 財星인 酉金을 沖하면 큰 손재수가
  따른다.
- 壬寅대운이 丁壬合木하나 丁火가 두 개이므로 괜찮고, 寅木이
  寅戌火局을 하므로 좋다
- 辛丑대운에 金이 旺해져 病이 오면 모든 게 끝이다.

癸　丁　丁　辛　　남

卯　卯　酉　丑　　자

78 68 58 48 38 28 18 8　대

己 庚 辛 壬 癸 甲 乙 丙
丑 寅 卯 辰 巳 午 未 申　운

☯ 四柱의 旺衰

酉月에 丁火가 月上에 比肩을 보고 日支와 時支에 印星을
보았으나 身弱하다.

☯ 格局과 用神

酉月은 丙火가 지고, 丁火가 長生하는 시기라서 丁火가 힘을
발휘할 시기인데, 丁火가 뿌리가 없는데다가 地支에 濕木이
있어 허약하다.
그런데, 여기에서 주목할 점은 月令이 酉月이라 卯木을 완전한

濕木으로만 보면 안 된다는 것으로, 酉月은 나무가 자랄
계절이 아니므로 갈초에 가깝기 때문에 卯木이 木生火할 수
있다는 것이다.
木이 用神이고, 火가 藥吉神이며, 金이 病神이고, 土는 仇神
이며, 干上의 水는 凶神이다.

☯ 四柱의 特徵

이 사주는 印星인 卯木과 財星인 酉金이 싸우고 있는 형국
인데, 이를 丁火가 말리거나 水로 통관시켜 주어야 하는데,
그렇지 못해서 아쉽다.
이런 구조가 되면, 부모가 죽어라고 싸움을 하는 격이다.
또, 財多身弱 사주다.

☯ 命主의 性格

이 男命은 마음이 여리고 情이 있는 사람인데, 卯木의 약동
하는 기운과 酉金의 마무리하는 기운이 충돌하므로 도전적
이고, 有備無患의 예비정신이 강하며, 시간관념 또한 강하다.

☯ 六親 關係

年 月에 財인 金의 세력이 旺한데 仇神작용을 하므로 이것은
조상과 부모가 자신들은 잘 살았어도 이 男命한테는 도움이
되지 않는다는 뜻으로 해석할 수 있는데, 실제로 이 男命의
조부는 옛날 서당의 훈장으로 당나귀를 타고 다녔다고 하며,
부친은 농사를 지셨는데, 형제가 5남매라서 자기는 유산을 한
푼도 받지 못했다고 한다.
또, 卯酉沖하여 日支가 깨져 부부 궁이 불안하다.

☯ 刑 沖 合 및 殺星의 應用

干上의 癸水가 日干을 丁癸沖하여 끄므로 凶하고,
地支의 酉金과 卯木이 沖하여 깨졌으므로 대단히 凶하다.

☯ 大運

- 초년 丙申대운에 天干에 丙火가 떠서 무난했고,

- 乙未대운부터 호운이라 공부를 잘하여 80년에 모 사관학교에
  합격했으나, 집안 문제로 인하여 가지 못하고 지방대학에
  다니던 중 군대에 가서 83 癸亥년에 다리에 골절상을 입어
  고생을 하였으며,

- 甲午대운 28세, 88 戊辰년에 결혼하였는데, 결혼이유는 戊土가
  病神인 癸水를 묶어주고 食神인 辰土가 財星인 酉金을 합하였기
  때문이며, 90년에 첫 아이를 얻었고, 午火가 日干을 生하니
  운이 좋아 소매업으로 돈을 잘 벌었다.

- 38세 癸巳대운이 오니 巳酉丑金局하여 용신인 卯木을 沖하므로
  운이 나빠져 99(己卯)년에 부도를 맞고, 아무 일도 하지 않고
  지내다가 46세 丙戌년 불이 등장하여 서울로 이사하여 지인의
  도움으로 가게 종업원으로 일하고 있다.

- 壬辰대운에 丁火를 丁壬合하여 묶고 辰酉合하여 卯木을
  공격하므로 앞으로도 辛卯대운까지 운이 없는데, 이런 때에
  이혼하거나 별거를 하기 쉽다.

- 辛卯대운에 卯酉沖하므로 이혼이 된다.

- 庚寅대운에 편안해진다.

- 己丑대운이 오면, 巳丑金局이 되어 卯木을 공격하면, 모든 게
  끝이다.

제 4 장 丁火日干 戌月

乙　丁　庚　丁　여

巳　丑　戌　酉　자

72 62 52 42 32 22 12 2　대

戊 丁 丙 乙 甲 癸 壬 辛
午 巳 辰 卯 寅 丑 子 亥　운

☯ 四柱의 旺衰

戌月에 丁火가 年上에 比肩이 있고, 時上에 印星이 있으며,
時支에 祿을 하여 月令이 戌月이므로 언뜻보면, 身弱으로
보기 쉬우나 이 사주는 從格으로 봐야한다.

☯ 格局과 用神

용신을 잡는 데는 실력을 갖추었다고 자부하는 대가들도 이
사주를 틀리게 보는 경우가 있다.
앞에서 설명한 것처럼, 戌月에 丁火가 年上에 比肩이 있고,
時上에 印星이 있으며, 時支 巳火에 祿을 하였으나 月令이
戌月이므로 身弱사주로 보기 쉬운데, 자세히 보면, 丁火가
地支 巳火와 戌土에 뿌리를 내렸다고 보기 쉬우나 그렇지
않다.
왜냐하면, 巳火는 丑土와 巳丑金局이 되었는데, 이는 가을이기

때문에 더욱 金局이 되기 쉽기 때문이고, 또, 戌土는 丑戌刑이
되어 戌중의 丁火가 깨졌기 때문이다.
또한, 月支 戌土가 가로막고 있긴 하나 巳酉丑金局을 구성하고
있다.
그래서, 從財格이므로 金이 用神이고, 土는 吉神이며, 火가
病神이고, 木이 仇神이며, 운에서 오는 水는 藥神이다.

☯ 四柱의 特徵

필자가 이 名主의 사주를 보게 된 것은 03년 癸未년이었는데 ,
필자 역시 수 년 동안 身弱사주로 보았는데, 그 후 이 책을
집필하면서 이 사주를 다시 보았더니 從財格이었다.
從格이 좋은 점이 많으나, 大運에서 도와주지 않으면 오히려
內格보다 훨씬 못한 경우가 많은데, 이 사주가 바로 그러한
케이스다.

☯ 命主의 性格

이 女命은 마음이 여리고 정스럽고, 인물도 고운데, 사주에
官을 많이 가지고 있어 마치 자기가 남자들한테 대단히 인기가
있는 것 같은 착각에 빠져 있어 공주병이 있다.

☯ 六親 關係

從財格이므로 金이 体이기 때문에 火가 官星으로 남편인데,
이 사주는 年上에 丁火, 年支 戌중에 丁火, 日干이 丁火, 時支
巳중에 丙火 이렇게 남자를 뜻하는 官星이 4개나 있어 이들
남자를 모두 만나줘야 할 운명이다.
또한, 丁火의 뿌리가 모두 깨지거나 合되어 변해서 쓸모없는
官星이 되었고, 多子無子라고 하지 않았던가.
남자가 많으니 오히려 없는 것과 같으니, 이 여인은 본 남편과
헤진 후 이 남자 저 남자 품에 안겨 사는 사람이다.

☯ 刑 沖 合 및 殺星의 應用

年上의 庚金이 時上의 乙木과 乙庚合을 하려하나 日干 丁火가
가로막고 있어 제대로 合이 안된다.
戌土가 丑戌刑을 시켜 巳酉丑金局을 가로막고 있어 제대로 된
金局이 아니기 때문에 從財格이라도 格이 낮다.

☯ 大運

- 초년대운이 亥子丑水運으로 흐르니 從財格인 金을 洩氣해 주고,
  또, 病神인 丁火로부터 用神인 金을 보호해 주므로 好運이라
  잘사는 집안에서 태어나 귀염받고 성장하여 모 有名 대학에서
  피아노를 전공했으며, 癸丑대운에 결혼했다.

- 甲寅대운에 巳火를 寅巳刑시켜 格을 깨므로 나쁜데, 39세
  乙亥년에 또 다시 巳亥沖시켜 巳火를 깨므로 歲運마저 나빠
  대장을 잘라내는 대수술을 받게 되었고, 그 해에 이혼도 했다.

- 乙卯대운도 대운의 乙木이 原局의 酉金을 沖하여 格을 깨므로
  만사불성이라서 되는 것이 없어 남자를 유혹하며 살고 있다.

- 丙辰대운 중 辰대운에 辰戌沖하면 巳酉丑金局이 되므로 안정을
  찾을 것이다.

- 丁巳대운도 丁火가 凶하나 巳酉丑金局이 되므로 무난하고,

- 戊午대운은 午火가 酉金을 녹이면 格이 凶하다.

己　丁　丙　乙　　남

酉　卯　戌　未　　자

78 68 58 48 38 28 18 8　대

戊 己 庚 辛 壬 癸 甲 乙　운
寅 卯 辰 巳 午 未 申 酉

☯ 四柱의 旺衰

戌月의 丁火가 根氣가 되는 地支에 戌未刑이 되어 丁火와
乙木이 깨져 身弱하다.

☯ 格局과 用神

丁火가 戌月에 태어나 傷官格이다.
年上에 乙木이 있고, 時上에 己土가 丁火의 熱을 빼앗으나 年,
月支에 未土와 戌土가 刑을 하여 火氣가 깨졌고, 乙卯木은
濕木이므로 熱氣가 弱한데 사주에 食神이 많아 身弱하므로
火가 用神이고, 木이 吉神이며, 水는 凶神이고, 金도 凶神
이며, 土는 吉神이다.

☯ 四柱의 特徵

月上에 劫財인 丙火가 있어 항상 2등이고, 地支에 戌未刑,
卯酉沖을 하고 있어 삶이 분주하고 열심히 노력을 해도 노력한
만큼 보람이 없다.

☯ 命主의 性格

마음이 여리고 정스러우며, 印星을 吉神으로 하니 마음씨가
착하다.
또, 자신의 힘으로 病을 막아야 하므로 성실하다.

☯ 六親 關係

남자 사주에 財星인 酉金이 吉神을 冲하므로 凶神인데,
凶神인 酉金과 日支 卯木이 冲하므로 妻宮이 불안하다.
丙戌이 白虎인데, 戌未刑을 맞아 먼저 죽은 형제가 있을
것이다.

☯ 刑 沖 合 및 殺星의 應用

戌未刑이 되어 조상 代에서 잘 살았으나, 부모 代에서
기울었음을 나타내고 있다.
卯酉冲하여 부부 궁이 깨졌다.

☯ 大運

- 초년 乙酉대운에 酉金이 吉神인 卯木을 冲하므로 건강에 큰
  위험이 있었을 것이고 불운했다.
- 甲申대운에 甲己合되어 甲木의 구실을 못하고, 申金이
  卯申暗合을 이루어 노이로제 또는 신경쇠약증에 시달렸을
  것이다.

- 癸未대운에 卯未木局이 되어 힘이 생겨 자신감을 갖기
  시작하였다.
- 壬午대운에 丁壬合하여 스쳐간 인연이 있었을 것이고,
  午火가 酉金을 녹이므로 용신이 힘을 받으므로 좋은 대운이나
  辛巳년을 만나 乙辛冲하여 용신인 乙木을 冲하고, 巳酉金하여
  日支 卯木을 공격하므로 辛巳년(2001년) 큰 교통사고가 발생
  하여 고생을 많이 했다.

- 辛巳대운은 凶하고,
- 庚辰대운도 운이 보이지 않는다.

- 己卯대운에 卯酉冲하면 財 즉 돈이 없어지고, 財는 제 2의
  생명이므로 생명이 위태롭다.

庚　丁　壬　癸　　女

子　亥　戌　丑　　子

형

77 67 57 47 37 27 17 7　　大

庚 己 戊 丁 丙 乙 甲 癸　　運
午 巳 辰 卯 寅 丑 子 亥

☯ 四柱의 旺衰

丁火일간 戌月생으로 뿌리가 있으나 亥子丑이 地支에 있고,
壬, 癸, 庚이 있으므로 身弱하다.

☯ 格局과 用神

사주가 이렇게 되면, 官星이 病이 되니 아무리 日主를
도와준다 해도 官에 임할 수가 없다.
따라서, 從官格(丁壬合)으로 볼 수 있는데, 戌土와 丑土가
從하는데 방해가 된다.
그래서, 癸亥대운은 從勢되어 무난할 것이나 실제로는
불미스러웠다고 한다.
그렇다면, 從官格이 아닐 수 있다는 의심이 든다.
만일, 丙寅의 木 火대운이 좋았다면, 이 사주는 다시 봐야 할
것이다.
한밝 신사주학의 이론에 따르면, 이 사주는 日干代行格으로
변하니 日支 亥중에서 表出된 壬水를 体로 하고, 丁火를
用하는 格局이다.

☯ 大運

- 초년 癸亥대운에 丁癸沖하여 丁火를 깨므로 춥고 배고픈 세월이며,
  신변에 흉액도 있는 때다.

- 甲대운은 丁火를 生하여 조금의 재물이 생기고, 食神 甲木이
  生財하므로 바쁜 나날이었을 것이다.
  子 대운은 壬水의 羊刃이고, 丁火가 絶을 만나며, 戌丑刑에
  子丑合을 만나 대흉했을 것이다.

- 乙丑대운에 乙庚金되고, 丑戌刑하여 丁火를 깨고, 亥子丑水局이
  되어 운이 없다.

- 丙寅대운에는 돈 벌이를 하는 운인데, 윗사람의 덕이 있어
  따뜻함이 있을 때다.

- 丁卯대운은 좋고,

- 戊辰대운은 흉액이 있을 것이다.

제 4 장 丁火日干 亥月

庚　丁　丁　庚　　남
戊　巳　亥　子　　자

74 64 54 44 34 24 14 4　　대

乙 甲 癸 壬 辛 庚 己 戊
未 午 巳 辰 卯 寅 丑 子　　운

☯ 四柱의 旺衰

丁火가 亥月에 태어나 月上에 比肩을 보고, 日支에 祿을
하였으며, 時支에 丁火를 암장한 戊土가 있으나 身弱사주다.

☯ 格局과 用神

丁火가 亥月에 태어났으므로 正官格으로, 사주가 身弱하고
겨울 생이라서 우선 불이 필요하므로, 火가 用神이고, 水는
病神이며, 金이 仇神이고, 土는 藥神이다.

☯ 四柱의 特徵

丁火가 庚金을 보아 기계를 다루므로 먹을 복은 있다.
영관급 군인으로, 만약, 이 사주가 辛亥 時라면 운이 없다.

☯ 命主의 性格

성격이 여리고 정스러우나 뿌리가 身弱하고, 뿌리가 沖을
맞아 예민하다.
그러나, 인공불인 자신이 金을 다루므로 성실하다.

☯ 六親 關係

남자 사주에 財星이 仇神이면서, 두개가 떠 있으니 두 여인을
만날 팔자이고, 日支 巳火가 巳亥沖을 맞아 거의 확실하다.
이런 구조는 운에서 巳火가 오거나 亥水가 올 때 작용을 하며,
또한, 暗合되어 있는 巳戌을 중 戌土를 刑하거나 沖하여
흔들어 놓아도 巳亥沖이 작용하므로 이런 운을 잘 살펴야
한다.

☯ 刑 沖 合 및 殺星의 應用

日支 巳火를 月支 亥水가 沖하여 깨고 있어 부부 궁이
불안한데, 時支 戌土가 巳戌暗合하여 임시로 막고 있다.
丁巳 일주를 기준하여 子丑이 空亡인데, 空亡인 子水가 年支에
있고, 年干도 凶神이므로 조상의 음덕이 약하다.
戌亥가 天門이라서 종교나 철학에 인연이 깊다.

☯ 大運

- 초년 庚子 대운이 나빠서 가난한 집에서 태어나 어렵게
  성장하였다.
- 己丑대운에 己土가 丁火의 熱氣를 흡수하고, 仇神인 庚金을
  생하고 있으며, 亥子丑水局이 되고, 巳丑金局까지 되어
  불운하므로 고학으로 육사를 다녔다.
- 庚寅대운에 庚金은 나쁘나, 寅木이 寅亥合시켜 巳亥沖을
  완화시키고, 木生火 해주므로 좋은 운이라서 순조롭게
  승진한다.
- 辛卯대운에 辛金이 흉하나 卯木이 卯戌火하고, 亥卯合木하여

木生火하므로 대체로 好運이었다.
- 壬辰대운에 壬水와 두개의 丁火가 爭合하므로 관재수이고,
  굉장히 방황하고 있다.
  더 이상 진급은 어렵다.
  그냥 연금을 받거나 또는 文官으로 가면 좋겠다.
  이런 사주는 혹시, 진급이 되더라도 官이 病이라서 진급이
  된 후 사고나 나므로 차라리 진급이 안 되는 게 더 좋다.
- 癸巳대운에 丁癸沖하여 역시 관재수이고, 巳亥沖이 작용하므로
  관재수를 확실하게 나타내고 있다.
- 甲午대운이 好運이라 말년은 편히 지낼 수 있다.
- 乙未대운도 마찬가지로 용신을 도우므로 好運이다.


```
庚   丁   辛   丁        여
子   丑   亥   未        자

80 70 60 50 40 30 20 10   대

己 戊 丁 丙 乙 甲 癸 壬     운
未 午 巳 辰 卯 寅 丑 子
```

☯ 四柱의 旺衰

丁火가 年上에 比肩을 보고, 年支 未土에 뿌리를 하였으나
亥未木局이 되어 뿌리가 상해서 太弱하다.

☯ 格局과 用神

丁火가 亥月에 태어났으므로 正官格이다.

亥月은 날이 춥기 때문에 丁火가 旺해야 하는데, 身弱하여
운이 없는 사람이다.
火가 用神이고, 木이 吉神이며, 水는 病神이고, 金이 仇神
이며, 土는 藥神이다.

☯ 四柱의 特徵

겨울이라 날이 춥기 때문에 丁火가 旺해야 하는데,
弱한데다가 뿌리인 未土마저 亥水가 亥未合木시켜 힘을 못
쓰게 하므로 운이 없는 사람으로, 생명을 키우기 어려운 구조
이며, 미용실원장이다.

☯ 命主의 性格

丁 일주라서 마음씨가 여리고 정스러우나, 身弱한 丁火가 日干
양쪽에 있는 庚 辛金을 녹이려 하고, 亥未合木시켜 새로운
생명을 키우려 하므로 이돈 저돈 욕심만 많지 돈은 별로 없다.

☯ 六親 關係

여자 사주에 官星이 吉神이어야 하는데, 이 사주에서 官星은
病神인데다가 日支마저 濕土인 丑土가 앉아서 亥子丑水局을
이루고 있어 애당초 남편복은 기대하기 어렵다.
財가 凶神이라서 재물 복이 弱하고, 자식인 食神도 未土는
吉하나 丑土는 病이므로 속을 썩이는 자식이 있을 것이다.
조부 代에는 잘 살았으나 부모 代에 가세가 기울었다.

☯ 刑 沖 合 및 殺星의 應用

丁火 용신의 뿌리가 未土인데, 亥未木局되어 있어 나쁘다.
겨울에 丁火가 身弱하기 때문에 새로운 생명을 키우기 어렵기
때문이다.
地支가 亥未合木하고 亥子丑水局도 되어 官星인 亥水가 이리
저리 合만하고 있고, 또, 亥중에 壬水가 첫 번째 남자인데,

年上의 丁火와 明暗合하면서 地支에 亥未合木이 되어 한 몸이
되어 있어 과거가 있는 남자이거나 바람피우는 남자다.
두 번째 남자는 丑중 癸水인데, 도움이 안 되는 남자이고,
세 번째 남자는 子중 壬水인데, 桃花殺인 子水에서 透出하였
으므로 바람둥이 남자다.

☯ 大運

- 초년 壬子대운에 爭合시켜 凶하고 대운의 子水가 나빠 불우한
  어린 시절을 보냈다.

- 癸丑대운도 丁癸沖하여 나쁘고, 亥子丑水局을 하면서 용신의
  뿌리인 未土를 沖하므로 그야말로 힘든 나날이었다.

- 甲寅대운 들어 用神을 도와주므로 好運이다.

- 乙卯 대운에 亥卯未木局이 되어 나쁘다.
  미용실원장인데, 丙戌年에 확장하려고 하는데, 올해 돈
  움직이면 낭패를 본다.
  丙戌年에 丙辛合水하여 丁火를 水剋火로 치고 丑戌未三刑殺도
  작용하기 때문에 나쁘다.

- 丙辰대운이 나빠서 己丑, 壬辰年에 이혼한다.
  이럴 때는 남편 사주를 대조하여 이혼여부를 판단한다.

- 丁巳대운에 火가 와서 무척 좋아 보이나 巳火가 旺神인 亥水를
  沖하여 혼란스럽고, 巳丑金局하여 별 볼일 없는 운이다.

- 戊午대운에 戊土가 제습을 시키나 午火가 旺神인 官星인 子水를
  沖하여 水局을 깨면 또, 혼란이 온다.

庚　丁　癸　癸　　남

戌　巳　亥　丑　　자

73 63 53 43 33 23 13 3　　대

乙 丙 丁 戊 己 庚 辛 壬　　운
卯 辰 巳 午 未 申 酉 戌

☯ 四柱의 旺衰

겨울 丁火가 干上에 丁癸沖 맞고, 日支에 巳火 祿을 가졌으나
巳亥沖맞았으며, 戌土에 뿌리를 하고 있어 太弱하다.

☯ 格局과 用神

亥月에 丁火가 태어나 偏官格으로, 겨울이라 날이 춥기 때문에
身旺함을 요하나 身弱한데다가 그나마도 깨져 운이 없다.
火가 用神이고, 水는 病神이며, 金이 仇神이거, 운에서 乾土가
오면 藥神이다.

☯ 四柱의 特徵

겨울에 濕土인 丑土나 辰土가 나타나면, 熱氣를 흡수하므로
그 만큼 운이 없다.
겨울에 눈보라가 내려 생명을 얼려죽이므로 말썽피우고, 남의
신세지고 사는 소모성 사주다.

☯ 命主의 性格

겨울에 丁火가 丁癸沖맞고, 巳亥沖맞아 예민하며, 갈피를
못 잡는 사람이다.
쓸데없이 바쁘기만 하고 망상에 젖어 있는 사람이다.

☯ 六親 關係

이 남자 사주에 財星이 庚金인데 仇神이고, 日支에 巳火 祿을
가졌으나 巳亥沖을 맞아 부부 궁이 불안하다.
초년 대운에서 일찍 財星이 나타나 일찍 연애 결혼했다.

☯ 刑 沖 合 및 殺星의 應用

日干인 丁火가 年, 月上의 癸水한데 沖을 맞았고, 日支 巳火도
月支 亥水한테 沖을 맞아 水가 病인데, 天沖地沖하므로 크면서
말썽만 피웠으며, 많은 돈을 갖다버렸고, 고등학교를 겨우
나왔다.
겨울에는 濕土가 나타나면, 불구자가 되기 쉬운데 丑土와
辰土가 急脚殺이기 때문이다.
日主를 기준하여 子丑이 空亡인데, 空亡이 年支에 있어 조상
덕과 재물 복이 약하다.

☯ 大運

- 초년 壬戌대운에 戌土가 등장하여 土剋水하므로 好運이었다.

- 辛酉, 庚申대운이 病神인 水를 생해주는 仇神운이라 不運하였
  는데, 이런 운이 오면 건강이 나빠지고, 印星은 어머니 글자
  이므로 부모의 속을 많이 썩인다.

- 己未대운부터 好運이 오나, 丁亥년은 天沖支沖하므로 官災數
  생긴다.
- 戊午대운이 旺運이다.

- 丁巳대운에 天沖支沖하므로 官災數 생긴다.
- 丙辰대운에 濕土인 辰土가 등장하여 열기를 흡수하고, 辰戌沖
  하면 망한다.

제 4 장 丁火日干 子月

己　丁　戊　乙　　남

酉　卯　子　未　　자

78 68 58 48 38 28 18 8　대

庚 辛 壬 癸 甲 乙 丙 丁
辰 巳 午 未 申 酉 戌 亥　　운

☯ 四柱의 旺衰

子月에 丁火가 未중에 根氣가 있고, 濕木의 生을 받고 있으니
太弱하다.

☯ 格局과 用神

丁火가 子月에 태어났으니 正官格이다.
子月은 날씨가 차므로 丁火가 身旺해야 印星인 乙卯木을 기를
수 있는데, 身弱해서 기르려 해도 힘이 너무 많이 들고,
나무가 자라더라도 제습해주는 財星인 土를 극하므로 보람도
적다.
그러나, 生命인 乙卯木이 未중에 丁火를 보아 살아있고
겨울이므로 火를 쓸 수 밖에 없다.
火가 用神이고, 木이 吉神이며, 水는 病神이고, 金이 仇神
이며, 土는 藥神이다.

☯ 四柱의 特徵

이 命主는 서울 태생으로,
丁火는 약한 촛불과 같으니 身旺해야 하는데 虛弱한데다
甲木이 도왔다면 火力이 强하여 좋을 것인데, 濕木인 乙木은
火力이 弱하다.
또, 이 사주에 乙木은 卯木의 뿌리가 있어 살아있어서 봄이
와야 꽃피고 열매를 맺을 것이다.

☯ 命主의 性格

이 男命은 마음이 여리고 인정도 많은 사람인데, 身弱해서
자기 뜻대로 되는 것이 없는데다가 財星인 酉金이 吉神인
卯木을 沖하므로 마누라만 보면 성질이 난다.
남한테는 잘하면서도 자기 마누라한테는 신경질적이다.
그래서, 만날 마누라와 토닥토닥 싸우면서 위태롭게 살아간다.

☯ 六親 關係와 刑 沖 合 및 殺星의 應用

남자 사주에 妻를 보려면, 財星의 吉凶여부를 보는데, 이
男命의 財星은 酉金으로 日支 妻宮에 있는 卯木 吉神을 沖하여
자르므로 부부 궁이 나쁘다.
年柱가 乙未로 나무가 살아있어서 조상 代에 잘 살았던
집안이었으나 부모 代에서 子卯刑으로 기울었다.
地支에 子卯刑으로 母 妻가 不合이고, 卯酉沖으로 부부 궁이
불안하다.
亥卯未에 子水가 桃花인데, 桃花가 刑을 시키므로 이 男命은
젊은 시절 桃花病인 性病이 있었을 것이다.

☯ 大運

- 초년 丁亥대운은 丁火가 亥水를 달고와 亥卯未木局을 하므로
  丁 日干이 힘을 받아 好運이었으며,
- 丙戌대운은 좋기 때문에 좋은 성적으로 서울에서 명문대학을

졸업하고, 유명건설회사에 입사하여 근무를 하다가,
- 乙酉대운 들면서 운이 기울므로,
- 甲申대운에 결국 퇴사한 후, 독립하여 건설업을 하고 있다.
- 현재, 癸未대운으로 干上의 癸水가 丁火를 끄니 나쁜데,
  未대운부터는 좋아지나 原局이 워낙 기울어 크게 좋아지지 않고
  歲運이 甲申(04), 乙酉(05년)年은 운이 저조하여 사업도
  부진하고, 가정도 안편하였다.
- 오는 壬午대운이 가장 좋을 것이다.
  그러나, 이 사주는 太弱하므로 운이 와도 대발은 어려운
  사주다.
- 辛巳대운에 乙辛沖하고, 巳酉金局하여 卯木을 치면 운이 없다.
- 庚辰대운에 乙庚金하고, 濕土가 등장하면 힘이 소진된다.

辛	丁	庚	丙	남
亥	巳	子	申	자

77 67 57 47 37 27 17 7

戊 丁 丙 乙 甲 癸 壬 辛
申 未 午 巳 辰 卯 寅 丑

대운

☯ 四柱의 旺衰

子月에 丁火가 年上에 劫財를 보고, 日支에 帝王을 보았으나
印星의 도움이 전혀 없어 身弱한데 巳亥沖까지 맞아 太弱하다.

☯ 格局과 用神

丁火가 子月에 태어났으니 正官格이다.
干上에 財인 金이 많고, 地支에 水가 火를 剋하니 太弱하고,

年上의 丙火는 뿌리가 없고, 석양으로 지는 태양과 같아서
힘이 없다.
火가 用神이고, 水는 病神이며, 金이 仇神이다.

☯ 四柱의 特徵

겨울 丁火가 財가 3개나 되어 財多身弱인데, 남자 사주에 財가
이렇게 많으면, 이 여자들을 만나주고 넘어 가거나 그렇지
않으면 직업적으로 많은 여자들을 접촉하고 살아야 할 팔자다.
또, 財가 많고, 日支가 沖을 맞아 깨졌으므로 부부 관계가
불안하기 때문에 많이 떨어져 살아야 한다.
그런데, 大運이 좋고 日支에 좋은 글자가 앉아있어서 이혼
여부는 단정할 수 없다.
이 사주에 申, 巳, 亥 驛馬殺이 많아 직업도 적성에 맞아,
해외여행도 많이 다니고, 火를 用神으로 쓰니 사진동호회원
으로 국내여행도 좋아한다.

☯ 命主의 性格

이 男命은 마음씨가 여리고, 다루지 못할 財星과 官星에
둘러 쌓여있어 조심성이 많으며, 내성적이다.

☯ 六親 關係

조부 궁에 丙火가 떴으니 조부님의 인물이 잘났고, 榮華가
있었으나, 地支가 나빠 큰 영광은 아니다.
또, 부모 궁에 財가 死地에 앉아있어 凶神이 있으니, 부친이
시골에서 농협에 다녔는데, 남에게 보증을 서 줬다가
망해버렸다.

☯ 刑 沖 合 및 殺星의 應用

地支에 申子水局이라 凶하고, 巳亥沖하여 부부 궁을
건드리므로 부부 궁이 산란하다.

☯ 大運

- 초년 辛丑대운에 운이 저조하였다.
- 壬寅대운이 좋아 지방대학을 졸업하고, 정부투자기관의
  산하단체에서 근무하고 있다.
- 癸卯대운에 丁癸沖하여 흉하나, 卯木이 水와 火 사이를
  통관시켜주므로 좋았다.
- 甲辰대운이 申子辰水局이 되어 저조한데, 凶한 歲運인
  庚辰(2000)년에 집을 샀는데 많은 손해를 봤다.
  또, 97 丁丑年 무렵에는 주식에 투자했다가 손해를 많이 봤다.
- 乙巳대운부터는 운이 좋아지기 시작하였다.
  말년이 좋다.
- 丙午대운, 丁未대운이 좋다.
- 戊申대운은 흉하다.

壬　丁　庚　丙　　남

寅　卯　子　申　　자

73 63 53 43 33 23 13 3　　대

戊 丁 丙 乙 甲 癸 壬 辛
申 未 午 巳 辰 卯 寅 丑　　운

☯ 四柱의 旺衰

子月에 丁火가 年上에 劫財를 보고, 日支와 時支에 印星을
보았으나 身弱하다.

☯ 格局과 用神

子月에 丁火로 태어났으니 正官格이다.
한 겨울에 火는 거의 身旺해야 좋다.
따라서, 火가 用神이고, 木이 吉神이며, 水는 病神이고, 金은
凶神이며, 운에서 土가 오면 藥神이 된다.

☯ 命主의 性格

추운 겨울에 比劫을 用神으로 쓰고, 身弱하므로 印星이 좋고,
원만한 성격이다.

☯ 六親 關係

庚金 父는 子(死地)에 앉아있고, 時干 壬水는 庚의 死神
발동신이다.
또, 庚金은 時支 寅木에 絶이고, 年干 丙火는 庚金의 絶神
발동신이 되어 丙庚沖한다.
丁火 日干의 妻는 壬水가 合神이니 내(丁)가 결혼(丁壬合)한
후 1~6년 후에 父가 사망한다.
그리고, 年干의 寅중 丙火는 누나이니 누나가 태어난 후 10년
정도에 부친이 노상에서 흉액을 당한다.
壬水 官星이 妻이고, 직장이라 직장생기면 마누라 생기고,
마누라 생기면 직장 운이 있다.

☯ 大運

- 辛丑대운은 調喉에 易하므로 불운했다.

- 壬寅대운 중 寅 대운이 吉하나 寅申沖하므로 불길함도 있다.
  壬 대운에도 丁壬合이 이루어져 학창시절 때인 17세에 연애에
  빠져 학문연마에 소홀했다.

- 癸卯 대운은 月支 子 桃花가 발동되는 때이고, 丙火를 剋하므로
  丁壬合이 이루어지니 27세 壬戌年에 丁壬合되어 결혼했다.
  결혼 후 6년째인 32살 戊子年에 庚金은 子水에 死를 만나고, 戊
  歲運 간은 時支 寅(庚의 絶地)의 透出神이 되어 부친이 사망
  했다.

- 甲辰대운 중 甲 대운은 驛馬 印綬가 되어 문서획득이니 집을
  장만하고,
  辰 대운은 申子辰되고, 寅卯辰되어 흉하나 면흉이다.

- 乙巳 대운 驛馬운이 되어 寅巳申三刑이 되는데다가 甲申年 만나
  교통사고를 당했다.

- 丙午, 丁未 대운은 吉하다.

제 4 장 丁火日干 丑月

<table>
<tr><td>庚</td><td>丁</td><td>癸</td><td>丁</td><td rowspan="3">여
자
대
운</td></tr>
<tr><td>戌</td><td>亥</td><td>丑</td><td>未</td></tr>
</table>

76 66 56 46 36 26 16 6

辛 庚 己 戊 丁 丙 乙 甲
酉 申 未 午 巳 辰 卯 寅

☯ 四柱의 旺衰

丑月의 丁火가 年上에 比肩을 보고, 年支 未土와 時支 戌土에
뿌리를 갖고 있으나 身弱하다.

☯ 格局과 用神

이 사주는 身弱하나 調喉는 어느 정도 되어 있다.
그러나, 身弱하고 印星이 없으므로 抑扶用神인 火를 써야
하므로, 火가 用神이고, 木이 吉神이며, 水는 病神이고,
金이 仇神이며, 土는 藥神이다.

☯ 四柱의 特徵

地支의 丑未沖은 아직 12월인데도 논갈이를 하는 格이라
부지런한 사람이다.

또, 戌亥천문성을 갖고 있어 종교철학에 인연이 있고,
직감력이 발달해 있다.
그러나, 官星이 천하의 病이다.

☯ 命主의 性格

이 女命은 마음이 여리고 착하며, 똑똑하나 官星의 剋을
심하게 받고 있어 남자에 대한 두려움이 많고, 예민하다.

☯ 六親 關係

女命에 官이 病이면 남편 덕이 없는데, 日支 남편 궁 마저
病이니 凶이 가중된다.
또, 月上과 日支에 病이 있고, 또한, 앞에서도 언급한대로
病이 되는 글자가 남편이니 백년해로하기가 더욱 어렵다.

☯ 刑 沖 合 및 殺星의 應用

月上의 癸水 입장에서 보면, 年上의 丁火와 日主 丁火 사이에
있어 양쪽의 丁火를 극한다고 볼 수 있으나, 地支를 보면,
年支와 月支가 丑未沖하므로 年上의 丁火가 쉽게 꺼진다.
日主를 기준하여 午未가 空亡인데, 年支에 空亡이 있어 조상의
음덕이 없다.

☯ 大運

- 이 女命은 초년 甲寅대운이 좋아 어려서부터 총명하였다.
- 乙卯대운은 濕木이어서 木生火가 잘 안되니 甲寅보다 못하나
  좋은 대운이다.
- 丙辰대운 丙火가 좋아 좋은 회사에 근무하는 훌륭한 남편을
  만나 자식을 4명이나 두었는데,
  辰대운에 濕土가 熱氣를 흡수하고, 용신의 뿌리인 戌土를
  沖하여 운이 나빠서 남편이 직장을 그만두고 놀고 있어 힘이
  든다.

- 丁巳대운에는 자기운은 좋으나, 巳火가 남편궁을 치니 남편과
  불화가 심하다.
  자기가 벌어서 먹고산다.
- 戊午, 己未대운 부터는 좋아질 것이다.
- 庚申대운부터는 흉하다.

癸　丁　己　庚　여

卯　卯　丑　子　자
　　　　　　　　대
80 70 60 50 40 30 20 10

辛 壬 癸 甲 乙 丙 丁 戊
巳 午 未 申 酉 戌 亥 子　운

☯ 四柱의 旺衰

丑月에 丁火가 뿌리가 없고, 濕木을 가져 太弱하다.

☯ 格局과 用神

丁火가 丑月에 태어나 丑중에 己土와 癸水가 透出하였으므로
食神格과 偏官格을 동시에 구성한다.
丑月은 겨울 추위가 심할 때이므로 불이 필요한데 丁火가
癸水와 沖을 하여 꺼졌고, 뿌리가 없는데, 卯木이 살아있어
길러야 할 구조를 갖고 있다.
그래서, 木을 用神으로 하고, 火는 吉神이며, 土는 吉神이고,
水와 金은 凶神이다.

☯ 四柱의 特徵

이 女命은 아직 겨울이 가기도 전에 나무를 기르고 있으니
마음만 바쁘고 소득이 없어 불만스럽게 사는 사람이다.

☯ 命主의 性格

身弱한 丁 일주라서 마음이 여리고, 착한데, 印星을 用神으로
쓰므로 마음씨가 착하고 부드러우나 줏대가 약하다.

☯ 六親 關係

이 女命은 7남매 중 막내로 태어났으며, 印綬 용신이라 부모가
부유했고, 남편인 官星이 病神이나 日支에 用神이 있어 남편과
사이가 좋다.
또, 卯木을 用神으로 쓰니 예능에 인연이 있어 노래를 잘한다.

☯ 刑 沖 合 및 殺星의 應用

겨울에는 丑土와 辰土가 急脚殺인데, 이 사주는 天干에 癸水와
己土가 있어 急脚殺의 작용이 생긴다.
또, 年支 子水가 桃花인데, 얼어있는 桃花라 日支, 時支
卯木과 子卯刑이 될 때 桃花病이 생길 수 있다.

☯ 大運

- 초년 戊子대운이 저조하여 공부 잘하지 못하여,
- 丁亥대운 19세 己未년에 亥未木局이 되어 用神이 묶여
  대학진학을 못하고, 80년 庚申년에 어렵게 모 지방대 가정
  학과를 들어가 丙寅년에 졸업하였으며, ROTC 출신 군인과
  결혼하였다.
- 丙戌대운 丑戌刑이 성립하나 吉神이 와서 凶神을 刑하므로
  대체로 무난한 大運이었고,
- 乙酉대운에 대운의 酉金이 日支에 있는 卯木 用神을 때리니

남편이 퇴직하여 지방에 있는 골프장으로 자리를 옮겼고,
자신도 모 정부투자기관의 기능직원으로 취업하였다.

남편 사주

壬 辛 甲 庚
辰 未 申 子
59 49 39 29 19 9
庚 己 戊 丁 丙 乙
寅 丑 子 亥 戌 酉

모 지방대를 졸업하고, ROTC 장교로 제대한 후, 골프장
취업했다. 키가 크고 체격이 좋으며, 水 용신, 金 길신,
土 병신, 木약신, 火 구신이다.

戊　丁　辛　丙　　여

申　卯　丑　辰　　자

72 62 52 42 32 22 12 2　　대

癸 甲 乙 丙 丁 戊 己 庚
巳 午 未 申 酉 戌 亥 子　　운

☯ 四柱의 旺衰

丑月에 丁火가 年上에 劫財를 보았으나 丙辛合되어
무용지물이고, 日支에 印星인 卯木 하나에 의지하고 있다.

☯ 格局과 用神

丁火가 丑月에 태어나 丑중의 辛金이 透出하였으므로
偏財格이다.
丑月은 날씨가 추으므로 調喉하는 불이 절대적으로 필요한
계절이다.
火가 用神이고, 木이 吉神이며, 金이 病神이고, 水는 凶神
이며, 乾土는 吉神이다.

☯ 四柱의 特徵

이 女命은 傷官이 旺하여 사주가 쎄고, 결혼할 때 눈물로
한다.
또, 길러야 할 卯木을 가졌는데, 날이 춥고 태양의 뿌리가
없어 힘이 없으므로 노력을 해도 별무소득이다.

☯ 命主의 性格

이 女命은 근본적인 성격은 여리고 착하며, 인정이 많으나,
자기의 고집도 강하여 한번 삐틀어지면 되돌리기 어렵다.

☯ 六親 關係

食傷이 旺한 女命이 결혼할 시기에 傷官이 오면, 官을 치므로
눈물 나는 결혼이다.
또, 결혼하면 불만이 많다.
이 사주는 食傷인 辰土와 丑土속에 官星이 들어있어 남편이
무능하고, 有婦男이나 흠있는 남자와 인연이다.
다행히, 日支에 吉神이 있으나 大運이 나쁘다.

☯ 刑 沖 合 및 殺星의 應用

年上의 태양을 月上의 辛金이 묶어 무용지물로 만드므로
부모덕이 없다.

겨울에는 丑 辰이 急脚殺이고 破에 해당한다.
日支와 時支가 卯申暗合이고 鬼門官殺이다.

☯ 大運

- 초년 庚子대운이 凶하다.

- 己亥대운도 凶하나 다행히 亥水가 亥卯木으로 卯木과
  申金사이를 통관시켜주므로 무난했다.

- 戊戌대운에 傷官이 등장하였으나 地支가 卯戌火로 결혼할
  운이다.

- 丁酉대운에 대운의 酉金이 原局의 日支 卯木을 치면 이혼한다.

- 丙申대운도 卯申暗合이고 鬼門官殺이 작용하므로 흉하다.

- 말년인 乙未대운부터 운이 들기 시작한다.

- 甲午대운이 좋고,

- 癸巳대운은 나쁘다.

제 5 장 戊土論

제 5 장 戊土日干 寅月

壬 戊 甲 戊　남

子 子 寅 子　자

71 61 51 41 31 21 11 1　대

壬 辛 庚 己 戊 丁 丙 乙
戌 酉 申 未 午 巳 辰 卯　운

☯ 四柱의 旺衰

寅月에 戊土가 年上에 比劫을 보았으나 제대로 된 뿌리가 없고
寅木 중에 戊土가 들어있으나, 木剋土당하여 힘이 없기 때문에
從해야 한다.

☯ 格局과 用神

戊 일간이 寅月생으로 月干에 甲木이 透出되었으므로 偏官格
이다.
그런데, 필자는 이 사주의 용신을 잡는데, 수년간 어려움을
겪은 후에야 비로소, 제대로 잡게 되었다.
이 사주는 얼핏 보면, 戊土일간이 身弱하고, 寅月에 木을
기르기 위해서 寅中 丙火가 필요하다라고 抑扶用神으로 볼 수
있는데, 從財格 또는 時干 壬水를 体로 하는 日干代行格으로

해석을 해야 한다.
따라서, 木運과 火運에 발복하고, 金運과 水運은 나쁘고,
土運도 木剋土 당하여 별 볼일 없다.

☯ 四柱의 特徵

이 命主는 전북 이리 태생으로,
이 사주를 만약, 抑扶法으로 본다면, 財星은 忌神이고, 丁巳,
戊午, 己未 대운은 발전운이 되며, 초년 乙卯대운은 戊土를
극하므로 아주 나빴을 것이다.
그리고, 從殺格으로 보면, 자식성인 甲寅木이 튼튼하므로 자식
운이 좋고, 직장운 역시 좋아 官界로 진출하든지 아니면, 직장
인의 삶을 가져야 할 것이다.

☯ 命主의 性格

이 男命은 인간성이 좋은 사람이다.
포용력이 있고, 인정도 많은 사람이나, 운이 나빠서 자기의
뜻대로 되는 게 없으므로 방랑객처럼 사는 사람이다.

☯ 六親 關係

壬水를 体로 하므로, 月支 寅중 丙火는 妻가 되고, 年 日干의
戊土는 寅木 妻宮에서 透出되었으므로 딸 자식이다.
그런데, 甲木이 戊土를 沖剋하고, 戊土가 太弱하여 자식이
부실함은 당연하다. (큰 딸이 어리석고 모자란다)
또, 戊土는 妻의 表出神이라 첫 여자는 年干 戊土이고,
두 번째 여자는 日干 戊土다.
그런데, 甲木이 戊土를 沖剋하여 첫 여자와 이별한다.
따라서, 장가를 4번이나 갔으나 모두 실패하고 홀아비로 산다.

☯ 大運

- 초년 乙卯대운에 평길했으며,
- 丙 대운은 평안한 때였고,
  辰 대운은 불미스러웠다.

- 丁巳 대운의 丁은 壬水의 正財운이고, 丁壬合을 맺으므로,
  여자가 생겨 合情(결혼)하는 때이며, 재물운도 좋다.
  水生木(壬水 生 甲木)인데, 丁火를 만나면, 木生火 (甲木生
  丁火)되어 발전이 있게 된다.
  그런데, 두 딸을 낳고, 27세 74년 甲寅年에 月支 妻宮을 寅巳로
  刑하는 巳 대운 甲寅년 27세에 喪妻하고(長生地에 들어있는
  육친은 刑 沖을 크게 꺼린다), 29세 76년 丙辰年에 두 번째
  여자를 만나 3년간 혼인식도 안올리고 살다가,

- 31세부터의 戊 대운은 壬水의 偏官운이라 직장생활하게 되나
  戊午대운과 壬子가 天沖支沖하므로 사고 및 손재가 따르나
  다행히, 月支 寅木이 통관 작용을 하여 그럭저럭 넘어간다.
  이런 대운에서는, 月支 寅을 刑, 沖하는 歲運을 만나면, 沖이
  성립되어 불길해진다.
  따라서, 두 번째 만난 여인과 헤어지고, 그 해에 세 번째 여자
  를 만나 살다가, 4년 만인 82년 壬戌年에 헤어지고, 86년 丙寅
  年에 4번째 여자를 만나 살다가,

- 己未대운에 90년 43살에 4번째 여자와 헤어졌으며, 별 소득없이
  지냈다.

- 庚申대운 들어 庚辰년 53세에 여자 만나 홀아비 생활 청산했고,
  甲申, 乙酉년에 식당업을 하였으나, 丙戌년에 그만 두었다.

- 辛酉대운도 할 일이 없다.

- 壬戌대운에 壬水 仇神이 등장하고, 戌土가 吉해 보이나, 戌土가
  등장하면 從을 거부하므로 좋지 못하다.

辛　戊　戊　乙　　남

酉　戌　寅　未　　자

71 61 51 41 31 21 11 1　대

庚 辛 壬 癸 甲 乙 丙 丁　운
午 未 申 酉 戌 亥 子 丑

☯ 四柱의 旺衰

戊戌魁罡日이 寅月에 태어나 長生을 얻었고, 月干 戊土가
透出되었으며, 年支에 未土가 있어 身旺하다.

☯ 格局과 用神

戊土가 寅月에 태어났으므로 偏官格이다.
寅月에 乙木까지 있어 키워야 할 木이나 사주에 일점의 水가
없어 燥熱하기 때문에 木을 키울 수 있는 역할은 안 되고,
日支 戌에서 表出된 時干의 辛金 傷官으로 길을 잡아 나간다.
따라서, 金이 用神이고, 木과 土는 凶神이며, 운에서 오는
火는 凶神이고, 水가 오면, 吉神이 된다.

☯ 四柱의 特徵 및 命主의 性格

나무를 길러야 할 계절에 나무를 기르지 못하면 불행하다.
이 사주에서 나무는 官星으로 자식이고 직장이기 때문이다.
이렇게, 乙木 正官을 剋하므로 자질구레한 官, 法을 무시하고,
반항하는 기질을 나타내게 된다.
하지만 水運이 오면, 金木相爭을 통관시켜주므로 그런 기질은
순화되게 되며, 직장생활도 하게 된다.
즉, 메마른 戊土가 水氣를 만나게 되면, 木을 키울 수 있고,
받아들일 수 있어서이다.
따라서, 亥子丑 水方은 木 官이 살아나므로 法과 規律을

따라야겠다는 행동을 나타내게 된다.

☯ 六親 關係와 刑 沖 合 및 殺星의 應用

이 사주엔 妻星인 水가 없다.
그러므로, 日支 戌중 辛金과 合神인 月支 寅중 丙火를 妻로
보며, 月干 戊土는 妻의 表出神이 된다.
따라서, 妻의 상태는 月支 寅중 丙火와 月干 戊土를 살펴야
하므로, 丙火는 日支 戌에 入庫되며, 時支 酉에 死 되고, 時干
辛金은 丙火의 死, 庫 발동신이 된다.
그리고, 丙火의 生宮인 寅木은 年支 未에 入庫되며, 鬼門殺을
이루어 발동한다.
그러므로, 질서와 규율에 반발, 반항하다가 구속 및 형사건
까지 파생되는데, 丁丑, 戊寅, 己卯년이 응하는 해(年)이다.

☯ 大運

- 초년 丁丑대운에 丑戌未三刑殺이 작용하여 사고가 있었거나
  건강에 이상이 있었을 것이다.
- 丙子대운에 丙辛合水하여 病神을 묶어주고, 子水가 水生木하여
  寅木을 도와주므로 좋았다.
- 乙亥대운은 乙木 자식이 나타났고, 財星인 등장하여 日支 戌중
  辛金과 合神인 丙火가 들어있는 寅木을 亥水가 寅亥合하여 결혼
  하였으며, 무난했고,
- 甲戌대운은 甲木이 凶神이고, 戌土가 寅戌合火하므로 어려운
  시절이었다.
- 癸酉대운은 癸水가 戊土일주에 원래의 正財이고, 合神이므로
  마누라인데, 天干 두 개의 戊土가 爭財하고 42세 丙子년에 妻가
  사망하고 말았다.
- 壬 대운은 辛金이 洩氣되어 강직한 성질이 유화되며, 그로인해
  이익(壬水 偏財)도 생기고 여자도 생긴다.
  申 대운 들면, 月支 寅木을 沖하여 퇴직하게 될 것이고, 자식
  에게 교통사고 및 흉액이 있게 될 것이다.
- 辛未 대운에 딸 자식이 사망하게 되고, 몸은 병석에 누워 수술
  까지 받게 될 것이다.

이는 辛未 대운과 戊戌일주 사이에 3급 소용돌이가 발생하고,
辛金이 乙木을 剋하기 때문이다.
年干 乙木은 딸 자식인데, 未에 入庫되며, 日支 戌에 入墓하고,
時支 酉에 絶이 되므로 일찍 자식을 사별하게 되며, 남아있는
자식 또한 辛未 때문에 사망하게 될 것이다.

※ 이 사람은 큰 회사의 노조위원장을 역임하였다 한다.
왜 ? 노조운동을 하게 된 것인지 다시 한 번 사주를 검토해
보면, 알 수 있을 것이다.

丁　戊　戊　乙　남

巳　戌　寅　未　자

71 61 51 41 31 21 11 1　대

庚 辛 壬 癸 甲 乙 丙 丁　운
午 未 申 酉 戌 亥 子 丑

☯ 四柱의 旺衰

寅月에 戊土가 太旺하다.

☯ 格局과 用神

戊土가 寅月에 태어났으므로 偏官格이다.
봄철 큰 산에 나무를 기르고 있는데, 사주가 건조하여 물이
필요하다.
水가 正用神인데, 없으므로 木이 用神이고, 水는 吉神이며,
土는 病神이고, 火는 仇神이다.
그런데, 이 사주가 아무리 건조하여 물이 필요하다 해도 癸水

가 뿌리가 없이 섣불리 들어오면 郡劫爭財 당하여 없어진다.

☯ 四柱의 特徵

이 命主는 전북 부안 태생으로,
乙木이 用神이며 직업인데, 乙木은 예체능이고, 손재주이니
이 男命의 직업은 야구인이다.
사주에 財星인 물이 없으니 돈과 여자와는 인연이 멀다.

☯ 命主의 性格

사주가 太旺하면, 자기 고집이 세서 남의 말은 들으려 하지
않는 특성이 있으나, 用神이 正官이므로 사람은 점잖고 말이
없으며, 명예와 체면을 중시하는 성격이다.

☯ 六親 關係

사주에 妻를 나타내는 財星이 없고, 日支 妻宮에 財星을
거부하는 戌土가 앉아있어 財가 들어갈 공간이 없으니 妻福과
재복이 없다.
그러나, 용신인 官星이 年 月에 있어 조상과 부모가 한 때 잘
살았던 집안 출신이다.

☯ 刑 沖 合 및 殺星의 應用

年柱가 白虎殺이고, 未寅, 巳戌이 鬼門殺로 조부모가 일찍
죽었거나 억울한 죽음이 있다.
이런 구조는 운이 나쁠 때 鬼門官殺이 작용하므로 신경쇠약
이나 노이로제 같은 성향이 있다.

☯ 大運

- 초년 丁丑, 丙子대운이 水가 寅木을 生해 주어 좋아서 야구의

전성기였고, 어려서 공부를 잘했으며, 중학교부터 야구부에
들어가 H 대 야구부를 졸업했으며, 군대 제대 후 제약회사에
입사하였고,

- 乙亥대운 81 辛酉년 모 야구단을 창단하여 평일엔 직장생활,
  주말엔 어린이 야구단을 이끌며 생활했다.

- 甲戌대운 32세 86(丙寅)년 日支가 寅戌로 合하므로 3살 아래의
  아내를 만나 결혼하였는데, 결혼 4년만에 자식 1명을 어렵게
  얻고 살다가,

- 癸酉대운 43살 97 丁丑년 가을 부인이 자궁암이 발생, 98 戊寅
  年 10월 사망하였는데, 원인은 戊土가 왕하여 癸水가 오니 군겁
  爭財하고, 寅木이 등장하여 寅午戌火局이 되어 생명이 탔기
  때문이다.
  이 男命은 부인이 사망한 날도 야구 지도를 하느라고 임종을
  못하여 妻家로부터 많은 원망을 듣기도 했으나 개의치 않고
  야구에 몰두한 사람이다.
  2000년 11월부터 애인을 두고 있으나 결혼은 안하고 아들을
  데리고 살고 있다.
  甲申, 乙酉년에 야구 성적은 좋았으나, 특히, 乙酉년에는 자신
  과 야구부 학생의 잦은 사고가 발행하여 고심을 하기도 했다.

- 壬申대운도 申金이 寅木을 沖하므로 나쁘다.

- 辛未, 庚午대운에 편히 지낼 것이다.

제 5 장 戊土日干 卯月

丙　戊　乙　癸　여

辰　午　卯　巳　자

79 69 59 49 39 29 19 9　대

癸 壬 辛 庚 己 戊 丁 丙
亥 戌 酉 申 未 午 巳 辰　운

☯ 四柱의 旺衰

卯月에 戊土가 身旺하다.

☯ 格局과 用神

戊土가 卯月에 태어나 卯중의 乙木이 透出해 있으므로
正官格이다.
戊土의 임무는 나무를 기르거나, 저수지를 만들어 물을
가두거나, 겨울 한습할 때 濕을 제거해 주는 것인데, 여기서는
봄에 태어난 戊土라서 나무를 기르고 있어서 제할 일 다 하는
格이라 바쁜 사람이다.
또한, 戊土는 巨木을 기를 수 있는 넓은 땅으로, 甲木을
길러야 좋은데, 乙木을 기르고 있어 항상 양이 안차 불만이다.
木이 用神이고, 水는 吉神이며, 土가 凶神이고, 火도 凶神

이다.

☯ 四柱의 特徵

여기서, 火는 비록 凶神이긴 해도 나무를 키워야 하므로
火運이 되어야 나무에 꽃피고 열매를 맺으니 소득이 있는
것이다.
그래서, 癸水가 吉神이긴 하나 天干에 안개가 끼어 있는
格이라 더 이상의 水가 오면 쭉정이 농사를 짓게 된다.
이것을 유념해야 한다.
그리고, 乙木은 원래 丙火를 가장 좋아하나 다만 火가 너무
많아서 타버리는 것은 물론 안 좋다.
身旺한 戊土일주가 官을 보고 태양도 보아 외모가 女傑이다.

☯ 命主의 性格

이 女命은 믿음과 신용이 있고, 고집도 쎈 사람이나 자기할
일을 제대로 하고 있는 사람이기 때문에 원만한 성격이며,
洩氣가 안 되어 표현력이 약하다.

☯ 六親 關係

女命에 남편을 볼 때, 우선, 官星의 有 無力 여부를 살피는데,
이 女命은 官星이 濕木이기 때문에 비록 안 차지만 유력하다.
또, 日支에 桃花殺인 午火를 가져 火가 凶神이긴 하나 卯木을
잘 기르므로 좋아서 남편과의 관계도 좋으나 자신과 남편이
바람을 피울 수 있고, 大運이 나쁘면 官星이 한꺼번에 꺽어질
수 있다.

☯ 刑 沖 合 및 殺星의 應用

戊 일주에 辰土는 紅艶殺이고, 年柱를 기준하여 午火는
桃花殺이며, 日主를 기준하여 卯木도 桃花殺이라서 온통
桃花와 紅艶殺로 구성되어 있어 美女이므로 남자를 상대로 한

물장사가 제격이다.

☯ 大運

- 丙辰, 丁巳, 戊午, 己未대운은 나무에 꽃이 피어 화려했다.
- 庚申대운부터 갑자기 급경사 내리막길로, 망하는 운이다.
  庚金이 官星인 乙木을 合去시켜 없어졌고, 申金이 卯木과
  暗合하면서 鬼門이므로 남자문제로 신경쓴다.
  2000(庚辰)년 乙庚合金하여 官을 合去시켰고, 2001(辛巳)년에
  乙辛沖하여 乙木을 쳐 없앴으므로 이혼하였다.
- 辛酉대운에 乙卯 官星을 天沖支沖하므로 아무 희망이 없는
  운이고,
- 壬戌대운도 좋지 못하고,
- 겨우 癸亥대운에 숨은 쉬겠으나 그 때는 나이가 많으니 좋은
  시절은 없을 것이다.

남편 사주

<table>
<tr><td>辛</td><td>戊</td><td>癸</td><td>辛</td><td rowspan="2">남
자
대
운</td></tr>
<tr><td>酉</td><td>辰</td><td>巳</td><td>卯</td></tr>
</table>

77 67 57 47 37 27 17 7

乙 丙 丁 戊 己 庚 辛 壬
酉 戌 亥 子 丑 寅 卯 辰

巳月에 戊土가 身弱하다.
傷官이 旺하여 身弱하니 印星인 火로 食傷을 제거하면서
戊土를 도와서 旺하게 만들어야 卯木을 기를 수 있겠다.
巳중 丙火용신, 土길신, 金병신 水흉신, 木길신이다.

庚　戊　乙　戊　　여

申　戌　卯　戌　　자

75 65 55 45 35 25 15 5　　대

丁 戊 己 庚 辛 壬 癸 甲
未 申 酉 戌 亥 子 丑 寅　　운

☯ 四柱의 旺衰

卯月에 戊土가 身弱하나 卯戌合, 卯戌合하여 身旺과 같다.

☯ 格局과 用神

이 사주는 正官格이다.
어떤 이론은 봄은 木旺節이므로 무조건 木을 키워야 한다라고
주장한다.
그러나, 戊土가 木을 키우기 위해서는 어느 정도 身旺해야
하고, 調喉가 되어야 하는데, 이 사주는 卯戌合되어 나무의
뿌리가 타버렸으니 死木이 됐다.
따라서, 金으로 洩氣를 해줘야 하므로 金이 用神이고, 土는
吉神이며, 木이 病神이고, 火도 凶神이며, 水도 凶神이다.

☯ 四柱의 特徵

女命에 남편인 官星과 자식인 食傷이 모두 나타나면, 어느
한쪽을 택해야 하므로 불행하다.
이런 구조에서, 대게, 여자들은 官星을 버리고 자식인 食傷을
택하게 된다.

☯ 命主의 性格

여자지만 포용력도 크고, 인정도 많으며, 일복도 많으나

남편 복이 없으므로 남편에 대한 험담이 많다.

☯ 六親 關係

木은 官星으로 남편인데, 남편 글자인 乙卯木도 旺하면서 病神
이므로 다루기 힘든 남편이라서 건달인데, 아무 일도 안하고
먹고 놀면서 툭하면 폭력을 행사하는 남편이다.
그래서, 남편 복이 없는데, 자식이 태어나면서 남편과의
전쟁이 시작되어 남편이 자신에게 폭력을 행사할 때는
이혼하려고 해도 그 시간이 지나면 또 이혼이 안 된다.
수차례 이혼을 하려고 시도했으나 이혼을 하지 못하고 있다.
남편입장에서는 年柱의 土도 자기 마누라이고, 日主도 자기
마누라인데, 이리 저리 合을 하므로 두 여자와 만나는 사람
이다.

☯ 刑 沖 合 및 殺星의 應用

日主와 年柱를 기준하여 官星인 卯木이 桃花殺인데, 桃花인
卯木이 양쪽 戌土를 놓고 卯戌火, 卯戌火하므로 이 여자와도
合하고, 저 여자와도 合을 하므로 바람둥이 남편이다.
또는, 내가 한 남자를 두고 친구와 서로 合하자고 爭合을
벌이는 구조이다.

☯ 大運

- 초년 甲寅대운에 食神인 庚申과 甲庚沖, 寅申沖하여
  天沖支沖하므로 건강이 나빴을 것이다.

- 癸丑대운에 仇神인 水가 水生木하여 病을 키우므로 망상만
  가득하고 운이 없다.

- 壬子대운에도 仇神운이라 운이 없는데, 壬戌년 日支 戌土가
  나타나고 官星과 合하는 해에 결혼하였다.

- 辛亥대운 乙辛沖하므로 자식이 태어나면서 남편과 갈등이
  생기게 된다.
  또, 食傷이 떠서 자기가 활동을 하게 되는데, 떡집을
  경영하였는데, 장사가 잘 되어 돈을 벌었다.

- 庚戌대운도 乙庚金하여 官星을 合去시키므로 病神인 남편이
  힘을쓰지 못하므로 吉하다.

- 己酉대운에 卯酉沖하면 官星인 卯木이 부러지므로 남편과
  이혼하거나 남편한테 凶한 일이 있을 것이다.

- 戊申대운에 편히 지내고, 丁未대운에 病이 旺해진다.

남편 사주

丙　辛　庚　丁　　남

申　未　戌　酉　　자

76 66 56 46 36 26 16 6　　대

壬 癸 甲 乙 丙 丁 戊 己

寅 卯 辰 巳 午 未 申 酉　　운

太旺한 旺金이므로 洩氣해야 한다.
보석을 火로 다시 녹이면 값어치가 떨어지므로 나쁘다.
申중 壬水 용신, 金 길신, 火 병신, 木 구신이다.
이 사주는 초년이 용신운이라 좋아서 귀염받고 성장하였으나
丁未대운부터 病神운인 火運이라 나빠졌다.
자신은 일도 안하면서 마누라만 부려먹은 사람이다.
甲辰대운도 운이 없다.

甲　戊　辛　辛　여

寅　申　卯　丑　자

77 67 57 47 37 27 17 7　대

己 戊 丁 丙 乙 甲 癸 壬
亥 戌 酉 申 未 午 巳 辰　운

☯ 四柱의 旺衰

卯月에 戊土가 멀리 年支에 丑土에 뿌리를 하고 있어
太弱하다.

☯ 格局과 用神

戊土가 卯月에 태어나 正官格이나 나무를 잘라내야 하므로
傷官制殺格으로 변했다.
이 戊土의 임무는 원래 나무를 키우기 위해서 태어났으나,
太弱하고, 年 月上에 있는 傷官인 辛金이 방해를 하여 나무를
기르지 못하기 때문에 잘라내야 한다.
따라서, 金이 藥用神이고, 火가 凶神이며, 木이 病神이고,
水는 凶神이며, 濕土는 吉神이나 乾土는 凶神이다.

☯ 四柱의 特徵

이 사주는 用神을 잡기 힘든 점이 있다.
특히, 女命의 사주에서 官星과 食傷이 동시에 나타나면, 아주
헷갈린다.
따라서, 土 일주의 경우에는 官星인 木을 기를 수 있느냐,
없느냐에 따라서 어느 것을 용신으로 쓸 것인가를 생각해야
한다.

☯ 命主의 性格

이 女命은 傷官이 旺해서 자유분방하고, 깔끔한 성격이며,
자기 주변에 성가신 존재가 있으면, 깨끗이 없애버리려는
습성을 갖고 있다.

☯ 六親 關係

이 사주는 日干인 戊土가 太弱하고, 官星이 너무 太旺하여
나무를 기르기가 역부족이다.
또, 日支 남편궁에 食神인 金이 앉아 官을 거부하는데다
時支의 官星과 寅申沖이 있어 보나마나 부부 궁은 나쁘다.
시기가 문제일 뿐이다.
이 女命은 官星이 두 개이고, 부부 궁이 나빠서 반드시 재혼할
팔자임을 나타내고 있다.

☯ 刑 沖 合 및 殺星의 應用

卯木 官星과 申金이 暗合이고 鬼門이라서 남편 때문에 신경성
노이로제 같은 성향이 있다.
寅申沖하므로 부부 궁이 깨졌다.

☯ 大運

- 초년 壬辰대운이 좋아 어려서 귀염받고 성장하였는데,

- 癸巳 대운에 寅巳申三刑殺이 작용하고, 巳丑金局이 되어
  病神인 木이 힘을 쓰지 못하므로 좋았다.

- 甲午대운에 官殺인 甲木이 나타나고, 地支에 寅午火局을 이루어
  病神인 木의 자라서 힘이 커지므로 凶하다.
  또, 甲木이 첫 번째 官星인 卯중에서 나타났으므로 결혼할
  운이다.
- 乙未대운 들어 亥未合木하여 病神의 힘이 커진데다가 卯중의

乙木이 고개를 내밀므로 乙辛沖하여 官星이 잘려 나갔는데,
41세 辛巳년에 乙辛沖, 丑未沖하여 天沖支沖하고, 寅巳申三刑이
작용하여 남편과 이혼하고, 그 다음해인 壬午년에 지금의 남편
을 만나 살고 있는데, 甲申년은 寅申沖의 작용으로 직장이 흔들
리는 등 변화의 운을 맞고 있다.
乙酉년은 좋다.

- 丙申, 丁酉대운에 病神을 쳐 주므로 좋다.

- 戊戌대운도 자신의 힘이 강해지므로 좋다.

- 己亥대운에 病이 旺해지면 凶하다.

재혼한 남편 사주

<table>
<tr><td>甲</td><td>丁</td><td>戊</td><td>戊</td><td>남</td></tr>
<tr><td>辰</td><td>丑</td><td>午</td><td>戌</td><td>자</td></tr>
</table>

78 68 58 48 38 28 18 8

丙 乙 甲 癸 壬 辛 庚 己
寅 丑 子 亥 戌 酉 申 未   대운

午月에 丁火가 身弱하다.
그러나, 食傷이 너무 太旺하여 木을 用神하고 水를 吉神으로
쓰며, 土가 病, 火 仇神, 金 凶神이다.
초년 대운의 흐름이 나쁘다.

제 5 장 戊土日干 辰月

庚　戊　甲　壬　여

申　午　辰　戌　자

80 70 60 50 40 30 20 10　대

丙　丁　戊　己　庚　辛　壬　癸　운

申　酉　戌　亥　子　丑　寅　卯

☯ 四柱의 旺衰

辰月에 戊土가 比劫이 많아 身旺해 보이나, 辰戌沖으로 깨져 약간 身弱해졌다.

☯ 格局과 用神

戊土가 辰月에 태어나 月上에 甲木을 갖고 있어 偏官格이다. 辰月은 木旺節이라 木을 키워야 正格인데, 地支가 辰戌沖으로 깨져 木의 뿌리가 흔들리니 불안하다.
木이 用神이고, 水는 吉神이며, 金이 病神이고, 火가 藥神이며, 土는 吉神이다.

☯ 四柱의 特徵

큰 산에 큰 나무를 가르니 그릇이 크나 地支가 辰戌沖하여 뿌리가 흔들리므로 나무가 잘 자라기가 어렵다.
戊土일주가 食神이 旺하여 고집이 쎄서 매사 자기 생각대로
살려고 한다.

☯ 命主의 性格

이 女命은 포용력이 크고, 통도 크며, 인정도 많은 사람이나,
食神이 旺해서 자기주장도 强하다.
이 命主의 부모는 이 命主의 태어난 時干이 未時라고 하나 이
사주의 성격 및 행동 등으로 보아 庚申時로 보인다.
왜냐하면, 이 女命이 寅 대운 末에 보험회사에서 일을
했었는데, 언어능력이 뛰어나 말 잘하여 실적이 대단히
우수했다.

☯ 六親 關係

女命에 官星과 食傷을 동시에 보면, 어느 한쪽을 버려야
하므로 불행하다.
이 사주에서 官星이 甲木인데, 地支가 辰戌沖을 하여 뿌리에
상처를 입어 겉보기와는 달리 巨木의 역할이 어렵다.
그래서, 자식이 태어나면, 食傷이 官을 沖하게 되므로
부부관계가 불안해진다.

☯ 刑 沖 合 및 殺星의 應用

辰戌沖을 하여 甲木의 뿌리가 상처를 입어 많은 열매를
수확하기가 어렵고, 官이 무능해지기 쉽다.
또, 地支가 辰戌沖하여 年上에 있는 偏財星 즉, 아버지가
상처를 입었고, 엄마인 戌중 丁火가 없어졌으므로 부모가
이혼하였다.

☯ 大運

- 초년 癸卯대운 중 卯 대운에 부모가 이혼을 한 후 방황을

하여 공부를 안해서 어렵게 실업계 고등학교를 나왔으며,
卯 대운 官運이고, 桃花이므로 官星이 長生을 하므로 연애를
하였으며,
- 壬寅대운 중 壬 대운에는 그럭저럭 지내다가, 寅 대운 丁亥年에
  官星인 木이 등장하므로 결혼하였으며, 寅午戌火局이 되어
  日主에 힘을 실어주니 吉하여 회사에서 실적이 우수하였으나,
  寅申沖하여 남편이 직장을 잃고 오락사업을 했는데, 영업이
  잘되었다.
- 辛丑대운은 傷官星인 辛金이 官星인 木을 金剋木하는데, 傷官은
  자식이므로 자식을 낳고 남편과 갈등이 시작되고, 官星인
  남편의 하는 일이 시원찮게 된다.
- 庚子대운에 庚金이 官星인 甲木을 치고, 子水가 日支 午火를
  沖하여 부부관계가 나빠져서 이혼하기가 쉽다.
- 己亥대운 甲己合하여 甲木이 官星인 남편한테 여자가 생기게
  되는 운이고, 亥水가 吉神이므로 운이 없다.
- 戊戌대운은 日主에 힘을 보태주므로 좋으나, 辰戌沖하여 甲木과
  財星인 壬水가 없어지면 命이 다한다.

乙　戊　壬　辛　　남

卯　戌　辰　卯　　자

78 68 58 48 38 28 18 8　대

甲 乙 丙 丁 戊 己 庚 辛
申 酉 戌 亥 子 丑 寅 卯　운

☯ 四柱의 旺衰

辰月에 戊土가 身弱한데, 地支가 辰戌沖을 하여 더욱
약해졌다.

☯ 格局과 用神

戊土가 辰月에 태어나 辰중 乙木이 時上에 透出해 있어
正官格이다.
辰月은 木旺節이라 나무를 키워야 하기 때문에 丙火가 필요
한데 丙火는 없고, 戌中에 丁火만 있어 큰 운이 없다.
土가 用神이고, 火는 凶神이며, 木이 病神이고, 水가 仇神
이며, 金이 藥神이다.

☯ 四柱의 特徵

이 命主는 전북 익산 태생으로,
이 사주는 戊土 日主가 地支에 辰土와 戌土를 가지고 있어
身弱사주인데, 辰戌沖을 하여 깨졌고, 戊土가 乙木의 공격을
받아 木으로 從한 것으로 보기 쉽다.
그러나, 藥神인 辛金이 戌중에 근기를 두고 있어 從하지 않고
身弱으로 본다.

☯ 命主의 性格

이 사주는 官殺의 剋을 심하게 받고 있어 신경이 예민하고,
너무 소심하고 까다로운 성격이다.
또, 地支가 合과 沖을 하고 있어 역동적인 삶을 사는 사람
이다.

☯ 六親 關係와 刑 沖 合 및 殺星의 應用

男命에서 妻를 볼 때, 財星의 吉凶여부를 보는데, 이 사주는
財星이 仇神이고, 日支 戌土와 月支 辰土가 沖하여 깨졌으니
부부 궁이 나쁘거나 또는 공방이 많아야 한다.
또, 月, 日支가 깨져 부모 부양문제로 妻와 항상 갈등이
심하고 官殺이 病이라 자식(아들)문제로 고심한다.
日支 戌土와 月支 辰土가 沖하여 깨졌으니 부부 궁이 나쁘거나
또는, 공방이 많아야 하고, 부모 부양문제로 항상 갈등이

심하다.
財星이 壬辰魁罡으로 父와 妻의 성격이 완고하다.
卯戌合火로 卯木의 뿌리가 타서 상처를 입었는데, 이는 病神이
상처를 입어 吉神으로 변했으므로 좋은 合이다.
日支를 기준하여 卯가 桃花인데, 年支와 時支에 桃花를 두
개씩이나 갖고 있어 성욕을 주체할 수 없다.

☯ 大運

- 초년 辛卯대운에 申金이 乙辛冲하여 좋으나, 卯木이 病神이므로
  좋은 대운이 아니다.
- 庚寅대운에 乙庚合하여 좋으나, 地支에 寅木이 등장하여 좋은
  운이 아니라서 26세 丙辰년에 국영기업체 직원으로 출발, 고시
  공부를 하여 1차는 합격했으나 2차에서 실패하자 사표를 내고,
- 己丑대운 31세 辛酉년에 藥神이 작용하여 간부직으로 새 출발을
  했다.
  戊子대운 41세 辛未년에 승진하였고,
  丁亥대운 99 己卯년에 또, 승진하여 부장급 간부가 되었다.
- 丁亥대운 丙戌년까지 승진을 하려고 노력을 하나, 운이 나빠
  되지 않고, 丙戌년에는 辰戌冲하여 용신이 깨져 직장에서
  불미스런 일이 생겼으며, 승진은 어려울 것이다.
- 丙戌대운에 辰戌冲이 크게 작용하고 病이 더욱 깊어지므로
  凶하다.
- 乙酉대운 乙辛冲하고, 卯酉冲하여 명예나 자식문제가 생겨
  고통을 줄 것이다.
- 甲申대운도 凶한 운이다.

부인 사주

甲　己　戊　己
子　巳　辰　亥
76 66 56 46 36 26 16 6
丙　乙　甲　癸　壬　辛　庚　己
子　亥　戌　酉　申　未　午　巳

甲己合하고 辰月에 出生하여 甲己合化土格이다.
초년이 좋아 교직에 있다가 24세에 결혼하면서 곧바로 사표
내고 지금은 구연동화를 가르친다.

癸　戊　丙　癸　　여

亥　子　辰　亥　　자

72 62 52 42 32 22 12 2　　대

甲 癸 壬 辛 庚 己 戊 丁　　운
子 亥 戌 酉 申 未 午 巳

☯ 四柱의 旺衰

辰月에 戊土가 月上에 印星을 보았으나 身弱한데 地支 辰土가
辰子水局을 이루어 더욱 약해졌다.

☯ 格局과 用神

이 사주는 從財로 갈 수 있기 때문에 현재의 학교관계를
문진해야 한다.
초년 운이 旺해서 공부를 잘했기 때문에 확실히 身弱 사주로
감명해야 한다.
따라서, 土가 藥用神이고, 火는 吉神이며, 水가 病神이고,
金은 仇神이다.

사주 原局이 水가 많고, 地支에 火가 없어 무언가 부족한 점이
많다.

☯ 四柱의 特徵

地支 辰中 乙木이 있고, 亥중 甲木이 있는데, 辰중 乙木은
당장 키울 수 있는 木이고, 亥중 甲木은 다음 代에 태어날
木이다.
서울대 경영학과에 다니면서 行試에 1차 합격했으나, 官이
없어 공직은 안 된다.
이런 사주는 행시에 합격했더라도 官이 없어 공직에 발령을 못
받는다.
偏印이 月上에 떠 있어 자격증을 가진 직업을 택해야 한다.
또, 正印이라면 국립대를 가는데, 偏印이면 사립대를 간다.
사주에 財가 많아서 印星을 때리므로 돈이 많지 않다.
戊癸合으로 財가 合을 해 들어오므로 금융계통으로 가거나
그렇지 않으면, 偏印 직업인 교직으로 가야한다.
이렇게, 財와 合이 되어 있을 때 경제로 가야하나 印星이 있어
자격증 가진 직업으로 간다.

☯ 命主의 性格

사주에서 財星은 驛馬와 같은데, 이 사주는 天地에 財를
가지고 있어 돈에 관한 관념이 강하고 이리 뛰고 저리 뛰며
바쁘게 산다.
그러나, 내가 가지지 못할 돈이기 때문에 돈 때문에 또는
財多身弱 사주로 財는 시어머니이므로 시어머니 때문에 고통을
받고 산다.
또, 印星이 吉神이라서 성격이 원만하다.

☯ 六親 關係

女命에 官星이 남편인데, 이 사주는 官星이 나타나 있지 않고,
辰중에 乙木으로 숨어 있어서 무력한 남편이다.
또, 사주에서 財가 아버지이고, 결혼을 하면 시어머니인데,

이렇게, 財星이 많아 두 아버지를 모시거나 시어머니가 두 분
일 수 있다.
그런데, 月上의 丙火가 偏印인데, 뿌리도 없고, 양 癸水의
剋을 받고 있어 불안하기 짝이 없다.
이 丙火는 辰中 乙木 남편의 正印이므로 시어머니에 해당
하는데, 시어머니가 일찍 죽기 쉽다.

☯ 刑 沖 合 및 殺星의 應用

六合은 연애하는 합이고, 半合은 운동방향을 의미한다.
干上의 戊癸合은 용신이 묶여 좋지는 않지만, 다행히, 火로
변했으므로 크게 나쁘지 않다.
辰亥怨嗔은 조상 궁에서 일어난 일로 조상때 가정이 안
편했음을 의미한다.
辰子水局이 되어 病神의 힘을 더욱 강하게 해주어 흉하다.

☯ 大運

- 丁巳, 戊午대운이 身弱한 日干을 도와주는 氣運이라서 좋기
  때문에 명문대학에 갈 수 있었고, 행정고시에 도전할 수 있다.

- 己未대운에 天干에 나타난 두개의 癸水 중 時上의 癸水는
  日干과 合을 해 있기 때문에 뗄 수 없고, 그 대신 방해꾼인
  年上의 癸水를 대운의 己土가 극해주면 결혼을 할 것이다.

- 庚申대운이 病神인 水를 生해주는 仇神운이므로 凶하고,

- 辛酉대운에 대운의 辛金이 原局의 丙火와 丙辛合去시키면
  胎地 子水위에 앉아 있는 丙火가 없어진다.

- 壬戌대운에 丙壬沖하여 凶하나, 戊土가 土剋水하면 좋고, 또한
  濕土인 辰土를 乾土가 沖해주므로 좋은 沖이다.

- 癸亥대운에 病이 旺해져 희망이 없다.

제 5 장 戊土日干 巳月

丙 戊 癸 丙   여

辰 子 巳 辰   자
    대
80 70 60 50 40 30 20 10

乙 丙 丁 戊 己 庚 辛 壬   운
酉 戌 亥 子 丑 寅 卯 辰

☯ 四柱의 旺衰

巳月의 戊土가 比劫과 印星이 많아 太旺하다.

☯ 格局과 用神

巳月에 戊土로 태어나 巳중에 丙火가 透出하여 偏印格이다.
巳月의 큰 산인 戊土에는 나무를 키울 계절이라 巨木을 키워야
하는데, 巨木은 없고 辰中에 乙木밖에 없어서 아쉽다.
또, 癸水와 子水가 있고, 辰土가 있어서 調喉는 됐기 때문에
먹을 복은 있다.
水가 用神이고, 金이 吉神이며, 土는 病神이고, 火가 仇神
이다.

☯ 四柱의 特徵

이렇게, 넓은 땅에 官星인 나무는 안보이고, 辰중에 꽃나무인
乙木만 있어 너무 작고 초라하다.
戊土 女命에 官이 나무인데, 남편인 官이 숨어 있으니 자랑
스럽게 내놓을 수 있는 官이 아니다.
대학을 졸업하고 보험회사에 근무하고 있는데, 官이 자기의
눈에 차지 않아 30세까지 결혼할 생각을 안하고 사귀는 남자
친구도 없다.
身旺 財旺이라서 돈 그릇이 크다.

☯ 命主의 性格

남녀를 불문하고 사주가 太旺하면, 아집이 强하여 자기식대로
살려는 심리가 강하여 남을 배려하는 심리가 약하다.
또, 이 女命은 官은 보이지 않고, 財와 合을 하고 있어 官보다
財가 즉, 돈이 우선이다라는 생각을 갖고 있다.

☯ 六親 關係

女命에 남편을 볼 때, 우선, 官星의 吉凶여부를 살펴야
하는데, 이 사주에서 官星은 辰중에 乙木이 있어 弱하고,
辰土가 두 개이니 자연히 두 남자와 인연이다.

☯ 刑 沖 合 및 殺星의 應用

戊癸合하여 財와 인연이다.
戊土에 辰土는 紅艶殺인데, 紅艶殺속에 官星이 들어 있어
바람둥이 남자와 인연이다.
辰巳가 지망살이라 철학 종교와도 인연이다.

☯ 大運

- 초년 壬辰, 辛卯대운이 좋아 지방 모 대학에서 환경공학을 전공하고, 모 생명보험회사에 근무하고 있다.
- 庚寅대운에 寅木 즉, 巨木이 등장하면 결혼대상자도 나타날 것이다.
- 己丑대운은 己土가 戊癸合을 깨고, 子丑合이 되면서 癸水 즉 財가 움직이므로 돈 문제 또는 부부문제가 생길 것이다.
- 戊子대운에 복음 운이라 역시 돈과 부부문제가 생긴다.
- 丁亥대운에 丁癸沖, 巳亥沖하여 月支를 天沖支沖하여 큰 변화가 올 것이다.
- 丙戌대운에 丁癸沖하고, 辰戌沖하면, 제 2 생명줄인 財가 없어지므로 凶하다.

<table>
<tr><td>丙</td><td>戊</td><td>丁</td><td>癸</td><td rowspan="2">남
자
대
운</td></tr>
<tr><td>辰</td><td>午</td><td>巳</td><td>巳</td></tr>
</table>

71 61 51 41 31 21 11 1

己 庚 辛 壬 癸 甲 乙 丙
酉 戌 亥 子 丑 寅 卯 辰

☯ 四柱의 旺衰

巳月의 戊土가 印星인 火가 많아 온통 불바다다.

☯ 格局과 用神

戊土가 巳月에 태어났으므로 建祿格이다.

調喉가 안 되어 水 正用神인데, 癸水를 쓸 수 없어서 巳중
庚金을 假用神으로 土는 凶神이고, 火는 病神이며, 水가
藥神이고, 운에서 木이 오면, 火를 生하여 凶神이 된다.

☯ 四柱의 特徵

이 사주에는 印星인 火가 이렇게 많은데, 부친이 바람을 많이
피운 까닭이다.
사주가 나무 한 그루 살 수 없는 불바다라서 종교인 사주같이
보이나 대운의 흐름이 좋아 잘살고 있다.

☯ 命主의 性格

이 男命은 太旺하여 洩氣가 안 되므로 베푸는 것이 없고,
성질이 불 같으며, 고집이 황소고집이다.

☯ 六親 關係

男命에서 妻를 볼 때, 財星의 有無와 吉凶여부를 따지는데,
이 사주에는 財星이 나타나 있으나 깨졌고, 食神은 巳火중에
숨어 있어 녹을 지경이다.
財星인 庚金 여자가 巳火 불속에서 녹기 일보 직전이라서 妻가
건강이 나쁘거나 심한 스트레스에 시달리게 된다.
또, 財星이 癸水인데, 日干인 戊土와 合하고, 3개의 巳중
戊土와 暗合을 하므로 온통 연애만 하는 꼴이다.
실제로 이 男命의 부친은 젊어서 엄청 바람을 많이 피웠다고
한다.
부친 星인 癸水 財의 입장에서 보면, 火가 많아서 從財格과
같으므로 한 때 잘았던 사람이나 바람피우느라고 모두 탕진
했다고 한다.

☯ 刑 沖 合 및 殺星의 應用

年干에 癸水가 뿌리도 없이 있는데 그나마도 丁癸沖당하여

없어졌으므로 무능한 부친이다.
설령, 丁癸沖 당하지 않았다 해도 안개와 같아서 아무
쓸모없는 물이나, 辰土 속에 根氣가 있어 다행이다.

☯ 大運

- 초년 丙辰, 乙卯, 甲寅대운이 나빠 어렵게 야간대학을
  졸업하였다.
- 癸丑대운에 藥神 운이 오니 좋아져서 직장생활을 하다가,
- 壬子대운이 좋아 친구가 돈을 빌려줘 사업을 시작하여 먹고
  살만큼 돈을 벌었다.
- 辛亥대운도 좋으니 이 대운까지도 돈을 벌 것이다.
- 庚戌대운은 戊土에 熱氣가 강해 午戌火局이 되면 巳중 庚金이
  녹아내리기 쉽다.
- 앞으로 오는 운이 己酉대운은 무난하다.

	丁	戊	己	己	남
	巳	戌	巳	亥	자
73	63	53	43 33 23 13 3		대
	辛	壬	癸 甲 乙 丙 丁 戊		운
	酉	戌	亥 子 丑 寅 卯 辰		

☯ 四柱의 旺衰

巳月에 戊土가 太旺하다.

☯ 格局과 用神

巳月에 戊土로 태어났으므로 建祿格 또는 土体局이다.
여름 戊土는 물이 없으면 생명을 기를 수 없는 메마른 땅에
불과하다.
그러나, 年支에 亥水가 있긴 하나 巳亥沖이 되어 調喉가 너무
약하나, 대안이 없으니, 沖맞은 亥水를 用神으로 쓰는 수 밖에
다른 방법이 없다.
水가 用神이고, 金이 吉神이며, 土는 病神이고, 火가 仇神
이며, 운에서 木이 오면 藥神이다.

☯ 四柱의 特徵

이 命主는 경북 울산 태생으로,
드넓은 땅에 나무 한그루 풀 한포기 살고 있지 않다.
단지, 亥水 속에 甲木이 있으나 깨졌다.
亥水는 財星에 해당하니 돈이 깨진 것이라서 큰 돈복이 없다.
또, 여자복도 약하다.
그러나, 이 사주는 原局의 약점을 대운에서 보완을 해 주므로
승승장구 할 수 있고, 돈도 벌 수 있다.

☯ 命主의 性格

드넓은 땅으로 태어나 그릇이 크기 때문에 포용력이 크다.
그래서, 고집도 쎄고 성질도 급하다.
沖이 있어 역동적이고, 부지런한 사람이다.

☯ 六親 關係

男命에 妻와의 관계를 볼 때는 財星의 有無와 吉凶여부,
그리고, 日支의 吉凶여부를 살펴야한다.
이 사주에서 財星은 亥水인데 巳亥沖이 되어 깨져서 상처받은
財라서 妻福이 弱하고 돈 복도 크지 않다.
그러나, 大運에서 도와주므로 부부간 문제없이 살 수 있고

돈도 신분 상승 만큼은 있다.
또, 日支에 比肩인 戊土가 앉아있어 土剋水하므로 財가
들어갈 공간이 없으니 이런 구조는 필시 부부관계가 원만치
않은 것이다.

☯ 刑 沖 合 및 殺星의 應用

이 사주에서 財星은 亥水인데 巳亥沖이 되어 깨져서 상처받은
財다.
戊 亥 巳 천문성이 많아 철학이나 종교와도 인연이다.
辰巳가 空亡인데 月支와 時支에 있고, 印星이서 부모의 덕은
크지 않다.

☯ 大運

- 초년 戊辰대운은 財庫인 辰土가 들어와 사주를 윤하게 만들어
  주므로 좋다.

- 丁卯대운부터 藥神운이 들어오니 대발하여 학교에서 두각을
  나타내기 시작하여, 모 대학 모 학과를 수석으로 졸업하였는데,
  졸업도 하기 전에 모 기관의 장학금을 받고 학교를 다녔으며,

- 丙寅대운 군대제대와 동시에 국영기업체에 입사하여 승진을
  계속했다.

- 乙丑대운도 乙木이 약신이고, 丑土가 巳丑金局이 되어 길신이니
  운이 좋아 승승장구하여 己卯년에 그 직장의 꽃인 별을 달았다.

- 甲子대운도 좋아 癸未년 지사장을 지냈으며,
  乙酉년 가을에 큰 사건이 있을 당시 책임자였음에도 불구하고
  무탈했다.

- 癸亥대운도 좋긴하나, 戊癸合火되고, 旺神인 火를 건드리면
  旺神大老하여 돈 이나 妻의 문제가 생길 수 있다.
- 壬戌대운은 戊土가 用神인 亥水를 剋하여 좋지 못하다.

제 5 장 戊土日干 午月

甲　戊　丙　壬　　여

寅　戌　午　辰　　자

75 65 55 45 35 25 15 5　대

戊 己 庚 辛 壬 癸 甲 乙

戌 亥 子 丑 寅 卯 辰 巳　운

☯ 四柱의 旺衰

午月에 戊土가 왕한 火의 生을 받고 寅午戌火局까지 있어
太旺하다.

☯ 格局과 用神

戊土가 午月에 태어나 偏印格이다.
여름 戊土가 太旺하고 燥熱하여 調喉하는 水가 필선이라서
水가 用神이고, 金이 吉神이며, 土는 病神이고, 火가 仇神
이며, 木은 藥神이다.

☯ 四柱의 特徵

調喉로 水를 썼는데, 辰土가 있어 마르지 않는 물이다.
또, 비록, 寅木이 寅戌火局되어 甲木의 뿌리인 寅木이 타서

死木이 되었으나 辰중 乙木이 살아있다.

☯ 命主의 性格

이 女命은 戊土 太旺사주라서 포용력이 있고, 배포가 커서
손도 크고, 아집도 강하며, 성질도 급하다.

☯ 六親 關係

太旺한 女命의 사주인데, 남편 성인 辰중 乙木이 生木이라
자랄 수 있는 木이라서 일과 가정밖에 모르는 남편이다.
用神인 水가 官星인 木을 生해 주므로 좋은데, 日支와 官星이
寅午戌合이 되어 부부사이가 좋다.

☯ 刑 沖 合 및 殺星의 應用

地支가 寅午戌火局인데, 壬辰魁罡이 辰戌沖을 하려는 것을
가운데서 午火가 말리고 있는 구조다.
이런 구조에서 午와 沖을 맞거나 合을 해서 없어지면,
辰戌沖이 작용하게 되는데, 用神이며 魁罡星을 沖하여
깨뜨리면 흉하고, 戌土는 日支라서 부부 궁에 문제가 올 수
있다.

☯ 大運

- 초년 乙巳 대운에 巳火가 寅巳刑시키고, 火運이라 다소 불리
  했다.
- 甲辰대운에 藥神이 財庫인 辰土를 달고 와서 땅을 윤습하게 해
  주므로 편히 자랐다.
- 癸卯대운 戊癸合되고, 卯가 桃花인데, 官星이 뿌리를 얻은 卯
  대운 27세에 결혼하였다.
- 壬寅대운 干上에 財가 등장하여 돈이 모이나, 地支가 寅午戌
  火局이 되어 官星인 寅木의 뿌리가 타므로 다소 불리하다.
- 辛丑대운 辛金이 丙火를 合하여 좋은데, 丑土가 日支 戌土를 沖

하므로 부부 궁이 흔들리는데, 96 丙子년을 맞아 子水가 子午沖
하니 辰戌沖이 작용하여 이 女命이 바람을 피웠다.
- 庚子대운 子水가 子午沖하여 寅午戌火局을 깨고, 辰戌沖이 작용
  하면 건강문제, 돈 문제 또는 부부문제 등 집안에 큰 변화 변동
  이 온다.
- 己亥대운까지가 좋다.

丁　戊　甲　丙　　남
巳　午　午　申　　자
76 66 56 46 36 26 16 6　대
壬　辛　庚　己　戊　丁　丙　乙
寅　丑　子　亥　戌　酉　申　未　　운

☯ 四柱의 旺衰

午月에 戊土가 印星이 旺하여 太旺하다.

☯ 格局과 用神

午月에 戊土가 태어나 偏印格이다.
한여름에 이렇게 火가 많으니 마치 산에 불이 난 것과 같다.
불이 난 산에 생명이 어떻게 살겠는가 ?
시급히 물이 필요하므로 水가 正用神인데 없으므로 金이
假用神이고, 운에서 오는 水는 藥 吉神이며, 火가 病神이고,
木이 仇神이며, 土는 吉神이다.

☯ 四柱의 特徵

이 命主는 서울 태생으로,
火가 旺하여 用神인 金을 녹이려 하므로 用神이 허약하여
운이 없다.
그러나, 이 사주는 大運이 서북방으로 흐르니 괜찮다.
이 사주도 火가 旺하여 마치 從强格처럼 보이나 운의 흐름을
관찰해 본 바, 調喉用神이 분명하다.

☯ 命主의 性格

대게, 太旺 사주들은 아집이 강해서 무슨 일이든 자기
마음대로 하려고 하는 성질이 있다.
이렇게, 印星이 旺하여 病이 되니 성격이 급하고, 술을 마시면
주위 사람을 귀찮게 하는 이상한 성격이다.

☯ 六親 關係

印星이 많아 病이 되었으니, 부모와 같이 살면 안 되고,
해외로 이민가거나 객지로 떠나야 한다.
印星이 病이면 주위 환경이 나쁘다.
太旺한 男命의 사주에 財星이 申중에 壬水가 있으나 나타나
있지 않고, 日支에 午火 病神이 들어 앉아있어 부부 궁이
나쁘다.

☯ 刑 沖 合 및 殺星의 應用

이 사주에 크게 나쁜 殺이 없으나, 불이 너무 많아서 사주가
불바다와 같기 때문에 印星이 가장 무서운 殺이 되었다.
印星이 病이라서 주변 환경이 나쁘고, 성격도 나쁘다.

☯ 大運

- 초년 乙未대운이 火氣가 강해 불리하다.

- 丙申, 丁酉대운까지는 用神운이므로 유명 화장품회사에 근무를 하다가,
- 戊戌대운이 오니 사주가 더욱 더 身旺해지고 午戌火局으로 申金을 녹이려하니 운이 나빠서 퇴사하고 방황을 했으며,
- 己亥대운 藥, 吉神이 등장하자 새로운 사업을 하기 시작하여 운영이 잘되고 있다.
- 庚子대운이 오면, 申子水局되어 財가 되므로 좋은 일도 있으나 子午沖으로 旺神을 沖하므로 凶한 일이 생긴다.
- 辛丑대운은 편안하다.
- 壬寅대운에 寅午火局하여 申金을 녹이고, 寅申沖하면 끝이다.

己　戊　戊　癸　　여

未　申　午　巳　　자

74 64 54 44 34 24 14 4　　대

丙 乙 甲 癸 壬 辛 庚 己

寅 丑 子 亥 戌 酉 申 未　　운

☯ 四柱의 旺衰

午月에 戊土가 比劫과 印綬가 많아 太旺하다.

☯ 格局과 用神

戊土가 午月에 태어나 正印格 또는 土体局이다.
사주가 바짝 말라 있어 調喉가 시급히 필요하다.
年上에 癸水가 있으나 巳火 불 위에 앉아 있어 戊癸合되어 쓸 수 없고, 물이라곤 日支 申중에 壬水 뿐이다.
이 사주는 너무 燥熱하여 水가 正用神이나 水를 쓸 수 없고, 사주에 木이 나타나 있지 않으므로 申金을 用神으로 할 수밖에

없다.
金이 用神이고, 火가 病神이며, 土는 凶神이고, 水가 藥神
이며, 木이 仇神이다.

☯ 四柱의 特徵

이 사주는 여름 戊土가 나무를 길러야 할 임무이나 나무가
한그루 없고 바짝 마른 벌거숭이 산이다.
그래서, 땅을 윤습하게 해줄 水가 필요한데, 戊癸合되고
뿌리가 약해 쓸 수 없는 물을 갖고 있다.
물이 돈인데 없어졌으니 돈이 없어진 것이나 마찬가지다.
戊土에 癸水가 合神이므로 남편이기도 한데, 月上 에 또
戊土가 있어 남자 하나를 두고 두 명이서 서로 차지하기 위해
경쟁하고 있는 형상이다.
그 癸水 남편은 친구 또는 언니의 남편이기도 하다.

☯ 命主의 性格

이 사주는 太旺사주라서 고집이 황소고집이다.
사주가 바짝 말라 있어 윤습하게 해줄 돈밖에 모르는
사람이다.

☯ 六親 關係

이렇게, 比劫이 太旺하면 내가 財를 극하므로 내가 태어나면서
아버지가 죽거나 떨어져 살아야 할 팔자다.
더군다나, 日干인 戊土와 月上의 戊土가 年上의 癸水와 爭合
으로 戊癸合火하여 癸水가 없어졌으니 아버지와의 인연이 없음
이 분명하다.
또, 癸水는 戊土와 合神이므로 남편이기도 한데, 月上의
戊土가 먼저 合했으므로 내 남편이 아니고 언니 또는 친구의
남편이기도 하다.

☯ 刑 沖 合 및 殺星의 應用

干上의 戊癸合은 戊土 日主에 원래 癸水가 財星이고, 그
財星이 조상 또는 부모 궁에 있으므로 아버지에 해당하기도
한데 없어졌다.
地支에는 巳午未方合局을 형성하려고 하나, 日支에 申金이
방해를 하여 方合이 세력이 약해졌다.

☯ 大運

- 초년 己未대운이 불운이나 부모 밑에서 별탈없이 자랐으나,

- 庚申대운 67(丁未)년 15세 때 丁癸沖하여 아버지가 사망하여
  고생스럽게 성장했다.
  19세 辛亥(71)년 어린 나이에 결혼하여 6개월 만에 이혼하고,
  서울로 올라와 갖은 고생을 하며 살다가, 壬子(72)년에 일본으
  로 건너가 큰 돈을 벌었으며, 乙卯(75)년 23세에 학원 영어교사
  인 남편과 결혼하였다.
- 辛酉대운이 시작되는 24세 丙辰(76)년부터 기업형 契를 조직하
  여 壬대운까지 50여억 원을 벌었다.

- 壬戌대운에는 불운기라 시어머니한테 지독한 구박 받고 살았다.
- 癸亥대운은 正用神이 와서 좋을 듯 싶으나 比劫이 워낙 太旺
  하여 水가 오면, 戊癸合火되어 오히려 火勢를 도우니 나쁘다.
  그러던, 중 98 戊寅년 寅申沖으로 用神인 남편궁을 沖하니 남편
  의 사업실패로 경찰서를 들락거렸으며, 49세 辛巳년에는 用神이
  며 食神인 申金을 刑하니 자궁수술을 받았고,
  04(甲申)년에는 남편이 집문서 등 재산을 갖고 집을 나가, 乙酉
  년에 10억 원을 더 내놓으라고 소송을 제기한 상태다.

- 앞으로, 오는 甲子대운이 旺神인 午火를 沖하여 나쁜데, 財가
  와서 印星을 치니 돈 문제 또는 문서문제로 시끄러울 것이다.
- 乙丑대운에 편해진다.

- 丙寅대운에 寅巳刑하고, 寅午火局하여 申金을 녹이고, 寅申沖
  하면 끝이다.

제 5 장 戊土日干 未月

乙　戊　丁　丁　　남

卯　戌　未　未　　자

78 68 58 48 38 28 18 8　대

己 庚 辛 壬 癸 甲 乙 丙
亥 子 丑 寅 卯 辰 巳 午　운

☯ 四柱의 旺衰

未月에 戊土가 土가 4개에 丁火가 2개이니 太旺하고 燥熱하다.

☯ 格局과 用神

戊土가 未月에 태어나 未중에 乙木이 時上에 나타났으므로
正官格이다.
여름에 사주가 너무 燥熱하여 水를 正用神으로 써야 하나
없어서 木을 假用神으로 쓴다.
木이 用神이고, 水가 吉神이며, 土는 凶神이고, 火도 凶神
이며, 金도 凶神이다.

☯ 四柱의 特徵

이 命主는 수원 태생으로,
드넓은 산에 꽃나무인 乙木을 기르니 그릇이 작고, 자기의
포부를 실현할 직장 복이 크지 않다 .
사주가 너무 燥熱하여 水가 필요하기 때문에 물을 다루는
수산시장에서 근무하고 있다.

☯ 命主의 性格

戊土일주가 太旺하여 고집은 쎄나, 乙木 正官을 보아 젊잖다.
사주에 물 즉, 財가 필요하므로 여자를 탐한다.

☯ 六親 關係

이 男命의 사주에는 財星이 전혀 없으므로 마누라가 없어야
하나 그렇지 않다.
이 男命의 妻는 時支 乙卯木인데, 日支 妻宮의 戊土와 合하기
때문이다.
또, 年 月上에 正印이 두 개인데, 어머니 글자가 두 개이므로
어머니가 두 분이라고 보는데, 이 男命은 족보에 작은아버지
밑으로 양자를 갔으므로 두 부모가 맞다.

☯ 刑 沖 合 및 殺星의 應用

日支 戊土와 年支의 未土가 刑을 하고 있어 조상과 부모 덕이
없다.
日支 戊土와 卯木이 卯戌火로 卯木이 타서 뿌리가 상했다.

☯ 大運

- 초년 丙午, 乙巳대운까지 仇神운인 火運이 오니 저조한
  운세라서 공부를 못하였다.
- 甲辰대운에서 甲木이 등장하여 長木之敗라서 운이 저조하였고,
  辰대운이 濕土이긴 하나 2002년(壬午年)은 午未火局, 火局으로
  歲運이 나빠 식당을 운영했으나 실패하였다.
- 癸卯대운부터 用神운이 오니 04년(甲申년)에는 작으나마
  아파트도 마련했고, 큰 시장의 책임자로 근무하고 있는데,
  다행히도 大運이 用神방향으로 흘러가니 무난히 살 것이다.
- 壬寅대운에 寅午火局하면 다소 저조해진다.
- 辛丑대운에 乙辛沖하고 丑戌未三刑殺을 이루면 삶에 큰 변화가
  온다.
- 庚子대운에 乙庚合金하고 子卯刑하면 凶하다.

癸　戊　己　戊　　남
亥　申　未　子　　자
78 68 58 48 38 28 18 8　대
丁 丙 乙 甲 癸 壬 辛 庚　운
卯 寅 丑 子 亥 戌 酉 申

☯ 四柱의 旺衰

未月에 戊土가 比劫이 旺해 身旺하다.

☯ 格局과 用神

戊土가 未月에 태어나 未중에서 나타난 글자가 없고, 劫財格도 없으므로 身旺 調候 水 用神이라고 해야 한다.
未月은 여름이라 더운데, 더군다나, 戊土 日主라서 물이 필요하므로, 水가 用神이고, 金이 吉神이며, 土가 丙申이다.

☯ 四柱의 特徵

이 命主는 서울 태생으로,
時上의 癸水는 戊癸合되어 못쓰고, 時支의 亥水가 日支 申金의 生을 받아 힘이 있는데, 年支의 子水는 土의 剋을 받고 있으나 어떻든 이 사주는 身旺財旺하다.
사주가 身旺한데, 洩氣하는 食傷 金이 있고 財星이 있어 끊임없이 財生官하고 있어 사업가다.

☯ 命主의 性格

이 男命은 財 용신자라서 주식투자를 좋아하여 손해 볼 때도 많았고, 또, 戊癸合하여 財와 合하고 있어 여자복도 많아 애인을 달고 다니는 사람이 많다.

☯ 六親 關係

이렇게, 身旺財旺하면, 財福있는 사람인데, 妻宮에 吉神이
앉아 있으니 妻福도 많은 사람이다.
妻와의 관계도 좋으나 항상 다른 여자를 달고 다닌다.

☯ 刑 沖 合 및 殺星의 應用

戊癸合하여 妻와 有情하다.
子未怨嗔으로 부모와 조부모사이에 관계가 나빴을 것이다.

☯ 大運

- 초년 庚申, 辛酉대운이 좋아 명문대학을 졸업하고, 재벌그룹에
  취업하여 근무하다가,

- 壬戌대운중 戌대운이 저조하여 발전이 없었고,

- 癸亥대운에 原局에 戊癸合이 되어 있는데, 大運에서 또,
  戊癸合으로 爭合이 되고, 그 爭合을 깨는 89(己巳)년에
  퇴직하였다.
  퇴직 후 知人이 경영하는 건설회사에 관여하다가, 95 乙亥년에
  자기사업을 시작하였다.

- 甲子대운중 甲대운에 木이 藥神이라서 좋을 것 같으나,
  甲己슴이 되어 甲이 힘을 쓰지 못하고 오히려 土만 도운 格이
  되어 증권 투자로 손실을 보았으며, 子대운 甲申년부터는
  장애인 복지사업을 시작하였다.

- 乙丑대운은 좋으나 丙寅대운은 나쁘다.

戊　戊　丁　壬　여

午　戌　未　戌　자

72 62 52 42 32 22 12 2　대

己　庚　辛　壬　癸　甲　乙　丙

亥　子　丑　寅　卯　辰　巳　午　운

☯ 四柱의 旺衰

未月에 戊土가 太旺하다.

☯ 格局과 用神

이 사주는 年上에 壬水가 있으나 丁壬合되어 調喉가 전혀
안되어 있다.
또, 官인 木이 없고, 壬水가 있으며, 未土가 있어 稼穡格이 될
듯 하나 이 사주는 마른 흙이므로 稼穡格이 아니고 從勢格
즉, 從旺格이다.
이 사주에서 丁壬合은 木이 아니고 火로 따라갔다.
왜냐하면, 火土가 워낙 旺하여 火勢로 따라갔기 때문이다.
또, 戌중 辛金은 火勢가 강하여 녹아 없어진 것이나 다름없다.
從勢格이 되었으므로 土가 用神이고, 火는 吉神이며, 水가
凶神이다.
운에서 木이 오면, 從格을 깨니 좋지 못하고, 金은 吉神이다.

☯ 四柱의 特徵

만약, 이 사주가 稼穡格이었다면, 燥熱해서 水가 필요하기
때문에 초년 學運에 공부를 잘하지 못하였을 것인데, 중앙대
미대에서 동양화를 전공하였으며, 05년 졸업 후 웨딩샵에서
근무를 하고 있다.

☯ 命主의 性格

이 사주는 戊土가 從格으로 따라갔으므로 인간성은 좋으나
베풀지를 모르는 사람이고, 표현력이 弱하다.

☯ 六親 關係

사주가 日干으로 從勢格이 되어 土로 뭉쳐있기 때문에
남편성이고 官星인 木이 나타나면 從勢格을 깨므로 흉하다.
그래서, 남편 덕이 없는 여성이다.
戌未刑하여 官星인 乙木이 깨져 남자와 이별의 아픔을 한번은
겪어야 한다.
부모 궁에서 從을 도와주므로 부모덕은 있는데 이 女命은 외동
딸이다.

☯ 刑 沖 合 및 殺星의 應用

年上의 壬水와 月上의 丁火가 丁壬合했는데, 사주가 燥熱
하므로 木으로 가지 않고, 火로 따라갔으므로 다행이고,
地支에 戌未刑이 있으나 未중에 官星인 木이 깨지므로 從勢格을
깨지 않으므로 좋으나, 그 대신 남편 星이 들어있는 未土를
刑하므로 흉한 점이 있다.

☯ 大運

- 丙午, 乙巳대운은 火運이므로 從格에 順勢하므로 좋았고,
- 甲辰대운은 甲木이 木剋土하여 旺勢를 剋하고, 辰戌沖하므로
  좋은 운이 아니다.
- 癸卯대운은 天干 戊癸合, 地支에 卯木이 등장하나 卯戌火되어
  貪合亡生한다고 하나 좋지 못하다.
- 壬寅대운도 寅午戌火局하므로 좋다.
- 辛丑대운은 辛金이 壬水를 生하고, 丑土가 丑戌刑이 되어 格을
  흔들어 놓으므로 좋지 못하며,
- 그 후 庚子, 己亥대운도 좋은 운이 아니다.

제 5 장 戊土日干 申月

戊　戊　戊　丁　　남

午　戌　申　巳　　자

71 61 51 41 31 21 11　1　대

丙 丁 戊 己 庚 辛 壬 癸

子 丑 寅 卯 辰 巳 午 未　운

☯ 四柱의 旺衰

申月에 태어난 戊土가 比肩과 印綬가 많아서 太旺하다.

☯ 格局과 用神

戊土가 申月에 태어나 申중 戊土가 干上에 나타나 있으나
比肩格은 없으므로 食神格이다.
金이 用神이고, 濕土는 吉神이나 乾土는 凶神이며, 火가 病神
이고, 운에서 오는 水 吉神이다.

☯ 四柱의 特徵

이 命主는 경기도 태생으로,
火土가 너무 많고, 用神인 申金이 刑되어 제 갈길 못가니
답답한 사주다.

사주가 너무 偏枯되었다.
火勢에 金이 녹으려 하니 어렸을 때부터 정신질환이 있어 치료
를 받았으며, 어려서 치아를 모두 뽑고 새로 심었다.

☯ 命主의 性格

印星이 病이라 정신이 똑바르지 않아 자신의 노력으로 살려고
하지 않고, 부모한테 의지하려는 성향이 강하고, 게을러서
아무 일도 안하다가 庚辰대운부터 자기 스스로 일을 하기
시작하였다.

☯ 六親 關係

남자 사주에 妻를 볼 때, 우선, 財星의 吉凶여부를 살피는데,
이 사주에서 財는 申중 壬水 속에 들어있어 부부 궁이
弱하고, 日支에 比肩이 앉아있어 妻의 진입을 막고 있으니 妻
와 성격이 안 맞다.
그러나, 妻가 用神 속에 들어있고, 절실히 필요한 존재이기
때문에 버릴 수 없지만, 妻는 살 수 없으므로 도망간다.

☯ 刑 沖 合 및 殺星의 應用

用神인 申金이 巳申刑合이 되어 凶하고, 午戌火局이 되어
火勢를 더욱 더 旺하게 하므로 나쁘다.
辰巳가 空亡인데, 空亡이 年支에 있으나, 이 사주에서 火는
病神이고, 刑 合이 되어있어 空亡의 작용이 없는 것으로 봐도
된다.

☯ 大運

- 초년 癸未대운이 나빠서 운이 저조했었고,
- 壬午대운에 정신질환이 생겨 치료를 받은 바 있었으며,

- 辛巳대운도 辛金은 좋으나 巳대운에 용신을 合 刑시켜
  운이 나빠서 02(壬午)年에도 정신병이 재발하여 병원 입원치료
  를 받았다.
  또, 巳대운 05(乙酉)년 봄에 패스드푸드 점장으로 근무하던
  예쁜 색시와 결혼했는데, 그 해 가을 인공수정으로 쌍둥이를
  임신했으나 유산되었고, 丁亥년에 애를 낳았다.
- 己卯대운에도 卯申暗合이 되고, 木生火하므로 흉하고,
- 戊寅대운에 寅申沖하면 대단히 흉하다.

丙　戊　庚　戊　여

辰　寅　申　戌　자

77 67 57 47 37 27 17 7　대

壬 癸 甲 乙 丙 丁 戊 己

子 丑 寅 卯 辰 巳 午 未　운

☯ 四柱의 旺衰

申月에 戊土가 身旺하다.

☯ 格局과 用神

戊土가 申月에 태어나 申中 庚金이 나타나 있어 食神格이다.
木으로 제토해야 하는데 寅申沖하여 金이 病이므로 火를
藥神으로 쓰며, 木이 用神이고, 水는 吉神이며, 乾土는 도움이
안되나 濕土인 辰土는 吉神이다.

☯ 四柱의 特徵

이 命主는 부산태생으로,
地支에 寅申沖하여 생명인 寅木이 申金의 沖을 받긴 했으나,
寅木이 辰土에 뿌리를 박아 잘려나간 木이 아니라서 버려야 할
木이 아니고, 키워야 할 木인데, 상처를 입었다.

☯ 命主의 性格

太旺하여 고집이 쎄고 이기주의적일 것 같으나, 사주가 중화가
잘되어 성격이 좋고 합리적이며 인정도 많다.
또, 沖이 있어 부지런하다.

☯ 六親 關係

대게, 女命에 食傷인 金이 病이 된 사람은 자식 덕이 없는
사람이다.
남편이 寅木으로 자기 자리에 앉았는데, 食傷인 申金이 沖을
해대니 부부 궁이 불안할 것 같으나, 寅木이 辰土에 깊이 뿌리
를 박고 있어 부부유정하다.
그러나, 부모 궁에 病이 있어 부모 덕은 크지 않다.

☯ 刑 沖 合 및 殺星의 應用

寅木과 辰土 사이에 卯木이 공협되어 있고, 申金과 戌土
사이에 酉金이 공협되어 있어 寅申沖의 작용이 약하기 때문에
부부사이에 문제가 없다.

☯ 大運

- 己未, 戊午, 丁巳대운이 좋아 수의학을 전공하여 수의사가 되었
  으며, 丁巳대운 중 26세 83(癸亥)年 日干 戊土와 戊癸合되고,
  寅亥合되어 결혼하였다.
- 丙辰대운 辰土가 天乙貴人이고 干上에 用神이 떠서 좋은 大運

이다.
- 乙卯대운에 卯木이 桃花殺인데, 2002년(壬午年) 감정을 받으러
  왔을 때 2004~2005년 애인이 나타날 것이라고 했는데, 2005년 7
  月 다시 감정을 받으러 와서는 2004(甲申)년 대학동창회에 나갔
  는데 동창생 중 한명이 프로포즈를 해와 몇 차례 만났는데 남편
  이 알고는 만나지 못하게 하여 어떻게 했으면 좋겠느냐고 물어
  왔다.
- 甲寅대운에 吉神이 등장하여 좋으나 寅申沖을 하므로 남편한테
  凶한 일이 있을 것이다.
- 癸丑, 壬子대운이 저조하다.

丁　戊　丙　丙　　여

巳　午　申　申　　자

74 64 54 44 34 24 14 4　대

戊 己 庚 辛 壬 癸 甲 乙　운

子 丑 寅 卯 辰 巳 午 未

☯ 四柱의 旺衰

戊土가 申月에 태어나 印綬가 많아 太旺하다.

☯ 格局과 用神

戊土가 申月에 태어났으므로 食神格이다.
申月에 태어난 戊土가 印星이 旺하여 太旺사주라서 申金이
녹을 지경이나 두 개라서 버틸만하다.
시급히 水가 와서 불을 꺼줘야 하는데 물은 없고 申金속에 壬

水가 있을 뿐이다.
그래서, 調喉가 안 되어 생명을 기를 조건이 나쁘다.
水가 正用神이고, 金이 假用神이며, 濕土는 吉神이나 乾土는
凶神이며, 火가 病神이기 때문에 水는 藥神이며, 운에서 오는
木은 凶神이다.

☯ 四柱의 特徵

이 命主는 서울 태생으로,
사주에 생명인 木이 없으면, 생명을 기를 조건이라도 갖추어야
좋은데 그렇지 못하여 불운하다.
대게, 年 月에 丙 丙이 두 개 뜨면 祖父가 너무 잘나서 바람을
많이 피웠다고 보는데, 보통의 경우, 丙火를 보고 吉神이 되면
명성이 되고 凶神이 되면 악명이다.
남편 궁에 病이 들어앉아 있으니 남편이 직장도 그만두고
노름판에 빠져있어 자기가 벌어먹고 살아야 한다.

☯ 命主의 性格

이 女命은 인간성도 좋고 인정도 많으나, 印星이 病이라
주위환경 특히, 가정생활이 나쁘기 때문에 늘 불만 속에 산다.
食神을 用神으로 하였으므로 자기가 노력을 많이 해야 한다.

☯ 六親 關係

女命에 남편을 볼 때, 우선, 官星의 吉凶여부를 살펴야
하는데, 이 사주는 官星이 없어 무력하고, 日支에 病神이 앉아
있어 부부 궁이 대단히 나쁘다.
또, 用神이 부모 궁에 있어 비록 초년 大運이 나빠도 부모의
사랑은 받고 자랐으나, 印綬가 病이라 공부는 많이 하지 못
하였다.
또한, 이 사주는 官星이 없기 때문에 日支 午중의 丁火와
暗合하는 申중의 壬水를 남편으로 보는데, 申金이 두 개이므로
재혼팔자다.

☯ 刑 沖 合 및 殺星의 應用

申金 두 개와 巳火가 驛馬인데, 用神이 驛馬속에
들어있는데다가 食神이므로 집안에 가만히 앉아서 먹고 살
팔자는 아니다.
巳申合을 午火가 가로막고 있는데, 午火가 沖맞거나 묶이면 그
때 合이 작용한다.

☯ 大運

- 초년 乙未, 甲午대운이 病運으로 흘러 불운하나, 用神이 年
  月에 있어 부모의 귀여움은 받고 자랐다.

- 癸巳대운에 日干 戊土와 戊癸合되어 일찍 결혼 운이 왔으나,
  病神인 巳火가 왔고, 用神인 申金과 巳申刑合을 하여 일찍 결혼
  을 하지 못하고 늦게 하였다.

- 壬辰대운까지는 잘살았는데,

- 辛卯대운에 正 남편인 卯木이 나타났으나, 桃花라서 남편이
  도박에 빠져 가정에 풍파가 생겼다.
  대게, 傷官見官이면 爲禍百端이라고 했는데, 이는 傷官이 官을
  보면 쳐 대니 禍가 생긴다는 뜻으로, 食神도 官을 보면 치는 것
  은 사주의 원리이니 어쩔 수 없다.
  甲申(04), 乙酉(05)년에도 부부가 각방 쓰고 사니 남과 다름이
  없다.

- 庚寅대운이 오면 寅申沖하여 이혼할 것이다.
  食神이 用神이니 자식 키우는 재미로 산다.
  女命에 印綬 太旺者는 食傷을 剋하므로 성생활이 재미없다.
  사주는 균형과 조화가 이루어져야 좋은데 이렇게 偏枯되면 불운
  하다는 것은 뻔한 일이다.

- 己丑, 戊子대운이 무난하다.

제 5 장 戊土日干 酉月

戊　戊　乙　乙　남

午　子　酉　未　자

75 65 55 45 35 25 15 5　대

丁 戊 己 庚 辛 壬 癸 甲
丑 寅 卯 辰 巳 午 未 申　운

☯ 四柱의 旺衰

酉月에 戊土가 時上에 比肩가 있고, 年支에 劫財이 있으며,
時支에서 午火가 돕고 있어도 月令이 酉月이라 身弱하다.

☯ 格局과 用神

戊土가 酉月에 태어났으니 食神格이다.
가을이지만 年, 月上에 乙木이 未土에 뿌리삼아 나타나
있고, 火를 보아 살아 있으니 키워야 할 木이다.
身弱사주이고, 木을 키우기 위해 未중 丁火를 用神하고, 木이
吉神이며, 土도 吉神이고, 水는 病神이며, 金이 仇神이다.

☯ 四柱의 特徵

이 命主는 충남 공주 태생으로,
여기서, 日干인 戊土와 官星인 乙木을 같이 쓴 이유는 土는
身弱하기 때문에 썼고, 官星인 木은 용신을 돕기 때문에
吉神으로 썼다.
官星인 乙木은 약초로도 보는데, 生木이고, 活人星에 앉아있는
官星이라서 本名은 경희대 한방병원 소속 한의사였다.

☯ 命主의 性格

이 男命은 성격은 부드러우나 酉金을 가져 원칙을 좋아하기
때문에 까다롭고, 깔끔하며, 年, 月上에 正官이 떠서 무척
젊잖다.

☯ 六親 關係

本名의 부친은 고등학교교사였는데, 교통사고로 사망하였으며,
妻宮에 子水 妻를 가졌으나 子午沖하여 妻가 깨졌으므로 부부
궁이 산란하나, 正官이 떠서 워낙 체면을 중시하는 사람이라서
참고 산다.

☯ 合 沖 刑 破 및 殺星의 應用

子酉破이고, 鬼門이며, 子午沖이고, 子未는 六害殺로 地支에
殺이 많아 아버지가 교통사고로 사망했다.
午未가 空亡인데, 年支와 時支에 空亡이 있어 조상의 음덕과
자식의 덕이 약함을 나타낸다.

☯ 大運

- 초년 甲申대운에 官인 吉神이 떠서 공부를 잘하였으나 日干인
  戊土가 바로 옆에서 木으로부터 尅을 받아 예민하여 초등학교
  때 머리가 아파 고생을 했으나, 다행히, 이상이 없어졌다.

- 癸未대운부터 用神운인 火運으로 흐르니 好運이라 유명 한의대
  를 나와 경희대 한방병원에서 근무했으며, 대학에서 강의도
  했다.

- 壬午대운 原局에 子午沖이 되어 있는데, 大運에서 子午沖으로
  財星을 沖하므로 부친이 교통사고로 사망했으며, 늦게 결혼을
  하였다.

- 辛巳대운 들어 辛金이 乙木을 치고, 巳火가 巳酉合되어
  배반하므로 큰 운이 없고,

- 庚辰대운 중 庚 大運에 운이 나빠지니 乙酉(05)년에는 부인과의
  갈등이 심해졌으며,
  辰 大運은 財星인 子水가 辰土에 入庫하는데, 戊子年에는
  이사를 잘못하여 고생을 했으며, 己丑年에는 가정이 안편해서
  고심을 했으나, 자식을 생각해서 살았다.
  따라서, 原局에 子午沖이 있는데, 戊子年에 子午沖했고, 己丑
  年에는 午중 己土가 透出했으므로 그 氣運이 발동을 한 것이다.

- 己卯대운에 卯酉沖하여 月令을 때리면 凶하고,

- 戊寅대운은 무난하며,

- 丁丑대운이 凶하다.

$$壬 \quad 戊 \quad 癸 \quad 甲 \qquad 남$$
$$戌 \quad 辰 \quad 酉 \quad 午 \qquad 자$$
80 70 60 50 40 30 20 10   대
辛 庚 己 戊 丁 丙 乙 甲
巳 辰 卯 寅 丑 子 亥 戌   운

☯ 四柱의 旺衰

酉月에 戊土가 年支에 印星 午火를 보고, 日支와 時支에
比肩을 보아 身弱한다.

☯ 格局과 用神

戊土가 酉月에 태어났으니, 內格인 傷官格이라서 土金傷官格
이라고도 한다.
이 사주는 用神을 정할 때 잘 봐야한다.
土 日主에 木이 나타나면, 어떻게 처리해야 할지 신중히
생각하지 않으면 오판하기 쉽기 때문이다.
酉月은 태양이 질 시기라서 나무가 자랄 계절이 아닌데,
日支에 있는 辰土속에 乙木이 있고 年支에 불을 보아 나무가
살아있는 것으로 착각하기 쉽다.
그러나, 이 사주에서는 辰戌沖하여 辰중 乙木이 깨졌으므로
나무뿌리가 상해있고, 死地에 앉아 死木이므로 甲木을 베어
내야할 나무로 본다.
土가 用神이고, 火는 喜神이며, 木과 水는 凶神이고, 운에서
金이 오면 凶神이다.

☯ 四柱의 特徵

이 命主는 부산태생으로,
사주에서 官은 혈통이요, 명예요, 직장이요, 희망, 자식 등
여러 가지 중요한 요소로 보는데, 官이 凶神이니 이러한

요소들과 인연이 약함을 뜻한다.
특히, 官을 用神으로 쓸 때 官星인 木이 나타나 있으면,
보통의 경우는 대게, 官星을 病神으로 보지만, 이 사주에서의
甲木은 死木이 되어 土를 剋하지 못하므로 官星인 甲木을
病神이라 하지 않고, 凶神으로 본 것이다.
傷官에 官星을 보므로 군인 또는 경찰과 인연인데, 이 命主는
군인 출신이다.

☯ 命主의 性格

원래, 戊土는 나무를 기를 수 있는 土이기 때문에 信用이
있고, 듬직하다.
그러나, 이 命主는 戊土 日干 양옆으로 正, 偏財를 갖고 있어
여자를 좋아하고, 사주에 沖이 있는 사람들은 대부분 성격이
급하고 변화가 심하다.

☯ 六親 關係

이 사주에는 年上의 財인 癸水와 戊癸合火하여 有情하나,
바로 옆 時上에 壬水 偏財 애인을 두고 있다.
그래서, 月上의 財와 合하였으므로 月은 일찍 合했음을
의미하므로 연애 결혼하였다.
그런데, 時上에 偏財가 나타나 있어 경우에 따라서는 그 壬水
偏財도 외면할 수 없으니 가끔 만나줘야 한다.
또, 日支에 濕土인 辰土가 있어 좋지 않은데, 辰戌沖까지 있어
겉으로는 부부관계가 원만해 보여도 속으로는 그렇지 않음을
알 수 있다.
年上에 巨木이 서 있으므로 祖父 代에 巨富로 잘살았으나
부모 代에 家勢가 기울었다.

☯ 合 沖 刑 破 및 殺星의 應用

필자는 많은 殺을 모두 보지는 않고, 잘 쓰이는 殺 40여
가지만 보고 있다.
이 사주에서 辰土는 財庫이고, 戌土는 比肩 庫인데,

沖하여 깨졌으므로 형제 하나가 죽었을 수도 있으나, 이
사주는 배다른 형제가 있고, 여러 여자를 상대할 팔자이다.

☯ 大運

- 초년 甲戌대운 甲木이 病이므로 나쁜데, 地支 戌土가
  用神이긴 하나 辰戌沖을 하므로 운이 저조하여 이런 때는
  학교에 다닐 때라서 공부는 안하고 사고를 많이 쳤다.
  이런 운을 가진 사람이 운동부였으니 알만하다.

- 20세 乙亥대운도 乙木이 木剋土하므로 病運이라서 사고뭉치라서
  많은 官災를 겪었다.
  그러나, 이 운동을 특기로 군인에 투신하였다.

- 丙子대운에 31살 甲子年에 子水가 吉神인 午火 印星을 沖하므로
  사람을 잘못 때려 죽어버리는 바람에 형무소를 갔다 왔으나
  원만히 해결되어 오래 살지는 않았으며,

- 丁丑대운에 丁壬合木하여 木剋土하고, 酉丑金局으로 用神의
  힘을 빼니 운이 없어 41세 丙子년에 또 사고를 쳐서
  영등포교도소에 갔다 왔으나 옷을 벗지는 않았다.
  같은 大運 47세 庚辰년에 감사과 직원을 향해 권총을 발사
  했으나 다치게 하지 않아서 쉬쉬하고 넘어갔다.

- 戊寅대운 戊土가 用神운이고, 寅木이 寅午戌火局이 되니
  무난한데, 丙戌年에 日支 辰土를 辰戌沖을 하니 妻가 아이들
  교육 때문에 외국에 나가있어 기러기 아빠가 되었다.

- 己卯대운이 官이 등장하니 나쁘다.
  그동안 이 命主는 이런 저런 사고를 많이 쳐서 이를 해결
  하느라고 집 한 채 값은 나갔다고 한다.

丁　戊　乙　乙　　남

巳　戊　酉　未　　자

79 69 59 49 39 29 19 9

丁 戊 己 庚 辛 壬 癸 甲　　대

丑 寅 卯 辰 巳 午 未 申　　운

☯ 四柱의 旺衰

酉月에 태어난 戊土가 時柱에 印星를 보고, 日支와 年支에
比劫을 보아 旺하다.

☯ 格局과 用神

戊土가 酉月에 傷官月에 태어났으므로 內格인 傷官格이다.
이 사주는 用神잡기가 쉽지 않다.
왜냐하면, 사주가 旺하고, 調喉도 안 되어 있는데, 乙木이
두 개가 나타나 있기 때문에 洩氣하는 酉金을 用神으로써야
하느냐 또는 旺하니 乙木으로 用神을 잡아야 하느냐를 놓고
고민하게 된다.
그런데, 이 사주에서 月令을 중시해야 한다.
酉月은 태양이 아직 지지 않을 계절인데, 乙木 나무가 불을
보아 아직도 자라고 있는 나무다.
그래서, 이 사주는 調喉하는 水가 正用神이나 없어서 木을
用神으로 쓰고, 水는 吉神이며, 火와 土는 吉神이고, 金이
凶神이다.

☯ 四柱의 特徵

用神인 月上 乙木은 酉金 絕地위에 나타나있어 힘이 없고,
年上 乙木이 年支 未土에 뿌리를 갖고 있어 용신으로 쓸 수
있다.
그런데, 月令이 酉月이라서 나무가 힘이 없고, 나무를

상생시켜 주는 물이 없어 用神이 허약하기 짝이 없다.
그래서, 干上에 金이 오면, 用神이 파괴되기 쉽다.

☯ 命主의 性格

戊戌 日主가 酉月에 태어나 인정도 있고, 乙木 正官을 보아
젊잖하며, 인간성이 좋은 사람이다.
대게, 戊土 日主는 다소 통통하고 키가 큰 편이 아닌데, 이
男命도 그러하다.

☯ 六親 關係

男命에서 부인을 볼 때, 첫째로, 財星을 봐야하는데,
이 사주에서는 財星이 地藏干에도 들어있지 않기 때문에
日支 戌중 辛金과 合하는 時支 巳중 丙火를 妻星으로 잡아야
한다.
그래서, 巳戌 怨嗔 鬼門이므로 부부관계가 원만치 않다는 것을
나타내고 있다.
또, 月令의 酉金이 생명인 木을 자르는 성분이라서 조상궁의
乙木과 干上의 乙木을 거부하므로 부모 代에서 家勢가 기울
었다.
官星이 乙木, 乙木이므로 남자 쌍둥이를 두었다.

☯ 合 沖 刑 破 및 殺星의 應用

巳戌 怨嗔, 鬼門이 부부 궁에 있어 부부사이가 나쁨을
나타내고 있고, 酉戌은 戌중에 丁火가 酉중의 金을 녹이므로
六害殺이다.
戌未刑은 떨어져 있어 작용력이 없다.

☯ 大運

- 초년 甲申대운에 저조한 운이었고,

- 癸未대운에 癸水 吉神이 나타났으나 未土 위에 앉아있어 안개와
  같은 물인데, 무난한 운이서 평범한 회사원으로 첫출발을
  하였다.

- 29세 壬午대운 30세 84(甲子)년에 財가 등장하여 調喉를 시키니
  결혼을 하였고, 직장생활을 계속하였다.

- 39세 辛巳대운이 오니 大運의 干上 辛金이 乙辛沖하고, 地支
  巳火가 巳酉合金하여 凶神이라서 40세 되던 해인 94(甲戌)년에
  직장을 나와 할 일이 없어 마누라 장사하는데서 도와주고 있다.

- 庚辰대운도 用神을 乙庚合으로 묶어 羈絆시키므로 나쁘고,
  日支 妻宮을 辰戌沖으로 치니 부부사이 마저 나쁘다.

- 앞으로 오는 己卯, 戊寅대운은 用神의 뿌리가 등장하므로
  말년은 편히 지낸 것이다.

- 丁丑대운은 丑戌未三刑이 발생하여 未중의 乙木이 흔들리면
  대단히 凶하다.

제 5 장 戊土日干 戌月

庚 戊 甲 己   여

申 辰 戌 亥   자

79 69 59 49 39 29 19 9   대

壬 辛 庚 己 戊 丁 丙 乙   운
午 巳 辰 卯 寅 丑 子 亥

☯ 四柱의 旺衰

戊土가 比劫이 많고 甲己合되어 身旺하다.

☯ 格局과 用神

戊土가 戌月에 태어나 時上에 食神을 보아 時上食神格이다.
戌月은 丙火, 戊土의 무덤 궁이라 身弱한데, 甲己合土되어
身旺해졌다.
戊土는 나무를 길러야 正格인데, 甲木이 亥水에 長生을 한다고
하나 月令이 戌月이고, 甲己合되었고, 뿌리박을 辰土가 辰戌沖
하여 깨졌으므로 死木이기 때문에 木을 버리고 자식글자인
食神을 用神으로 한다.
金이 用神이고, 土가 吉神이며, 火는 凶神이고, 木도 凶神
이며, 水도 凶神이다.

☯ 四柱의 特徵

月上의 甲木이 辰土에 뿌리내려 자라려고 했으나 年上의
己土와 合이 되었고, 또, 地支에 辰戌沖이라 뿌리를 내릴 수
없어 아깝지만 木을 버려야 한다.
또한, 食神이 나타나 있으면, 官이 나타나질 않아야 좋은데,
이렇게, 天干에 나타나 있으면, 운에서 庚이 나타나거나 甲이
나타날 때 剋하게 되어 있다.

☯ 命主의 性格

이 女命은 人情이 많은 사람이다.
남편 글자인 官星이 年上의 己土와 甲己合되어 도망갔으므로
이 女命은 항상 남편에 대한 불신을 갖고 산다.
또, 열심히 노력을 해도 일이 안 풀리므로 불만이 많게 산다.

☯ 六親 關係

女命에 甲木이 官으로 남편인데, 남편을 못 쓰면, 불행하다.
자식 기르는 재미로 살아야 한다.
그리고, 日支 辰土와 月支 戌土가 沖하여 남편 궁이 불안함도
있어 여러 가지로 남편과는 해로하기 어렵다.
年支에 亥水 속에 財官이 들어있고 月上에 甲木이 나타나
祖父 代와 부모 代에는 잘 살았으나, 辰戌沖하여 자기 代에
망한다.

☯ 合 沖 刑 破 및 殺星의 應用

甲己合되어 믿었던 남편이 다른 여자와 合하여 가버린
격이라서 배신하는 남편을 만나거나 언니의 남편을 내
남편이라고 착각하고 사는 사람이라서 과부팔자 또는 재혼
팔자다.
더군다나, 月支와 日支가 沖하여 깨져있어 삶이 항상 분주하고
불안하다.

　　辰土는 紅艶殺인데 官星이 紅艶殺에 뿌리를 박고 있으면서
年上의 己土와 合을 하고, 日支에 있어 분명히 남편이
바람둥이다.

☯ 大運

- 초년 乙亥대운이 水運으로 木을 生하여 좋지 못한 운이다.

- 丙子대운은 丙火가 凶하며, 日支 남편궁과 申子辰三合이 되고,
原局에 있는 官이 등장하는 26세 甲子년에 결혼했다.

- 丁丑대운에 丁火가 用神인 庚金을 녹이고, 丑戌刑이 되니
戊土위에 서 있는 甲木 남편이 불안해져 이혼을 하였을 것이다.

- 戊寅대운 癸未(03)년에 중화요리집을 운영 중인데, 午戌火局이
되어 辰戌沖이 발동하고, 用神인 申金을 寅沖하므로 운영이
어려울 것이다.

- 己卯대운에 甲木이 卯木 羊刃이 나타나므로 用神인 庚申金과
충돌을 하게 되어 凶하고,

- 庚辰대운에 甲庚沖하여 病을 제거하므로 좋은가 하면 官星이
없어지는 아픔도 격어야 한다.

- 辛巳, 壬午대운에 불운하다.

壬　戊　戊　辛　　남

戌　申　戌　卯　　자

79 69 59 49 39 29 19 9　　대

庚　辛　壬　癸　甲　乙　丙　丁
寅　卯　辰　巳　午　未　申　酉　　운

☯ 四柱의 旺衰

戌月의 戊土가 比劫이 旺하여 身旺하다.

☯ 格局과 用神

戊土가 戌月 卯木에 태어나 戌중에 辛金이 透出해 있어
食神格이다.
身旺하고 年支에 卯木이 死木이므로 金이 用神이고, 水는
吉神이며, 木이 凶神이고, 火도 凶神이며, 土는 閑神이다.
여기서, 原局에 火는 없으나 戌중 丁火가 있는데, 火는 用神인
金을 剋하므로 凶神이다.

☯ 四柱의 特徵

이 命主는 충남 대전 태생으로,
戊土는 원래 나무를 기르는 것이 본분인데, 가을철이라 나무를
기르지 못하므로 金으로 洩氣를 해야 한다.

☯ 命主의 性格

대게, 戊土를 갖고 있다는 것은 겨울을 나기 위해 불을 갖고
있어 느긋하게 기다릴 줄 아는 성격이나, 身旺하므로 성격이
너무 급하다.
그러나, 때로는 느긋함도 함께 갖고 있다.

☯ 六親 關係

이 남자 사주에 財星인 壬水가 吉神이나 日支에 用神을 갖고
있어 부부관계가 좋은데, 大運이 火運으로 흐르니 金이 剋을
받아 妻가 암으로 투병중이다.
年支 조상 궁에 생명을 갖고 있으나 干上의 辛金이 억누르고
있어 기르지 못할 나무이므로 자식 운이 약하고, 자식인
卯木입장에서 보면, 戊土와 卯戊合, 卯戊合을 하고 있어
사업과 인연이고, 再婚格이다.
또한, 卯戊火하여 卯木을 태웠으므로 잘 살던 집안은 아니며
부모덕도 약하다.

☯ 合 沖 刑 破 및 殺星의 應用

寅卯가 空亡인데 年支에 있는 卯木이 空亡이라서 조상의
음덕이 弱하다.
壬戊魁罡이라서 마누라의 성격이 强하다.

☯ 大運

- 丁酉, 丙申대운은 용신인 卯木을 치니 나빠서 시골에서
  성장하여 큰 발전이 없었으나, 안정된 회사의 직원이 되었다.

- 乙未, 甲午대운도 天干에 病神인 官星이 나타났고, 地支에
  火運이라서 火剋金으로 用神을 剋하므로 발전이 없는 운이었다.

- 癸巳대운 甲申(04)년에 어렵게 승진을 하였는데, 天干에 甲木은
  病神이나 地支에 申金이 用神이므로 과장으로 승진을 하였다.

- 壬辰대운은 天干에 水가 와서 땅을 윤습하게 해주어 좋고,
  辰土가 乾土인 戊土를 쳐서 갈무리를 해주면 좋다.

- 辛卯대운중 辛 대운은 좋으나 卯 대운은 凶할 것이고,

- 庚寅대운중 寅 대운에 寅申沖으로 용신을 沖하면 凶하다.

甲　戊　丙　乙　　남

寅　午　戌　巳　　자

78 68 58 48 38 28 18 8　　대

戊　己　庚　辛　壬　癸　甲　乙

寅　卯　辰　巳　午　未　申　酉　　운

☯ 四柱의 旺衰

戌月은 戊土가 庫에 들어가는 계절이라 힘이 없는 土인데,
火勢가 워낙 旺하여 太旺하므로 從格으로 봐야 한다.

☯ 格局과 用神

戊土가 戌月에 태어났는데, 地支가 寅午戌火局을 이루고,
官星인 甲, 乙木이 死木으로 木生火하므로 從強格으로 봐야
한다.
따라서, 火가 用神이고, 土는 吉神이며, 木도 吉神이고,
金이 凶神이다.

☯ 四柱의 特徵

이 사주는 너무 燥熱하여 생명을 태우니 말년에 허망해지므로
노후준비를 잘해야 할 사주이다.

☯ 命主의 性格

이 사주는 印星으로 從을 했으므로 참을성이 있으며, 순한
성격이다.

☯ 六親 關係

이 남자 사주는 從旺格이 되었으므로 火를 体로 보고 六親을
논해야 하므로 甲木과 乙木은 印星으로 正 偏印 混雜인데,
이론상으로는 두 어머니를 모셔야 하나 실제는 어떤지 확인치
못하였으며, 地支에 寅午戌火局이 있어 형제가 많거나 형제
아닌 형제가 있게 되는데, 이 男命은 이란성 쌍둥이 형제 중
오빠다.
이 男命은 이란성 쌍둥이로 태어났는데, 여동생은 5살 때인
己酉년에 사망하였고, 4세 戊申년에 자신도 죽을 고비를
넘겼다.
財星이 없고 地藏干 속에 숨어 있어서 돈 복, 妻복은 弱하나
妻星과 暗合하고 있으므로 妻와는 有情하다.

☯ 合 沖 刑 破 및 殺星의 應用

丙戌白虎殺인데, 日主가 되었고, 印綬 庫를 갖고 있으며,
地支에 寅午戌火局을 지어 가짜 火 印星을 만들었으므로
모친이 일찍 죽었거나 두 어머니를 모실 수 있다.
巳戌鬼門이라서 신경성이 예민하다.

☯ 大運

- 초년 乙酉대운에 酉金이 吉神인 寅木을 金剋木하고 있는데,
  4세 때인 戊申년에 寅申沖하므로 寅木을 沖하여 寅午戌火局을
  깨므로 죽을 고비를 넘겼고, 쌍둥이 여동생은 5살 때인 己酉년
  에 사망하였다.
- 甲申대운에 吉神인 寅木을 치려하나 火勢가 워낙 旺해서 金剋木
  할 여력이 부족하여 자르지는 못하지만 불운하다.
- 癸未, 壬午, 辛巳, 庚대운까지는 吉한 운이므로 무난히 직장
  생활을 할 것이다.
- 庚辰대운에 甲庚沖, 乙庚合은 凶하나 濕土인 辰土가 戌土를
  沖하여 寅午戌火局을 깨면 삶에 큰 변화가 온다.

제 5 장 戊土日干 亥月

辛　戊　乙　己　　남

酉　申　亥　丑　　자

72 62 52 42 32 22 12 2　대

丁 戊 己 庚 辛 壬 癸 甲

卯 辰 巳 午 未 申 酉 戌　운

☯ 四柱의 旺衰

亥月에 戊土가 乙木의 剋을 받고 있고, 食傷이 旺하여 土의
힘을 洩氣하므로 身弱하다.

☯ 格局과 用神

戊土가 亥月에 태어나 偏財格이다.
身弱사주에 불이 없는데 木이 나타나있는 것은 좋지 못하다.
사주에 불이 있으면 나무를 키울 수 있는데, 불이 없어서
生木이라도 버려야 한다.
土가 用神이고, 火는 凶神이며, 木이 病神이고, 水도 凶神
이며, 金이 藥神이다.

☯ 四柱의 特徵

이 命主는 서울 태생으로,
겨울출생이라 調喉가 되어야 좋은데, 특히, 地支에 火氣가

있어야 집안이 편한 법인데, 집을 뜻하는 地支에 火氣가 전혀
없어 집안이 썰렁하므로 돈이 없다.
또, 洩氣하는 金이 많아 두뇌회전이 빠른데, 金이 더 많아지면
用神인 土의 힘을 빼므로 좋지 못하다.
남자 사주에 官星과 傷官이 동시에 뜨면, 傷官이 官을
해치므로 고위직에는 큰 인연이 없다고 보나 이 사주에서는
傷官制殺하므로 공직과 인연이 있다.

☯ 命主의 性格

이 命主는 인정이 지나치게 많고, 時上에 傷官을 가져 개성도
뚜렷하다.
또, 正官을 가져 젊잖으며, 한편, 까다로운 점도 있다.

☯ 六親 關係

남자 사주에 財星의 吉凶여부를 보고 우선 妻德의 有無를
보는데, 財星이 凶神이다.
또, 日支 妻宮에는 藥神이 있어 부부관계가 원만한 편이다.
官星이 凶神이므로 직장 복이 弱하거나 자식 복이 弱하다.

☯ 大運
- 초년 甲戌대운에 戌土가 있어서 힘이 되어 주므로 귀염받고
  자랐고,
- 癸酉, 壬申대운이 藥神 운이라 명문대 법대를 졸업하고 정부
  투자기관 직원으로 출발하였다.
- 辛未, 庚午대운이 좋아 순조롭게 부장으로 승진을 하였으며,
- 己巳대운도 대체로 원만한 운이나 病인 木을 제거하지 못하므로
  발전이 없으며, 巳火가 原局에 있는 丑, 酉金과 合하여 巳酉丑
  金局이 되어 용신의 힘을 지나치게 洩氣하니 좋은 징조가 아닌
  데다가 甲申, 乙酉년 승진에서 누락되어 이제는 포기해야 한다.
- 戊辰대운도 무난하나,
- 丁卯대운에 卯木이 등장하면 病인 乙木이 득세하여 설치므로
  좋지 못하다.

甲　戊　癸　戊　　남

寅　申　亥　申　　자

71 61 51 41 31 21 11 1　대

辛　庚　己　戊　丁　丙　乙　甲

未　午　巳　辰　卯　寅　丑　子　　운

☯ 四柱의 旺衰

亥月에 戊土가 太弱하다.

☯ 格局과 用神

戊土가 亥月에 태어났으므로 正財格이다.
겨울이지만 時柱에 甲寅木이 있는데, 寅중에 불을 안고 있어서
얼어 죽지 않는 나무라서 키울 수 있는 나무다.
그래서, 戊土가 身弱하고, 나무를 키워야 하니 寅中 丙火를
用神으로 쓰는 것이 타당하다.
寅中 丙火 用神이고, 木이 吉神이며, 金은 病神이고, 水는
凶神이며, 土는 濕을 제거해 주므로 藥神이다.

☯ 四柱의 特徵

이 사주는 태약한 戊土 日干이 殺星인 寅중의 丙火를 用神으로
썼으므로 자기 이익을 위해서 적 또는 윗 사람에 대하여
아부를 잘 할 수 있는 사람이다.
月上의 癸水를 두고 年上에도 戊土가 있고 日干이 戊土라서
이런 구조는 한 여자를 두고 두 남자가 다투는 격이라서
결혼할 때 문제가 될 수 있다.

☯ 命主의 性格

戊土 日主들은 대게 포용력이 있고 信用이 있는데, 身弱사주는
줏대가 약해서 변덕이 심하고, 간교한데가 있다.
또, 이런 사람은 요령이 발달하여 잔머리를 많이 굴리기
때문에 동료들한테는 불신을 받기 쉽다.
그러나, 자신으로서는 살기 위해서 어쩔 수 없는 선택인지도
모른다.

☯ 六親 關係

이 사주는 丙火를 用神으로 썼으므로 財星인 水가 凶神이므로,
妻福이 없고, 妻는 이 男命을 만나기 전에 이미 다른 남자를
만났거나 혹은 결혼 후에도 다른 남자를 만나게 되고, 日支가
寅申沖하므로 再婚格이다.
또한, 財星이 凶神인데다가 日支 妻宮에 病神인 申金이 앉아
있어 用神이 들어 있는 寅木을 寅申沖하므로 나쁘니 더욱
부부갈등이 심한 사람이다.
癸亥水 財가 凶神이지만, 부모 궁에 있어 유력하므로 한 때
는 부모가 사업을 해서 잘살았다.
그리고, 財星의 입장에서 보면, 양쪽의 戊土와 爭合을 하므로
두 남자와 인연이고, 또, 財星은 부친에 해당하므로 부친이 두
여자를 보았을 것이다.
官星인 甲寅목이 튼튼하여 자식이 똑똑하다.

☯ 刑 沖 合 및 殺星의 應用

月上에 癸水를 天干과 日主가 양쪽에서 合하자고 하니 爭合이
되어 日干인 내와 比肩이 한 여인을 두고 경쟁을 벌이고 있는
象이고, 반대로 한 여자가 두 남자와 사귀는 象이다.
月支 亥水는 申金이 가로막고 있어 직접적인 通關을 못시키나
運에서 亥水가 오면, 寅木을 生해주고, 申金과 寅木사이를
通關시켜 吉神역할을 하지만, 다른 한편으로는 寅亥合되면,
寅중 丙火를 끄기 때문에 凶厄도 따른다.

☯ 大運

- 초년 甲子대운에 身弱한 戊土 日干을 剋하므로 좋지 못하다.

- 乙丑대운에 乙木이 戊土를 剋하고, 濕土인 丑土가 등장하여
  불운하므로 공부를 열심히 하지 않았다.

- 丙寅대운은 좋아서 안정된 직장에 들어갔으며,
  27세 94년 甲戌년 甲木이 戊土 하나를 剋해주므로 戊癸合이
  성립하여 결혼을 하였다.

- 丁卯대운도 괜찮은 운이나 庚辰, 辛巳년은 歲運이 나빠 주식
  투자를 잘못하여 큰 손실을 봤고, 卯木 桃花殺이 등장하여 외정
  이 있었을 것이다.
  이런 구조에서 04(甲申)年 같은 해는 天沖支沖하므로 아주 나빠
  서 부부관계에 치명적이다.

- 戊辰대운은 辰土가 申金을 묶어주면 寅木이 안 다쳐서 좋으나
  사주가 습해져서 큰 운이 없고,

- 己巳대운은 己土가 甲己合하여 木剋土하지 않으므로 괜찮고,
  巳火가 寅巳申刑이 되긴 해도 巳火가 불기운으로 戊土의 祿이
  되므로 운이 트기 시작하여,

- 庚午대운이 가장 좋고,

- 辛未대운도 무난하다.

癸　戊　乙　甲　남

丑　午　亥　子　자

76 66 56 46 36 26 16 6　대

癸 壬 辛 庚 己 戊 丁 丙

未 午 巳 辰 卯 寅 丑 子　운

☯ 四柱의 旺衰

亥月에 戊土가 太弱하다.

☯ 格局과 用神

戊土가 亥月에 태어났으므로 正財格이다.
겨울 戊土는 水가 많을 때는 우선 제습하는 것이 주 임무다.
그런데, 亥月이라 아직 물이 얼 시기가 아니기 때문에 불만
있으면 나무가 살 수 있으나, 이 사주는 太弱하여 旺한 나무를
기르기가 힘이 드므로 局이 나빠졌다.
土가 用神이고, 火는 凶神이며, 木이 病神이고, 水는 仇神
이며, 干上에 金이 오면 藥神이 된다.

☯ 四柱의 特徵

사주가 이렇게 구성되어 日主인 土가 用神인데 火를 吉神으로
쓸 경우 火運에 운이 좋아야 하는데 이 사주는 그 반대다.
왜냐하면, 火運이 오면 나무가 살아나 用神인 土를 剋하기
때문에 好運에 불운한 경우가 되어 버린다.
또, 사주 原局이 水가 많아 仇神인데, 水는 인체에서 비뇨기에
해당하므로 한쪽 신장이 없어 중학교 2학년 때 요도확장수술을
받았다.

☯ 命主의 性格

이 男命은 겨울에 기르지 못할 생명(나무)을 旺하게 가지고
있는데, 이 사주에서 木은 官星으로 官은 희망이요, 명예요,
꿈인데, 이런 것들을 이룰 수 없어 망상에 젖어 있는 사람
이다.
그래서, 어려서는 공부를 안 하게 된다.
한마디로 정신이 병든 것과 같다.

☯ 六親 關係

사주에서 官星이 病이면, 財星이 仇神에 해당하고, 地支의
子水와 亥水는 아주 흉하기 때문에 妻德이 없고, 재혼팔자다.
日支의 午火가 언뜻 보기에는 좋아 보이나, 앞에서도 설명
했지만, 火가 오면 나무가 자라 더욱 弱한 日干을 剋하기
때문에 나쁘다.
年支에 子水가 子午沖하기 위해 기다리고 있기 때문에 午火가
合되거나 沖되어 없어지거나 운에서 子水가 등장하면 子午沖이
성립되어 깬다.
또, 年月上의 甲乙木이 病이므로 조상과 부모덕 보기도
어렵다.

☯ 刑 沖 合 및 殺星의 應用

戊癸合하여 여자를 탐하고, 丑午怨嗔殺이고 鬼門이며,
癸丑이 白虎殺이라서 여자 때문에 고심하게 될 것이다.
地支 亥子丑水局을 日支 午火가 가로 막고 있으나 午火가
沖되거나 合되어 없어지면 水局이 성립될 것이고,
또한, 年支 子水와 日支 午火가 子午沖을 하려고 하나 月支
亥水가 가로막고 있으나 亥水가 沖되거나 合되어 없어지면
역시 子午沖도 성립하게 되어 부부 이별할 것이다.

☯ 大運

- 초년 丙子대운에 丙火는 좋아 보여도 그다지 좋은 역할이
  아니고, 子水도 凶神이므로 초등학교 때는 공부도 잘하였으나
  중학교 때부터 공부를 안했다.

- 丁丑대운도 丁火가 凶神이고, 丑土 흉신이 등장하여 丑午湯火殺
  겸 鬼門이므로 여자 때문에 신경을 쓰고 공부에는 관심이 없게
  되는데, 고 2학년 辛巳년에 학교교육제도가 잘못되었다는
  이유를 들어 자퇴서를 낸 것을 부모가 겨우 말렸다.
  또, 官星인 甲, 乙木의 인연을 따라서 음악(기타연주)에 빠져
  공부는 뒷전이라 3류 대학을 들어갔으나 1년 다니다가 중퇴
  하고 현재는 기타 연주에 몰두하고 있다.
  또, 사주에 水가 많아 陰氣가 强해서 친구들과 밤에 별 보러
  다니는 취미도 갖고 있다.

- 戊寅대운이 좋은 운이라서 정신을 차리게 될 것이다.

- 己卯대운에 己土가 癸水를 沖하여 戊癸合을 깨고, 卯木桃花가
  작용하여 外情이 생길 것이고,

- 庚辰대운에 庚金이 乙庚合시키고, 甲庚沖하여 좋으나 濕土인
  辰土가 午火의 열기를 흡수하면 운이 없다.

- 辛巳대운에 辛金이 乙辛沖하여 乙木을 쳐주어 좋고, 戊土가
  巳火에 祿을 하므로 吉할 듯 하나 巳丑金局하여 배반하고,
  旺神인 亥水를 巳亥沖하므로 큰 흉액이 따른다.

- 壬午대운도 좋지 않으며, 子午沖 작용도 한다.

- 癸未대운도 무난하다.

제 5 장 戊土日干 子月

<table>
<tr><td>庚</td><td>戊</td><td>庚</td><td>丙</td><td>남</td></tr>
<tr><td>申</td><td>辰</td><td>子</td><td>申</td><td>자</td></tr>
</table>

73 63 53 43 33 23 13 3

戊 丁 丙 乙 甲 癸 壬 辛
申 未 午 巳 辰 卯 寅 丑

대

운

☯ 四柱의 旺衰

子月의 戊土가 年上에 劫財를 보고, 日支에 辰土를 보았으나
地支 辰土가 申子辰水局이 되어 太弱해졌다.

☯ 格局과 用神

子月에 戊土가 태어나 偏財格이다.
丙火는 뿌리가 없고, 戊土가 辰土에 뿌리내리려 했으나 申子辰
水局이 되어 있으나마나한 土다.
이 사주의 用神을 잡는 데는 어려움이 많은데, 戊土가 丙火
印星을 보았으나 뿌리가 없고, 日支에 辰土를 보았으나
申子辰水局이 되어 변했으므로 從財格 또는 從兒格이 아닌가
하는 생각도 해봤으나, 命主의 살아온 과정을 보니까 身弱
사주임에 틀림없었다.
土가 用神이고, 火는 吉神이며, 金이 凶神이며, 水는 病神
이고, 운에서 오는 木이 凶神이다.

☯ 四柱의 特徵

이 命主는 전남 광주 태생으로,
사주 原局에 官인 木이 없지만 설령 木이 있다 해도 子月이고,
庚金이 많아 官인 木이 들어갈 틈이 없다.
그림을 그리는 사주 몇 사람을 감정해 본 결과 土일주가
많았다.
이 命主도 중학교 때부터 그림을 그리기 시작하였으며, 현재
서양화를 그리는 화백이다.

☯ 命主의 性格

土 일주가 食神이 旺해서 太弱해졌는데, 이는 남한테 너무 퍼
주어 곡간이 빈 것과 같아서 뻥이 너무 세고 자유분방하다.
말을 너무 앞세우기 때문에 거짓이 많으며, 똥 뱃장이 크다.

☯ 六親 關係

남자 사주에서 財星을 보고 妻의 吉凶여부를 판단하게 되는데,
이 사주의 財星은 凶神이다.
또, 日支가 紅艶殺인 辰土에 뿌리를 내렸으나 申子辰水局으로
변질되어 믿을 수 없는 뿌리가 되었다.
이런 사주가 장가를 일찍 가게 되면 여러 번은 가야하는데
이 男命은 44살 己卯年에 장가를 갔다.

☯ 刑 沖 合 및 殺星의 應用

日支 뿌리에 紅艶殺을 갖고 있는데다가 財庫이고, 地支가
申子辰水局이라 온 천지가 여자 판이다.
그래서, 젊은 날에 이 여자 저 여자 많이 만났으나 진정 내
여자는 아니어서 늦게 결혼했다.
食神이 너무 많아서 힘은 약한데 배설욕구가 지나쳐 일찍
정력이 고갈되기 쉽다.

☯ 大運

- 辛丑대운에 吉神인 丙火를 丙辛合시켜 구름이 끼어 고생이
  많았고,

- 壬寅대운에 寅중에 丙火가 들어있어 좋으나, 寅申沖하여
  寅중 丙火가 깨지므로 年干의 丙火한테 큰 도움이 안 되며, 이
  대운부터 그림을 그리기 시작하였다.

- 癸卯대운에 군대를 제대하고 본격적으로 서양화를 그리기 시작
  했는데, 생계유지에 고생이 많았다.

- 甲辰대운도 甲木이 戊土를 剋하고 辰土가 申子辰水局으로
  사주를 물로 만들므로 불운하여 빈털털이다.

- 乙巳대운에 불이 오니 운이 들기 시작하나 巳火가 巳申合水되어
  아직은 더 기다려야 한다.
  그러나, 巳火가 辰土의 祿이 되므로 힘이 생겨 느즈막한 나이인
  44세 99(己卯)년에 결혼을 하였다.
  甲申, 乙酉년에 歲運이 나빠 힘들게 지냈고, 丙戌년은 좀 낳아
  질 것이다.

- 丙午대운이 좋으나 旺神이며 月令인 子水와 沖하여 財星을
  깨므로 돈이나 마누라 때문에 고민이 생길 것이다.

- 丁未대운이 좋아서 말년은 畵家로써 이름이 나면서 돈도 벌 수
  있을 것이다.

- 戊申대운에 申子辰水局이 되면 안녕이다.

壬　戊　壬　丁　남

子　戌　子　卯　자

72 62 52 42 32 22 12 2　대

甲 乙 丙 丁 戊 己 庚 辛
辰 巳 午 未 申 酉 戌 亥　운

☯ 四柱의 旺衰

子月에 戊土가 財가 旺해서 財多身弱사주다.

☯ 格局과 用神

戊土가 子月에 태어나 子중 壬水가 干上에 나타났으므로
偏財格이다.
旺한 壬水와 子水는 戊土로 제습해야 하므로, 土가 用神이고,
火는 吉神이며, 水는 病神이고, 木은 凶神이며, 金은 仇神
이다.
만약, 운에서 木이 오면, 戊土를 剋하므로 病神이다.

☯ 四柱의 特徵

이 사주는 日主가 튼튼해서 사는 데는 이상이 없다.
用神과 吉神이 比劫속에 들어있고, 財가 合을 해서 木으로
변해서 文科인 사학교육과를 택하려고 하는데 印星을 써서
좋다.
교사가 좋은데, 고려대는 북방이므로 연세대가 더 좋다.
한양대와 중앙대는 남쪽 방향의 학교에 해당한다.

☯ 命主의 性格

겨울 財月에 태어난 戊土가 제습하려고 나왔으므로 부지런
하다.
그러나, 戊申대운까지는 대운에서 도와주지 않으므로 일한만큼
댓가가 나오지 않음으로 불만스럽게 산다.

☯ 六親 關係

이 男命은 財多身弱사주라서 자기 주위에 모두 여자들
뿐이라서 여러 여자와 인연이거나 그렇지 않으면, 많은 여자와
관계된 일을 해야 한다.
그래서, 항상 여자로 인한 풍파가 있고, 일한 만큼 부가가치가
적어 돈은 만지나 저축한 돈은 없다.
또, 부모 궁에 財가 旺한데 病神이므로 한 때 부모가 잘살았다
해도 이 命主한테는 도움이 되지 않는다.

☯ 刑 沖 合 및 殺星의 應用

丁壬合, 子卯刑이 곤랑桃花인데, 年月에 있어서 祖父가 바람을
피웠다.
年上의 丁火는 月上의 壬水와 合을 하고 있으면서 멀리 時上의
壬水와도 合을 하려고 때를 기다리고 있으므로 이는 印綬
어머니의 입장에는 두 명의 남자와 合을 맺는 것과 같고,
財인 아버지 또는 妻의 입장에서 보면, 이 장사 저 장사를
하고 있다.

☯ 大運

- 초년 辛亥대운에 金水가 등장하여 불운하다.
- 庚戌대운 戌運은 身弱한 日干을 도와주므로 좋은데,
  운이 이렇게 되면 기초가 부실하여 대학진학에 애로가 있다.
  04(乙酉)年에 再修해서 06(丙戌)年에 대학을 갔다.
- 己酉, 戊申 대운에 天干에 土가 떠서 좋으나 地支가 나쁘기

때문에 운이 저조하다.
- 丁未대운에 丙午대운이 가장 좋은 운이라서 크게 발전 할
  것이다.
- 乙巳대운은 乙木이 木剋土하므로 凶하나 巳火는 좋다.
- 甲辰대운은 흉하다.

癸　戊　戊　庚　　남

丑　申　子　辰　　자

78 68 58 48 38 28 18 8　대

壬 癸 甲 乙 丙 丁 戊 己　운
申 未 午 巳 辰 卯 寅 丑

☯ 四柱의 旺衰

戊土가 子月에 태어나 地支가 申子辰水局을 이루어 濕하고
月令이 子月이므로 身弱하다.

☯ 格局과 用神

子月에 戊土로 태어나 子水중 癸水가 時上에 透出하였으므로
正財格이나 財가 旺하여 財多身弱이다.
辰土는 申子辰水局이 되어도 土는 土다.
身弱하므로 土가 用神이고, 火는 吉神이며, 水가 病神이고,
金이 仇神이다.

☯ 四柱의 特徵

財가 旺하여 財多身弱사주라서 恐妻家인데, 더군다나, 身弱한
日干이 旺한 財星과 合을 하고 있어 여자한테 꼼짝 못하는
공처가다.
여러 여자와 인연을 맺을 것이다.
만약, 戊土가 子月에 태어나 調喉가 되면, 子月은 돈 달이라서
돈 달에 태어나 除濕을 하므로 돈이 많으나 이 命主는 그렇지
못하다.

☯ 命主의 性格

日干이 用神이므로 성실하고, 戊癸合火하여 火가 만들어
지므로 여자를 탐한다.
食神이 旺하여 인정이 많은 사람이다.

☯ 六親 關係

地支에 火가 없고 水가 어서 바람을 많이 피운다.
時에 戊癸合火 되어 없는 火를 자식 궁에서 보충해 주어
자식들도 좋다.
財星인 水가 病神이고 日支 妻宮에 仇神이 앉아 부부 궁이
산란하다.

☯ 刑 沖 合 및 殺星의 應用

戊癸合火하여 火를 만들어 내므로 干上의 戊癸合은 괜찮다.
地支의 申子辰水局이 나쁘고, 辰土는 紅艷이며 財庫인데,
時上의 癸水가 辰中에서 透出하였으므로 연애결혼했으며,
겨울에 丑土와 辰土는 急脚殺인데 凶神이므로, 다리에 이상이
있거나 그렇지 않으면, 신경통이라도 있을 것이다.

☯ 大運

- 초년 己丑대운에 己土가 戊癸合을 깨고, 丑土가 濕土라서
  무해무덕하였고,

- 戊寅대운 중 戊 대운에 하나의 癸水를 놓고 郡劫爭財가 이루어
  지므로 부친에 흉액이 따르거나 한 여자나 돈을 놓고, 서로
  차지하려고 싸움이 일어난다.

- 丁卯대운에 丁癸沖하여 戊癸合을 깨고, 卯木이 用神을 剋하므로
  나쁘고,

- 丙辰대운 중 丙 대운이 좋으나,
  辰 대운은 申子辰水局이 되므로 좋지 못하다.

- 乙巳대운도 좋고,

- 甲午대운 午火가 旺神인 子水를 沖하여 旺神大老하여 파란이
  예상되고,

- 癸未대운이 무난하고,

- 壬申대운은 凶하다.

제 5 장 戊土日干 丑月

丙　戊　乙　癸　남

辰　戌　丑　未　자

80 70 60 50 40 30 20 10　대

乙 丙 丁 戊 己 庚 辛 壬

亥 子 丑 寅 卯 辰 巳 午　운

☯ 四柱의 旺衰

戊土 日干이 比劫이 旺하고 丙火 印星까지 있어 太旺하다.

☯ 格局과 用神

丑月에 戊土로 태어나 丑중 癸水가 時上에 透出해 있어
正財格이다.
丑月은 아직 날씨가 추운계절인데, 時上에 丙火가 있고,
日支에 戌土, 年支의 未土속에 丁火가 암장해 있어 調喉를
해주고, 未중에 乙木, 辰중에 乙木이 있어 살아있는 木이니
키워야 한다.
그런데, 調喉는 되어 있으나 土多木折로 土가 太旺하여 우선
木으로 제토해야 하니 木이 藥用神이고, 水는 凶神이며, 土가
病神이고, 火는 調喉吉神이다.
年上에 癸水는 水生木하여 순기능이 있으나 태양을 가리니

좋지 않다.
왜냐하면, 丑月에 乙木은 辰中 癸水, 丑中 癸水만으로도
水生木이 충분하기 때문이다.

☯ 四柱의 特徵

여기서, 火가 調喉 吉神이라고 했는데, 土가 病인데 어떻게
吉神이 될 수 있는가 하고 의문이 가진 독자도 있을 것이다.
그런데, 여기서, 火는 乙木이 자라기에 아직 추우므로 비록,
土를 生하여 土가 더 旺해지는 폐단이 있긴 해도 木을 키워야
하기 때문에 火를 吉神으로 본다.
官星과 印星이 吉神이므로 공직계통과 인연인데, 이 命主는
젊은 시절에 교직에 근무했었다.
地支가 온통 辰戌丑未로 깨져 있어 뿌리 내리기가 어렵다.

☯ 命主의 性格

이 男命은 刑殺이 있고 地支가 모두 깨져 있어 바쁜 사람인데,
印星과 官星을 吉神으로 쓰므로 무척 젊잖고 인간성이 좋은
사람이다.

☯ 六親 關係

생명(나무)을 키워야 할 구조에서 辰戌沖이면, 나무가 뿌리를
못 내려 거의 이혼한다고 보는데 이 남명은 67세가 넘도록
이혼하지 않고 잘산다.
그것은 土가 病인데 病끼리 沖을 하였기 때문이다.
또, 부모 궁에 乙木 용신이 있어 크지는 않지만 부모의 유산이
있다.

☯ 刑 沖 合 및 殺星의 應用

이 사주는 辰戌丑未, 丑戌未三刑殺, 辰戌沖이 혼재해 있을 때
어떤 작용이 일어나는가를 공부하기 위해 썼다.

그런데, 이 사주에서 丑戌未三刑과 辰戌沖이 혼재해 있는데
이렇게, 辰戌沖, 丑戌未三刑殺이 있어도 가정생활에 아무
문제가 없다.

☯ 大運

- 초년 壬午대운이 吉神이라 귀염받고 성장하였으며, 공부도
  잘했다.

- 辛巳대운에 丙辛合하여 印星인 丙火가 더욱 빛나므로 28세인
  庚戌年에 교직에 임용되었으며, 71(辛亥)年 辛金이 乙木을
  剋해 주므로 戊癸合이 성립하여 결혼을 하였다.

- 庚辰대운에 乙庚金合하여 乙木이 合去되므로 38세 庚申年에
  교직을 사표냈고, 辰戌沖하여 분주하게 지냈으나 실속이
  없었다.

- 己卯대운에 官星이며 用神인 卯木이 등장하여 일반회사에
  근무하다가 그만두고,

- 戊寅대운이 好運이라 빌딩 관리소장으로 근무를 하였으며,

- 丁丑대운에 관리소장직을 그만두고 부동산 중개업을 하고
  있는데, 甲申, 乙酉년은 재미를 보지 못했으며, 丑戌未三刑이
  작용하여 분주하긴 해도 소득은 없다.

- 丙子대운 겨울이 닥치므로 나무가 자라지 않기 때문에 아무
  실속이 없고,

- 乙亥대운 乙木이 死地에 들어가면 끝이다.

辛　戊　己　庚　　남

酉　申　丑　申　　자

71 61 51 41 31 21 11 1　　대

辛壬癸甲乙丙丁戊
巳午未申酉戌亥子　　운

☯ 四柱의 旺衰

丑月에 戊土로 태어나 食傷의 세력이 너무 旺하여 太弱하다.

☯ 格局과 用神

戊土가 丑月에 태어나 丑중 辛金이 干上에 透出했고, 사주에
食傷이 旺해서 傷官格이다.
사주가 身弱하므로 土를 用神하고, 金이 病神인데, 藥神으로
써야할 火가 없어 아쉽다.
그래서, 이 사주는 病이 旺화고 藥이 없어 운이 없다.

☯ 四柱의 特徵

12월의 丑土는 木을 키우기 위해 寅月로 가고 있다.
그래서, 戊土가 힘을 갖고 있기 때문에 從을 안 한다.
또, 食傷인 病이 旺해서 머리는 잘 돌아가는데, 공부는
못한다.
눈으로 보고 행동하는 것은 민첩하고 영리하게 보이는데,
공부는 못한다.
그리고, 수입은 세 개인데, 지출은 다섯 개이므로 항상 가난
해서 貧象이다.

☯ 命主의 性格

사주에 食傷이 太旺하면, 우선 두뇌가 잘 돌아가므로
잔머리를 많이 굴리고, 말이 하고 싶어서 비밀을 간직하지
못하며, 똥배짱이 强하다.

☯ 六親 關係

食傷은 官을 치는 성분이기 때문에 男命에서는 食傷이 旺하면
官이 들어오지를 못하므로 자식 덕이 없고, 직장 복이 없어
좋은 직장을 갖기 어렵다.
또, 年上에 食神이 旺하고, 月柱에 劫財가 나를 도와준다고 볼
수 있으나, 겨울에 濕土인 劫財는 크게 도움이 안 되므로
가난한 집안 출신이다.

☯ 刑 沖 合 및 殺星의 應用

日主를 기준하여 申子辰에 酉가 桃花인데, 時支에 桃花를 갖고
있어 자식이 멋쟁이 이거나 바람을 피울 것이고, 月支 丑土가
急脚殺이라서 나이가 들면 다리에 신경통이라도 있게 된다.
甲 戊 庚에 天乙貴人이 丑, 未土인데, 여기서는 丑土가 凶神에
가까우므로 크게 좋지는 안다.
이런 사주는 궁합을 잘 맞추어서 결혼을 한다 해도 자기의
운이 나빠서 크게 기대하기 어렵다.

☯ 大運

- 초년 戊子대운에 대운 干上의 戊土가 用神이나 地支에 子水를
  달고 와서 사주를 더욱 寒濕하게 하므로 不運하였고,
- 丁亥대운에도 干上의 丁火는 좋으나, 地支의 亥水가 凶神이므로
  亥 대운에는 좋지 못하였다.
- 丙戌대운에 큰 운이 왔다고 보기 쉬우나, 身弱한 日干 戊土가
  무덤에 들어가므로 역시 운이 없다.

- 乙酉대운에도 干上의 乙木이 乙庚金, 木剋土, 乙辛沖하므로
  풍파만 일으킬 뿐 운이 없고, 酉金이 酉丑金局이 되어 食傷만
  旺하게 해주므로 凶하다.
- 甲申대운에 甲木이 用神인 戊土를 剋하여 나쁘고, 病神인
  食傷 申金이 가세하므로 운이 없다.
- 癸未대운에 癸水가 日干 戊土와 戊癸合化하여 吉하고, 未土가
  戊土의 뿌리역할을 해주므로 운이 들기 시작하나 나이가 많아
  졌고, 바탕이 없어 크게 발복하기는 어려워도 이제부터 삶의
  형편이 조금씩 낳아지기 시작한다.
- 壬午대운도 좋다.
- 辛巳대운부터 다시 기울기 시작한다.

<table>
<tr><td>乙</td><td>戊</td><td>辛</td><td>辛</td><td>남</td></tr>
<tr><td>卯</td><td>辰</td><td>丑</td><td>卯</td><td>자</td></tr>
</table>

76	66	56	46	36	26	16	6
癸	甲	乙	丙	丁	戊	己	庚
巳	午	未	申	酉	戌	亥	子

대운

☯ 四柱의 旺衰

丑月에 戊土가 身弱하다.

☯ 格局과 用神

丑月에 戊土가 태어나 丑중 辛金이 干上에 透出하였으므로
傷官格인데, 戊 일주가 身弱하고, 火氣마져 없는데, 乙木이

뿌리를 旺하게 달고 나와 살겠다고 하므로 病이 되었다.
年 月上에 傷官이 떠서 날을 춥게 하나 病神인 나무를
잘라주므로 좋다.
土가 用神이고, 火는 凶神이며, 木이 病神이고, 水가 仇神
이며, 金이 藥神이다.

☯ 四柱의 特徵

이 사주는 생명인 나무를 잘라 주어야 좋아지는 사주라서
傷官制殺格과 같다.
그래서, 운은 좋아져도 생명을 잘라야 하기 때문에 향기 없는
돈이고, 많은 돈이 아니다.
食傷官制殺格은 대게 법을 다루는 공무원에 많은데, 이 命主도
군인출신이다.

☯ 命主의 性格

戊土 일주가 대체로 성격이 원만하나 官殺의 剋이 심하므로
성격은 예민하다.
또, 旺한 傷官을 가져 자기 아집도 강하고 인정드 많다.

☯ 六親 關係

年 月上의 傷官으로 制殺을 하여 病을 치료하니 운은 좋으나
생명을 자르면서 좋은 운은 향기가 없기 때문에 그 때만 좋다.
그래서, 年 月이 조상과 부모 궁이므로 조상과 부모덕이
약하다.
또한, 官星이 病神이므로 자식 덕과 직장 덕이 크지 않다.

☯ 刑 沖 合 및 殺星의 應用

干上에서 두 개의 辛金이 時上의 乙木을 놓고 서로 자르려고
벼르고 있는데 戊土가 말리고 있는 형국이다.
이런 구조는, 戊土가 合하거나 沖을 받아 없어지면 乙辛沖이

작용하여 좋다.
그러나, 乙木은 官星으로 직장이고, 자식이므로 직장과 자식에
대한 凶厄은 면치 못할 것이다.
겨울에 丑土와 辰土를 가지면 急脚殺이라서 다리에 이상이 올
수 있는데, 丙대운까지는 아무 이상이 없으나 그 후는 확인치
못하였다.

☯ 大運

- 초년 庚子대운에 病神인 乙木을 합해주므로 좋으나 地支가
  仇神운이므로 좋은 대운이 아니다.

- 己亥대운 亥水운에는 亥卯合木하여 관성이 旺해지므로 불운
  했고,

- 戊戌대운은 乾土라서 除濕을 해주고 身弱한 日干을 도와주므로
  좋아서 公職에 입문하였으며,

- 丁酉대운에 病神의 뿌리인 卯木을 잘라주므로 무난하게
  직장생활을 하였고,

- 丙申대운도 丙火는 丙辛合되어 水生木하므로 나쁜데, 申金이
  原局의 辰土와 申辰水局이 되어 卯木을 자르지는 않지만
  金剋木의 성분은 갖고 있으므로 무난하였으나 官이 病이므로
  크게 발전하지는 못하였다.

- 乙未, 甲午대운에 病이 旺해지면 운이 없다.

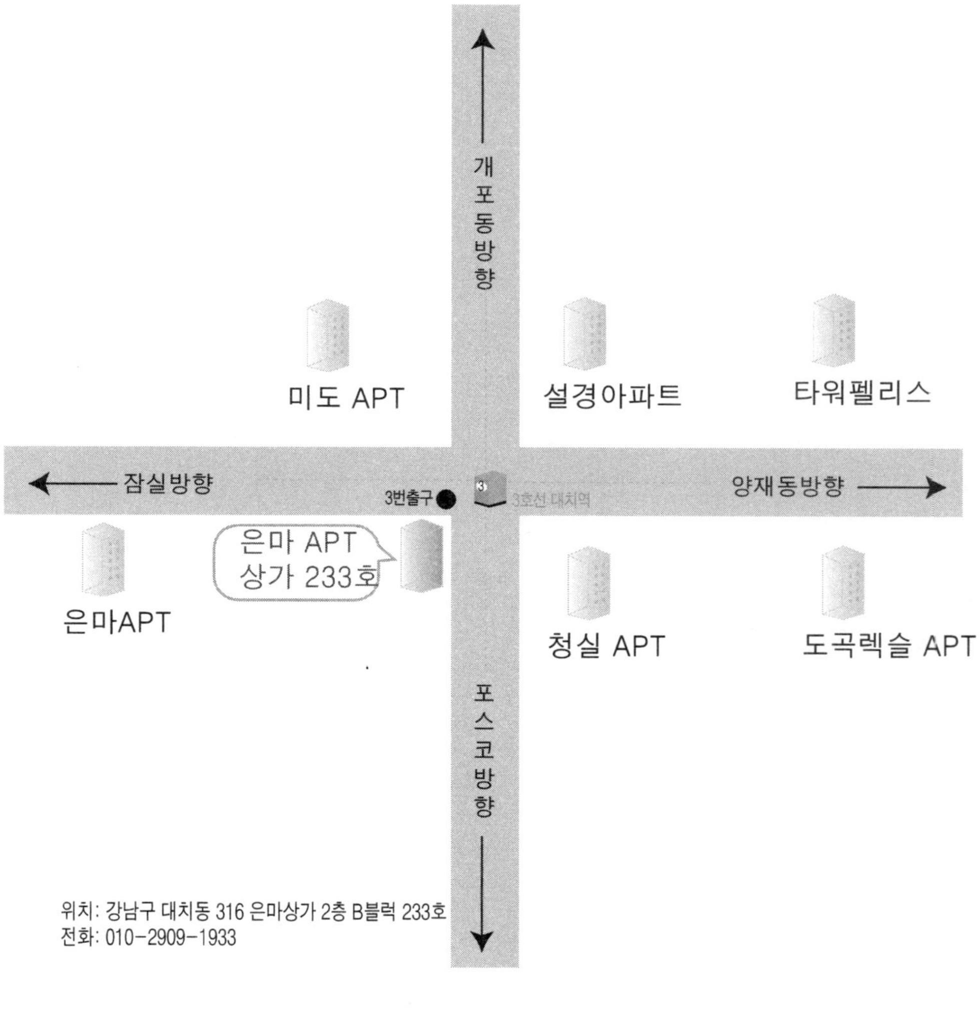

개포동방향
미도 APT
설경아파트
타워펠리스
잠실방향
3번출구
3호선 대치역
양재동방향
은마 APT
상가 233호
은마APT
청실 APT
도곡렉슬 APT
포스코방향
위치: 강남구 대치동 316 은마상가 2층 B블럭 233호
전화: 010-2909-1933